U0902998

章太炎先生故鄉
杭州市餘杭區人民政府資助出版

太炎文録補編（上）

上海人民出版社

圖書在版編目(CIP)數據

章太炎全集.太炎文録補編/上海人民出版社編;馬勇整理.—上海:上海人民出版社,2017
ISBN 978-7-208-14367-8

Ⅰ.①章… Ⅱ.①上… ②馬… Ⅲ.①章太炎(1869—1936)-全集 Ⅳ.①B259.21

中國版本圖書館CIP數據核字(2017)第037983號

責任編輯 張鈺翰
封面設計 甘曉培

章太炎全集·太炎文録補編
上海人民出版社 編 馬 勇 整理
世 紀 出 版 集 團
上海人民出版社出版
(200001 上海福建中路193號 www.ewen.co)
世紀出版集團發行中心發行 浙江新華數碼印務有限公司印刷
開本890×1240 1/32 印張33.125 插頁10 字數664,000
2017年4月第1版 2017年4月第1次印刷
ISBN 978-7-208-14367-8/B·1257
定價248.00圓
(全二册)

出版説明

二十世紀七十年代末起，本社組織章門弟子及相關領域專家對章太炎的著作進行了首次較爲系統的收集整理，從一九八二年起陸續出版了《章太炎全集》八卷，成爲後來學界進行章氏研究時最常依據的基礎資料。近二三十年來，章氏佚文、書信等文獻屢有新的發現，因此本社決定重新整理出版《章太炎全集》，在充分吸收前人研究成果的基礎上，本着求真求全的原則，廣泛滙録存世的章氏著述。對於已出的八卷本，爲尊重原整理者的工作成果，除明顯誤植外，一般不作更動；新整理的各卷，均據善本進行校點，以冀爲學界及廣大讀者提供一套規模最大、收録最全的章太炎著作集。

本次全集的整理工作是在原先八卷的基礎上進行的，爲表達對前輩工作的致意，現將原八卷的整理者依各卷先後列名如下：沈延國、湯志鈞；姜義華；朱維錚；徐復、錢玄、張芷、祁龍威、程敦復、王子慧、湯炳正；黄耀先、饒欽農、賀庸；王仲犖、朱季海、陳行素、姜亮夫、崔富章；蔣禮鴻、殷孟倫、殷焕先；章念馳、潘文奎、陳熠、張仁、宋知行、宋光飛。同時，我們又得到了章氏後人、相關領域專家和浙江省杭州市餘杭區政府的大力支持，謹此致謝。

上海人民出版社

二〇一四年五月

《章太炎全集》編纂出版學術委員會

序

世論太炎先生，曰“有學問的革命家”，或曰“有革命業績的學問家”，無論何者爲確，謂太炎先生之於近代中國爲鮮有之關鍵人物，當無異議。

先生名炳麟，字枚叔，浙江餘杭人。以慕顧亭林之爲人，遂改名絳，别號太炎，後竟以號行。先生生於清同治七年十一月三十日（一八六九年一月十二日），逝於中華民國廿五年（一九三六年）六月十四日，春秋六十有九。

先生生當季世，内政隳頽，外侮日深。先生幼承庭訓，讀《東華録》，民族主義思想萌焉；博涉經史，不自外於時勢，乃漸有救國之志。初則主改良，入“强學會”，撰述於《時務報》，與康、梁爲同道；庚子，斷髮割辮，與清廷決絶，既而重訂《訄書》，作《客帝匡謬》、《分鎮匡謬》，一掃尊清之迷思，耑以“光復舊物”排滿革命爲的矣。嗣後宣揚革命思想，累遭捕繫而不殆。時國人思變，而康氏撰文累牘，以爲民主不可行，力倡君主立憲之説。先生以爲大繆，奮筆痛駁保皇之非，斥皇帝小醜不辨菽麥，頌民主革命求索自由。時鄒容著《革命軍》，先生序而廣之。清廷大恐，起“蘇報案”，拘先生於獄者三年，而先生聲名益高矣。時人謂《訄書》、《駁康有爲論革命書》及《革命軍》出，人人皆言説革命矣。是先生於晚清思潮中，揚清汰濁，改良思想遂漸爲世棄。先生凡七遭追捕，三入囹圄，革命之志，彌篤不衰。一九〇六年，先生出獄，東渡扶桑，入同盟會，主筆機關報《民報》倡言革命，與康氏一脈相詰難。有志青年得先生熏潤而投身革命者，豈可數哉！先生又著《俱分進化論》、《革命之道德》、《建立宗教論》、《代議然否論》諸文，於革命力量之奮揚、帝制後之國體、建制諸事，皆有學理之探討，即“中華民國”之名亦出於先生。唏！民國之肇興，先生奠基之功鉅矣。其所論説雖未能盡行，然未可輕而忽之也。

民元既始，先生與孫、黄等不無異同，然心志固在匡救時艱，而無錙銖之私也。洪憲竊國，先生復以反袁遭縶，不得出户者三載，絶食者再，當庭詬詈，耿耿不可屈，而袁氏亦無如之何也。袁氏亡，先生乃得南歸。其時南北紛攘，國猶未安，乃奔走南北，遊説四方，期中華之光復，冀黎民之安康。及國民黨北伐，先生復以政見不合，退隱滬上，弘道一隅，若無與於政，然拳拳之心，固未嘗少懈也。繼而東北兵退，熱河不守，淞滬亟變，先生皆唱大義於天下；責張漢卿，助十九路軍，不廢實行。先生晚節昭昭，絶無纖毫之頽唐焉。

先生之學博而約，閎而邃，於經、史、子、集及印、西諸學皆有獨得。舉凡古近政俗之消長，社會都野之情狀，華梵聖哲之義諦，東西學人之所説，莫不察其利病，識其流變，觀其會通，窮其指歸。故黄季剛（侃）先生曰："先生懿行至多，著述尤富。文辭訓故，集清儒之大成；内典玄言，闡晉康（唐）之遺緒；博綜兼善，實命世之大儒"，誠不刊之論也。

先生尤精於小學，學者謂爲乾嘉正統派之殿軍。清之樸學，自崑山顧氏肇其端，後竟蔚爲大國。文字、音韻、訓詁、目録、版本、校勘、輯佚、辨僞、沿革地理諸學漸爲專門，學者苟通其一，即獲讚嘆，而先生乃能會而通之，上承戴東原（震）、段懋堂（玉裁）、王懷祖（念孫）、王伯申（引之）、俞曲園（樾）之緒餘；下啓近代各專門學科之興盛。先生好顧、江、戴、段、王、孔音韻之學，及繙閲大徐《説文》十數過，的然見語言文字之本原，著《文始》、《新方言》。其躐越前人者，於文與字，不駐足於音同義同、音近義通、一聲之轉之混沌，而依文字之演進以探其源，即後世所謂以歷時觀念檢視本體也。其於音聲，亦不拘於同、近，創《成均圖》，明言對轉、次對轉、次旁轉，益合於音理及語言實際矣。至於發明孳乳、變易二例，尤爲前人所不能言。如是，遂使附庸經學之小學，一躍而爲獨樹大纛之語言文字學。季剛先生踵而襄之，遂有"章黄學派"之綿綿。

先生治經，專尚古文，與康有爲相頡頏。破燕齊方士怪迂之談，謂《春秋》乃史家之實録而非萬世之聖經；《易》明古今之變，史事之情狀見焉；《禮》、《樂》爲周室法制，《詩》記列國之政，《書》之爲史益莫須辨；孔子删定六經，非素王制法，乃在存故史，彰先世，故孔子爲史家宗主。然亦許孔氏以"變機祥神怪之説而務人事，變疇人世官之學而及平民，此其功亦夐絶千古”。此其立意有别於康氏，而摧破之功則略同，經學由是而遂失廟堂之尊。是先生尤斤斤於學術獨立，永葆中國獨有之史學也。先生之治史，繼浙東太沖、二萬一脈，尚博雅，切人事，而於明清易代之際，嘗三致意焉，先生論經史之真意於斯可見矣。

先生亦措意於今所謂哲學者，其論周秦諸子、法相莊周之類是也。先生自敘：“蓋學問以語言爲本質，故音韻訓詁，其管籥也；以真理爲歸宿，故周秦諸子，其堂奥也。”故先生不以樸學爲極歸，進而上之，期於哲理之構建有所成就。乃作《齊物論釋》，以釋氏法相之學釋莊生之書，“操齊物以解紛，明天倪以爲量，割制大理，莫不孫順”，自許爲“一字千金”。著《國故論衡》、《檢論》，平章古今學術，如以西方名學解墨，明人性之不離於民族之類，皆能洞幽燭微，臻於圓融超邁之境。先生首唱“文學復古”，實即擬於泰西之文藝復興，而應機説法，“以樸學立根基，以玄學致廣大”，以周秦九流之學復華夏之舊物，新中華之來日也。

先生之學，淹博閎通，而不能忘情於政治，故少年鍼砭之論，晚乃有駟不及舌之嘆。實則先生光復中華文物之志，條貫始終。晚歲講學吴門，如“子夏居衛（魏），西河於以嚮學；仲尼反魯，雅頌繇是得職”；匪止此也，乃一則以挽頽風，厲薄俗，取顧寧人知恥、重厚、耿介之説，復揭必信一語，以圖治時人之弊，使人皆得卓立；一則以宣揚國粹，激勵種姓，以文史之學傳中

國之命脈,國即亡而必復。嘗言:

> 夫國於天地,必有與立,所不與他國同者,歷史也,語言文字也。二者國之特性,不可失墜者也。昔余講學,未斤斤於此;今則外患孔亟,非專力於此不可。余意凡史皆春秋,凡許書所載及後世新添之字足表語言者皆小學。尊信國史,保全中國語言文字,此余之志也。

臨終,先生尚以爲飯可以不食,學不可以不講,是先生拯溺救危,以祈斯文不墜於地爲己任,發揚國之瑰寶爲天職,其自任者重矣,遠矣。先生自謂"平生學術,始則轉俗成真,終乃回真向俗",斯亦見其終以國運人事爲第一要諦也。

先生講學卌年,門生遍天下,從遊者各得其一體,皆爲名家。承其小學者,黄季剛、錢玄同;繼其史學者,朱希祖、王仲犖;汪旭初以文學顯,吴檢齋以經學鳴。餘者自成一家者更僕難數。先生實亦下啓新文化運動者。健將如周樹人、周作人、錢玄同、陳獨秀、蔡元培輩,多嘗登章氏之堂或其同道;而其論周秦諸子出於王官,平章歷代學術,實爲近代學術史之濫觴;論有清之學,指斥清廷之桎梏,分吴、皖爲二派,條析古、今之得失,爲總結清學首出之作。其後劉申叔、梁任公、錢賓四等繼之,雖勝義迭出,要皆未能破其樊籬……是先生開啓山林,後來可循道而有所成,其嘉惠於學林後世者,豈可以道里計哉,先生者可謂近代之大師矣!

昔錢玄同輓先生曰:

> 纘蒼水寧人太沖薑齋之遺緒而革命,蠻夷戎狄,矢志

攘除，遭名捕七回，拘幽三載，卒能驅逐客帝，光復中華，國士云亡，是誠宜勒石紀勳，鑄銅立像；

萃莊生荀卿子長叔重之道術於一身，文史儒玄，殫心研究，凡著書廿種，講學卌年，期欲擁護民彝，發揚種姓，昊天不弔，痛從此微言遽絶，大義無聞。

是爲得先生學術之精義，顯先生踐行之精神也。

先生之功偉，先生之學精，後之仰之者，有志於爲國爲學者，可不識全豹而言前修耶！故二十世紀七十年代，乃有梓行先生《全集》之議，且列入國家古籍出版規劃。上海人民出版社榮膺此任，聚海内英華，句讀校録，費時多載，乃有《全集》八卷問世。惜非完璧，且囿於時空物力，不免於偶疏。先生文宗魏晉六朝，喜用古字僻典，學人時苦艱晦，難以卒讀，魯迅即嘗言其於《訄書》，“讀不斷，當然也看不懂”。《全集》八卷出，乃得以便人之披覽。近歲先生文字選本漸多，實多本此；學林亦得藉以探賾先生之生平學術及近代之政局、學界之變遷。《全集》之功不可没也。

雖然，時人亦不能不以《全集》而未全爲憾。先生及門，尚在者無多，前輩學人亦如晨星，董理編校之事，一似救寶物於屋火，豈可稍遲哉？三十年來，學界多措意於先生之事之學，求索所得益富益明，再版《全集》，補其未備，此其時也。是以上海人民出版社乃重啓刊行《章太炎全集》之計劃，藉海内外著名教育、研究機構諸公之力，復得浙江省杭州市餘杭區政府勠力褒崇鄉梓先賢，爲之大力襄助，乃有新刊《全集》之剞劂，後出轉精，必可期也。

昔予從陸宗達（穎明）先生習小學，承章黄一脈，於太炎先生宏論每有會心，獲益良多。迄今六十載，無時不以章、黄及其高足如穎師者之爲學爲人自勵，雖不敢以傳人自矜，要亦繼其志而張大其學。今蒙太炎先生哲孫章君念馳與上海人民出版社謬愛，以《全集》之序囑予，憶先哲之諄諄，念來者之嗷嗷，敢不勉而爲之。乃略陳所識先生行事、爲學之衷心，祈於今於後，繼之者當念兹在兹之意，並及《全集》整理出版、再整理再版之始末云。

繄！先生捨身求義於民族危亡、國粹陵替之際，後學拜誦校理則值民族復興、文化蓬勃之春，先生以文史傳民族命脈，國運必復之論，今也益見其先知矣。傳道於國運轉捩存亡之秋，承前啓後，逝者已矣；繼學於阜平安和之日，改舊立新，其待來者！

許嘉璐肃手謹識

癸巳季冬，值太炎先生冥誕一百四十五週年

前言

章太炎先生是中國近現代著名的革命家、思想家、學者。他一生撰著宏富，在哲學、歷史學、語言學、文學、醫學、佛學等方面都有精深的造詣，他的著作已經成爲中國近現代史上重要的歷史文獻，是我國寶貴的歷史文化遺産。

太炎先生出生在餘杭，這是餘杭人民的驕傲。一直以來，家鄉人民對太炎先生懷有崇高的敬意和深厚的感情。政府多次出資對太炎先生故居進行維修和保護，太炎先生故居現爲全國重點文物保护單位和愛國主義教育基地。家鄉人民把太炎先生的人生經歷、革命思想和愛國主義情懷編寫成鄉土教材，作爲中小學生的必讀課本。逢太炎先生誕辰紀念日，必舉辦各種紀念研討活動。在餘杭以先生別號命名的有太炎中學、太炎小學、太炎路(街)、太炎社區……作爲太炎先生家鄉的人民，我們热切期盼太炎先生的著述能夠系統地整理出版，得以傳世。

二〇一二年八月，太炎先生的嫡孫章念馳先生、上海人民出版社和餘杭區政府出於共同的認識和願望，決定合作整理出版《章太炎全集》。二〇一二年十一月，我們和上海人民出版社的同志先後多次拜訪了著名學者、九届和十届全國人大常委會副委員長許嘉璐先生。許嘉璐先生對編纂出版《章太炎全集》非常支持，並欣然接受聘請，出任《章太炎全集》編纂出版學術委員會主任。

作爲太炎先生家鄉的人民，這次能與上海人民出版社通力友好合作，爲出版《章太炎全集》出一份力，既是餘杭的責任，也是餘杭的光榮。我們有理由相信，通過大家共同的努力，一定會使《章太炎全集》成爲學界和出版界公認的太炎先生著述規模最大、收録文獻最齊、整理校點最精的鴻篇巨著。

中共杭州市餘杭區委員會

杭州市餘杭區人民政府

二〇一四年四月

目　録

獨居記①

（一八九四年九月）

遇靈星舞僮而謂之曰："子材衆庶也。"則按劍而怒。俄而曰："子材固卓犖，天下所獨也。"則笑脣然有聲矣。則又曰："子入世不能與人羣，獨行而已。"則又按劍怒。烏虖！是何於名譽則欲其獨，而入世以獨爲大鄙也？彼痼俗也，僮子且然，而兄丈夫哉！

眯夫，其亂於獨之名實。夫大獨必羣，不羣非獨也。是故卓詭其行，虓然與俗爭，無是非必勝，如有捲勇，如不可敵者，則謂之鷙夫而已矣。厚其泉貝，膏其田園，守之如天府之宲，非己也，莫肎費半菽也，則謂之嗇夫而已矣。深谿博林，幽閒以自樂，菑華矣，不菑人也，鷸鳥矣，不鷸賓也。過此而靚，和精端容，務以尊其生，則謂之曠夫而已矣。三者皆似獨，惟不能羣，故靳與之獨也。

大獨必羣，羣必以獨成。日紅采而光於鼂，天下震動也；日栟色而光於夕，天下震動也。使日與列星羣，尚不能照寸壤，何暇及六合？海嘗欲與江河羣矣，羣則成一渠，不羣則百谷東流以注壑，

① 據杭州名人紀念館提供手稿。

其灌及天表，曰與羣而成獨，不如獨而爲羣王。靈鼓之翁博，惟不與吹管羣也，故能進衆也。使嘉木與蕕羣，則莫蔭其下，且安得遠聲香？鳳之馮風也，𡿨雛不能羣，故卒從以萬數。貞蟲之無耦，便其獨也，以是有君臣，其類洍盛。由是言之，小羣，大羣之賊也；大獨，大羣之母也。

不眯於獨，古者謂之𦗏之合莫。抱蜀不言，而四海讙應，人君之獨也。握其節，莫與分其祘，士卒無敔不用命，大帥之獨也。用心不枝，孑然與精神往來，其立言，誦千人，味萬人，儒墨之獨也。閉閣而省事，悤湊單戠，發其政敎，百姓悦從如蒲子，卿大夫之獨也。總是𧞣術也，以一身敎鄉井，有敺不肖，或黷之，或撻之，或㬎染請之，皆磬折而願爲之尸，父師之獨也。吾讀范氏書，至《獨行傳》，迹其行事，或多遭黨錮。嗟乎，非獨，何以黨哉！

古之人歟，其獨而羣者，則衣冠與骨俱朽矣。今之人，則有錢唐汪翁，其性廉制，與流俗不合。自湖北罷知縣歸，人呼曰“獨頭”，自命曰“獨翁”，署所居曰“獨居”。章炳麟入其居，曰：“翁之獨，抑其羣也。”其爲令，斡榷税，雖一錙不自私，帑臧益充，而同官以課不得比，怨之，其羣於國也。罷歸，遇鄉里有不平，必爭之，窮其柢，豪右銜忿，而寡弱者得其職姓，其羣於無告者也。誖禮必抨彈，由禮必善，其羣於知方之士也。夫至性恫天下，博愛尚同，輒録以任之，雖賈怨不悔，其羣至矣，其可謂獨歟？入瞽師之室，則視者獨矣；入傴巫尳孼之室，則行者獨矣。視與行，至羣也，而有時謚之曰獨。故夫獨者羣，則羣者獨矣。人獨翁，翁𡗜自獨也。案以知羣者之鮮也。

烏虖！吾夾獨夫而已。耿介好剸行，時有所是非，則人夾媢之。眸子如豆，以自觀也；心如丸卵，以自知也。嶓翁之獨，顧未能逮其羣，故曰獨而已。翁之獨既燿於衆，而吾之獨尚莫甄襮之，悲夫！

炳麟又曰：夫眯也，故諱獨也。今若是楬獨之爲羣，以昭諗天下，雖戇且頑，猶將樂。若號彼哲人，從獨而騁六馬者，必自獨居始夫。

閼逢敦牂八月，姻家子章炳麟纂并書。

論亞洲宜自爲唇齒[1]

（一八九七年二月二十二日）

天地以五大洲别生分類，一區之中，人民禽獸不相越。必有人焉，整之齊之，君之師之，魁之桀之。聖王因其教，制其宜，不易其俗。故自唐堯以來，以裏海烏拉嶺爲戎索，以絶亞、歐，以區黄人、白人。然而天地之運，無四千年無亢龍絶氣，故放於東海，放於西海，其不能不相通者，期會然也。夫通則何病也？地體華離，犬牙相錯，其本氏於歐洲，其標末於亞洲，於是乎震旦病。

亞洲之國，西有印度，南有巫來由族，制於佗人，威靈所不及。其在邊裔，突厥之受侮，與中國等，亦不能爲我利害也。處於温帶者，中國爲大，東迤千餘里。海隅之國，日本爲大。由二國之北，溯甘查甲以上，尾大而掉，俄羅斯爲大。然以赤縣之地，近在肘掖，可以相倚依者，闔亞洲維日本。

往者中、東有違言，將率失律，師喪而地分。諸簪筆持牘者，莫不瞋目語難，冀得當一雪恥，雖以窮髮之國，饔飧於朔方，忘其欲

---

① 據《時務報》第一八册，一八九七年二月二十二日（光緒二十三年正月二十一日）出版。

噬，密與爲盟誓。背同類而鄉異族，豈不左哉？

昔興亞之會，刱自日本，此非虚言也。中依東，東亦依中，冀支那之强，引爲唇齒，則遠可以敵泰西，近可以拒俄羅斯，而太平洋澹矣。不幸中國刓弊，有兵實不練，有地藏不啓，有學校不教，受侮鄰國，惟北方尤甚！彼觀其意，且欲盜黄海以爲己屬。日本壤地相屬，而懼俄羅斯之逼處也，曰："甯我薄人，無令人薄我。"鋌而走險，雖有瀛海之阻則淩之，雖有金城之塞則陷之，故先發難於朝鮮、遼東，以搟俄羅斯所未舉，非其黷武，冀自救也。使中國生其霸心，發憤圖自强，綜覈名實，使卒越勁，使民[illegible]愿，使吏精廉彊力，日本將親睦之不暇，而又何寇焉？使中國不生其霸心，不發憤圖自强，不新制度，隨俗雅化，惟舊章之守，雖無日本，猶蠶食於俄羅斯，何恥之可雪？

且國家不早自振厲，以稍陵夷，至於譙訶之中，乃欲自張大，斯不亦遠乎？夫句踐之臣吴也，猶有報志也。蜀相之結吴也，無報志也，彼惎曹魏，則吴不得怨，故覆於南郡，燼於白帝，再挫之忿，而不敢復焉。宋與女貞，宗禰之痛也，引蒙古以滅之，終自戕敗，廟算失也。故地處其逼，勢處其陧，九世之仇，而不敢復焉。何者？兩熊之鬭，敗者引狻以自助，則身先齾也。今中國無深長慮，欲一快心日本，密約俄羅斯，以爲繫援，至於膠州屯軍，吉林築路，齊魯與東三省將爲異域，悲夫！

乃者法、俄合從，南北爲羅，且夾溝而㾓我。我在亞洲，猶魚之濡沫於九罭，雖日本亦有戒心焉。爲今之計，既修内政，莫若外暱日本，以禦俄羅斯。兩國㡿候，这遣於東海，勢若檝榜，無相負棄，庶黄人有援，而亞洲可以無躓。

難者曰：方今覩微之士，以爲中國羸病，犂十年而仆，雖與日本結，其何瘳乎？曰：夫發憤爲天下雄，則百年而不仆；怠惰苟安，則不及十年而亦仆。吾所議者，爲發憤者言也，非爲怠惰苟安者言也。夫苟怠惰苟安，雖有形勢，若旅順之阨，馬尾之險，可以失之；發憤而爲雄，而後以鄰國犄角爲可恃也。不然，則一飯之頃，已潰敗決裂矣，安能十祀？

論學會有大益於黄人亟宜保護[①]

（一八九七年三月三日）

血輪大小，獨巨於禽獸；頭顱角度，獨高於生番野人。此文明之國種族所同也。繼神明之後，以九皇六十四民爲祖，若檀柘有鄉，萑葦有藂，此葱嶺以西種族所獨也。春秋至太平之世，周陸無表，不殊内外，黄池之會，夫差稱吴子。是故整齊風俗，範圍不過，若是曰大一統。益損政令，九變復貫，若是曰通三統。通三統者，雖殊方異俗，苟有長技則取之。雖然，凡所以取其長技，以爲我爪牙干城之用者，將以衛吾一統之教也。

教術之變，其始繇於種類。均是人也，而修短有異，黄白有别，則德性風俗亦殊。故古者婆羅門種，因族以稱其教，可爲左證。惟吾神臯沃壤，五德晐備，則教莫正焉，種莫貴焉。雖有掍成之志，匪自尊大，而猶不能不自殊别。譬之草體蛤螺，甲節脊骨，百族蜎蠉，猶有繁簡，而況於人乎？景教入中國，事至微淺，然一遇凌侮，則挺劍挾弓而議，其教會盛也。中國儒冠之士，踽行孑處，無所倚毗。

① 據《時務報》第一九册，一八九七年三月三日（光緒二十三年二月初一日）出版。

皋門有政，庶人所不議；疆埸有事，鄉校所不聞。雖有賢傑，不在官位，則娖娖無所長短。儒術之衰，將不能保其種族。悲夫！

於此有人焉，合耦同志，以建學會，於息壤之將陷，天保之未定，沈憂噍殺，朝夕講貫，雖磨頂放踵所不敢辭。其與夫汝、穎、洛、蜀、東林之士，僅與憸壬爲仇敵者，所事孰緩孰急矣。若當軸不察，治以黨錮，株連鉤考，將投濁流。危言竦論，則恐蹈狐咺、范滂之戮。默而息乎，則不勝漆室、杞人之慮。舉鼎絶臏，亦不敢以怨他人。獨慮變起瞚息，戎夏交捽，以不誅夷爲誅夷，以無焚坑爲焚坑，比於紅人、黑人，尚不得齒。於斯時也，而猶欲挺劍挾弓而議之，不知吾類吾教之能自主者，尚有什一之存否也？

設教之始，以大刑甲兵爲輔，自古惟穆罕默德乎？中國神聖，則有其制矣。吕不韋有言："禹攻曹魏，屈驁有扈，以行其教。"《召類》篇。然則水火相擠，其極不鬬不止也。古之齊俗者，役龍蛇而鬬之，役虎豹鵰鶚而鬬之，三戰然後得其志。近觀突厥革島之事，兩教不輯，僵尸千里，蓋行教若斯之難哉！我齊州之土，自水精制法，七十子後學，贏糧奔走，任師道於四方，浸尋二千年，雖詞章帖括，絶流爲害，然其彰較礧落者，猶無偭錯，鑱鏑不行，而民知所向，大哉其入人心也。然而捲勇股肱之力，經畫取與之智，不及俄羅斯；居奇操贏，使天下歛袂，不及英吉利；弭兵善鄰，折衝於樽俎，不及美利堅。其諸六藝之學，四術之教，無益於生民歟？曰：惟不能合羣以張吾學故。

獨居而聽竽瑟，不如市朝；處幽谷而觀羽旄，不如通都大邑。人之樂羣，其天性然也。髫齔之童，迮而誦竹笘，有與共學，則皀藻搏躍，聲亦隨之；無與共學，而流涕長嘶矣。學者之樂羣，亦天性然也。嘗試觀邑序，臨橫室，則弦誦之聲寂如矣；趨辟廱，升瞽宗，則裝潢之卷俄空矣。古香、四庫之藏，文匯、文瀾之府，翰詹所講肄，駿雄所習業，則入其門無門焉者，入其閨無閨焉者矣。人之好惡，固若是變易乎？何以束髮就傅，則萃處切厲之爲樂，稍長知學，則惟是離羣索居也？曰：自宋與明作則之主，將以其權力勢藉，錮塞諸生，而懼其腹誹脣反，不仰視天而頫畫地，則爲之餼廩利禄以羈縻之，而仍使不足以事其父母，畜其妻子。彼去之則可惜，不去則無俚，牽曳跋疐，前卻進退，[1]營一生之不給，何暇爲衆生？救一室之不贍，何暇慮五洲？故使天下之士，肥瘠不相顧，痛瘼不相知，非直不能衛周、孔，且求一墨翟、禽滑釐而不可得。小雅盡廢，四夷交侵，殆以此也。

西國學部之盛，中華企望而有怖心，尚已。然俄羅斯之在北方，與準噶爾、土爾扈特等部，一邱之貉耳！其俗樸僿，未嘗留意師儒也。自芬蘭一省，完全富足，以趨俄羅斯，其民好學，逮園夫紅女皆識字。俄人效之，以立學校，至於今，介胄工匠，亦人人知書矣。

中國四百兆人，識字者五分而一，賴地大物博，户口殷賑，以分率計之，猶得八十兆，未甚少也。其知文義者，上逮舉貢，下至學官弟子，無慮六十萬人；誦習史傳，通達古今者，百人而一；審諦時務，深識形便者，千人而一；以此提倡後進，郡不過數人，則甚少矣。然使舉措不違，此六百人者，雲合霧集，智畧輻凑，以振起綴學之士，

---

① “卻”，原誤作“郤”。後類此者徑改。

猶可爲也。而朝廷所以宣教化於下民者，惟郡縣之學官，雖優崇其禮，不使屈𠢐，至於官秩事權，則統隸於郡守，考成於縣令，縱有材行，無所措施。是以大儒骨鯁白首耆艾魁壘之士，有爲齋長，無爲教職。曰：是箸於三尺法，固𪕮愚朽鈍者之任也。烏虖！昔之愚民者，鉗語燒書，坑殺學士。欲學法令，以吏爲師，雖愚其黔首，猶欲智其博士。今且盡博士而愚之，使九能之士，懷寶而不獲用，幾何其不爲秦人笑也？

欲善學校，必取《明夷待訪録》，而朱氏一新斥之曰："彼但知清議之出於學校，不知横議之亦出於學校也；但知陳東、歐陽澈之爲太學生，不知爲賈似道頌功德者，亦太學生也。"烏虖！必如其説，則廢君道即無桀、紂，廢將相即無羿、莽，是必焚符破璽，剖斗折衡，而後天下夷然無故爾。夫兩利相較，取其重者；兩害相較，取其輕者。學校非無害也，而潤澤於天下爲多，故君子取之。自天府既廢，凡政法律令，下集於學校，上集於柱下史。史氏之職，以死奮筆，足以定是非；受賕抵諆，亦足以亂是非。然而聖王不以舞詞弄札之害廢史氏者，其利多也。彼學校則猶史氏也。躁競之士，率羣下以造謗者，吾見其紛呶噂沓，甚囂塵上矣。購千百泛駕之馬，而幸獲一要褭飛兔，不猶愈於購駑馬乎？

今行省皆設中西學堂，以救學官之窮，亦以是傾西人之設義塾於中國者。彼義塾之設，招吾屠牧子，教之語言，教之布算，教之格致，而大旨不出乎摩西基督之書。本實既撥，於彼有用，於我無益。雖然，屠牧子可教，則吾士族之子，其可教可知。設學堂以籠之，誠右策已。乃夫聰敏特達之士，閎覽博物，不詣學而成，如魏默深、李壬叔其人者，今安所處之乎？處農就田野，處商就市井，處工就官府，處士就閒燕，[①]古之明訓。政府不能任，而士民任之，於是奔走展轉，捘述索偶，以立學會。推其用意，凡民有喪，匍匐救之，所謂以繩墨自矯，而備世之急者，此誠豪俊成學之任，而非童齔彪蒙所與能也。宜有以糾之合之，禮之養之，宣之布之，使比於賓萌，上説下教，以昌吾學，以强吾類。是而不行，人終以科舉爲清望，而以他途爲卑污庳下，則仍敺高材捷足以從學究矣。彼學究則將捊去其新知，而錮之以故見，所以爲教者，不三數傳，即無以異於教皇之助飛蝶南也。昔意王飛蝶南，頭會箕歛，誅求無藝，民不堪命，教皇佐之，導其民以不識不知，無敢私議，而意卒破裂，教皇亦先後見驅。烏虖，殆矣！

景教之尊，莫教皇若，歐洲諸君長踐阼，必得其命；釋教之尊，莫達賴剌麻若，蒙古諸酋豪稱汗，必得其命。彼非席蘿圖操齊斧也，而異域尊之顧如是，以是知綱紀不可去。綏丹敗而教皇弱，喀爾喀賓而達賴微。天地之氣，無紫色蠅聲，則統緒必歸於正。中國之儒，孰敢繼素王，三老五更，則無世而無其人。饋醬酳爵，北面拜事，吾知其可也。墨家者流，出於清廟之守，嘗見斯禮，則而效之，於是乎有傳鉅子。九服之大，鉅子惟一人，其崇與教皇等矣。今縱不欲效西人，宜效墨子；縱不欲效墨子，宜效三代。老更既立，賢哲蔚薈，條肄布散，閔衍神恉。不及十年，而六曹大政，必於是受成，則黄種之維絃固矣，此所謂紀也。

---

① “閒”，原作“間”，據文義及《國語·齊語》改。

吾聞《齊詩》五際之説曰："午亥之際爲革命，卯酉之際爲革政。神在天門，出入候聽。"是其爲言也，豈特如翼奉、郎顗所推，係一國一姓之興亡而已。大地動搈，全球播覆，内奰中國，覃及鬼方，於是乎應之。方今百年之際，其殆與之符合也哉！故不逞之黨，假稱革命以圖乘釁者，蔓延於泰西矣。中國甿庶馴擾，戴其君長，如臨父母，無敢高言盂行以犯名分者。自與歐美通商，聞見漸異，以至於今五十年。古巴之背叛，稱以義軍；尼希利黨之謀逆，待以不死。民智愈開，轉相放效，自兹以往，中國四百兆人，將不可端拱而治矣。風氣之推遷，若有攝力，雖夸父、龍伯不能爭。居今之世，將欲壅遏民氣，使不得伸，無論其無成績也。幸而勝之，雖不土崩，猶將瓦解，是自遏抑吾黄種，而反使白種爲之尸也。雖然，土崩又非百姓之利也。秋霜降者草花落，水摇動者萬物作。故内亂不已，外寇間之。昔者八王相閧，而劉、石逞其志；張、李横行，我朝以成龍興之業。苟有揭竿斬木者，是自戰鬬吾黄種，而反使白種爲之尸也。然則如之何而可？曰：以教衛民，以民衛國，使自爲守而已。變郊號，柴社稷，謂之革命；禮秀民，聚俊材，謂之革政。今之亟務，曰以革政挽革命。

《經世報》敘例[1]

（一八九七年八月二日）

粤自太師采風，陳達民隱，擅人道政，巡語邦國。報館之名，雖無職志，厥制萌芽，業已古古。戎秦任鞅，禁民議令，五三良法，蕩焉罔存。皇朝統宇，用人行政，必見邸報。部院所逮，亦有轅鈔，觀聽所準，無病斷爛。歐人維新，開利喉舌，報館迺闢，林立於國，政府視爲從違，議院倚爲聲援，學會恃爲契勘。斯固富强之要删，官民之舌寄已。租界既訂，遂以西制，剏行震旦，互市之場，賡續而增。大率彼士樹其赤幟，計噓教燄；駔儈持作黑符，用罔市利。援儒入墨，借助十誡之波瀾；詬夷譽跖，詎當九品之人表。體例糅雜，有識唾棄。然而《瀛環略誌》，朝野僉載，使我邊海獷民，粗知域外之皮毛，窮壤碰士，略曉區中之情僞，則亦有毛髮之益焉。邇者倭釁甫平，君咨臣儆，不忘在莒，大破忌諱，中外報館，悉許剏開。於是勝流鵜奮，新報驟起，若上海之《時務》，澳門之《知新》，湖南之《湘學》，温州之《利濟》，就所見者，皆憂時君子發憤而作。所謂雷

① 據《經世報》第一册（未署名），一八九七年八月二日（光緒二十三年七月初五日）出版。

在地中，風行水上者非歟？杭州固錢趙舊都，今巡撫所駐，祕書藏閣，精舍詁經，人文之盛，齊州罕儷，兹通遐市，聆覩益擴。苟我士夫情切補牢，心存支廈，善甄彼長，亟備己短，賴以鑿沌益智，保教護種，天下興亡，匹夫之賤，與有責爾。若迺魚兔未得，筌蹏先忘，狂泉一飲，本性迷惑，但見末利，不顧本害，變如不變，且加厲焉。於是伊川之祭被髪，楚宫之好細腰，棄夏可懼，陽秋其誰？緯嫠私憂，殆將及矣。《易・同人》曰："同人于野，亨。"本報不敏，竊取此恉，願與各新報翕效嚶鳴，自固氣類，隱任《春秋》經世之責，無忘同舟共濟之懷。助聰導察，庶幾小補云爾。幖楬綱目，敬晞大雅閎達，理而董之。

例言：

涣汗自天，訏謨定命，海寓士庶，喁喁延頸，録《皇言》弟一。

文質三變，顜若畫一，損益百世，禮失求野，録《庶政》弟二。通論各政及官制、吏治與夫部臣、疆臣所有事者皆入此。學政等亦庶政之一門，以兹事體大，故别出。

九域異尚，天産賢桀，赤帝師蝨，異同胡立，録《學政》弟三。兼各教源流。

順時覛土，先疇是服，九職任民，園夫紅女，録《農政》弟四。兼蠶桑、畜牧、樹藝、水利。

人肖天地，制器尚象，吹萬不同，入我型笵，録《工政》弟五。

海王之國，長財善賈，輕重我操，塞彼漏卮，録《商政》弟六。

金火相革，守我域内，禁攻寢兵，悲哉宋鈃，録《兵政》弟七。兼方輿。

狴犴不輯，流爲甲兵，折衝尊壺，匪陸而蘇，録《交涉》弟八。兼公法律例。

風聽臚言，虞初是則，疑者區蓋，必甄實録，録《中外近事》弟九。

六幕紛賍，地水火風，陶鑄穅秕，朽腐神奇，録《格致》弟十。以上九目，凡章奏、公牘、私箸，東西各報皆從其類。

簫管冥和，集思廣益，經緯鴻筆，文章粲如，録《通人箸述》弟十一。通論無可附麗者入此，專門則入以上各目。

甄綜古今，卮言弗遒，嗟我稊米，抒懷問世，録《本館論説》弟十二。

變法箴言[1]

（一八九七年八月二日）

孫灝與章炳麟見於分江之濆，炳麟方讀《管子》及《佐治芻言》，魂精泄横，憖然似非人。孫灝曰："自馬關之盟，士氣振動，至於今三年，與民變革，宜得一二成就。今吾觀子之色，一似重有戚者，何也？"

章炳麟喟然而長息曰：嗚呼！大波將激，大火將爁，而無憂怖者，其人情乎哉！彼老子有言，曰"抗兵相加，哀者勝矣"。非獨兵也，庶事莫不然。雪霜既降，枝葉既彫，而根荄不枯於下，惟哀是賴。粤、捻之亂，曾、胡哀者也；熱河之狩，恭親王哀者也。往者士大夫不思經世之業，而沾沾於簿書期會，以爲大故，震蕩回薄，以有今日，此上天所以哀下民，使無佚樂。故議變法者，吾黨之責也，方唈僾而道之。今吾觀於瑰意琦行之士，則有二病焉：華妙云乎？猝暴云乎？其病雖異徵，皆中於不弘毅，成於不哀。己之不變，其奚能變人？吾是以有大戚也。曰其病何如？遽數之，不能終其物；悉

① 據《經世報》第一册，一八九七年八月二日（光緒二十三年七月初五日）出版。

數之，請更僕以盡終始。創鉅而痛深者，宜專精厲意，審所以改絃更張，至人無餘思則止。吾悲夫華妙之子，恥功利爲不足邵，而騖心於教之流别，必假貸於浮屠以爲寵靈。浮屠氏之書，吾無訾謷焉。龍池須彌，吾據之足以考地望；夜叉、阿修羅，①吾據之足以辨種族。其近實者，九能之士，固將有事焉爾。其深微淵眇，知帝之懸解，而不剴切於民事，張弛之義，宜有所後。且今之世，末法世也。浮屠之運，神歇靈繹，賢劫未盡，彌勒未出世，雖有賢哲，固無以昌明其教。而徒費日損功以自游衍，日覩聞百姓之嘑號宛轉，而欲以空言濟之也，魏晉人之清言，其復見矣。大儒之處世，言無取窕，事無取閎大，苟有可用，雖跖之黏牡，越人之不龜手，方傴僂以承之；若其無用，蜚蓬之問，不在所賓，其説雖涵元氣入無閒，無所過而問。方今疆圉日棘，黔首罹瘼，愚賤者無計慮，而酖毒之晏安，仕宦之子，則擇利便，據形勢，置齊州不卹。務得趣死不顧之人以振之，患猶可弭。志果憂天下，宜醮頟竭思，斠酌西法，則而行之，展布四體，以冀豪毛之益。今不攻堅石而攻玉屑，不寶周鼎而寶五石之瓠，悲夫！昔明之季，嘗以談禪爲榮矣。志節雖盛，而其氣呰窳，無能濟變。其賢者則以王之廚饌嬪御腥螻膻惡而不可近，而視天下事若塵垢；不賢者則藉巧説琦辭以爲名高，至於敵情之狡詐，兵力之盛衰，地形之險易，蓄藏之充虚，一切不省。渡江而東，不能居一歲，再亡於閩，三亡於緬甸。夫孰任之咎也？今志節遠不逮明人，而循其談禪之軌，則士氣愈委靡，民志愈涣散，求再亡三亡而不

① “叉”，原誤作“义”。

可得，而暇變法乎哉？

乳犬之攫虎，伏鷄之搏貍，精誠至矣，而人以爲大愚。氣球之初舉，過十里則斃，南孫求北極，幾葬堅冰，亦瑣材而任重者也。雖然，以墨子視之，則驚傑矣。變法者，非口説也，必躬自行之；躬自行之而不可濟，必赴湯火、冒白刃以行之。古者改制度、定文章，必乘龕劉之後。方日本之議尊攘，忤大將軍意，逮繫數百，斷項絶脰，而氣不少衰。至於書生劍客，忼慨國事，競爲詭激，横刀曰攘夷，擐綺曰脱藩，一言及尊攘，切齒扼捥，斥當軸爲神姦，而笑悼老成宿儒之畏愞，悲歌舞劍，繼以泣涕，展轉相效，爲一世風尚，懼有株連，復自稱浮浪以免其藩主，其氣之雄毅與心之苦如此。卒使幕府歸政，四鄰不犯，變更法度，舉錯而定。當其赴湯火、冒白刃，固不意此。如斯人者，將求之不得也，雖枯槁不舍也，烈士也夫！

今吾中國之變法，無刀鋸之迫、湯鑊之危，其易於日本也，不知其幾千伯倍蓰。所求於士大夫者，惟勞其心力耳。彼力者，功所以成，疢疾所以去。昔陶文毅以轉漕之弊，欲有變革，衆議譸張，以全力抵拒之，而後立海運之基。曾文正欲裁緑營，當是時，乘其疲極，去之如摧枯拉朽也，持之不定，營制不變，貽害至今。夫以二公之勳德，猶視此爲成敗，何有於末吏處士？當今之世，任變法者，吾未見其有面目黧黑、竅氣不通者也；爭變法者，吾未見其有面折廷諍、千人皆靡者也。嗟乎！人所以事事，賴此鋭氣與股肱之勤耳。今氣苶矣，上焉豪傑之不任，而舉宗稷之重，付之脂韋突梯之徒；下焉有志之士，又稍稍娱樂於禪學以日銷其骨鯁，殆夫！殆夫！守故之不給，其焉能變？斯顔習齋、李剛主之徒所爲流涕而道者也。

如嚮所言，吾以規夫有志之士而遁匿於佛者。若夫駿特俶儻，有雄毅之氣，果於獨斷，堅於力行，則其病又不在是，曩者言猝暴是已。彼見西法之效，以爲馳騁上下，無曲折可以徑行也；又取夫後王之政，而暴施之於百年以前也。夫是故見彈而求鴞炙，見卵而求時夜，遽不可待，其卒也鴞鳴雞不可得，并與其彈與卵而失之，而遂以求之爲非計，則盍慎其所發矣。昔者中國乾嘉之際，歐洲列國，嚴刑厚斂，民不聊生，拏坡侖出而更之，播及鄰國，皆厥角稽首，若弟子之受命於先師，非甚難也。然而英之更制也，公舉議員，則世族阻之；免他國商税，則富賈阻之，船户阻之；放行進口糧食，則業田者阻之；寬待傭作，則敞主阻之；禁買黑奴，則豪右阻之。譁訟三十年，然後大定。

中國自通商以來，更歲五十而贏矣，召彼故老而詢之開礦、築路，猶愀然以爲傷地脈。其他曲制時舉，有造於廿二行省，獨不利於數千百人者，不可僂指數也。是其難行也，又非直傷地脈之比也。故措置一失，而怨讟從之，若學堂是矣。夫講業之地，一廢而一起，均之以教學士，使廩假於縣官，士何獨怨，則失之者先入，而得之者後入爾。怨讟之既作，其薦紳鳴玉而爲朝官者，復聽其簽言以阻之，則吾事不成。吾意慮事之始，甯更調數萬緍，以爲興造之本，無捊其故有者而成其故無者，則人不吾阻，其規摹亦可以閎廓。更一二年，向之怨讟者，聞其風氣而知其臭味，且豔之慕之，惟恐吾之不兼并之矣，則下令如流水，而規摹益閎廓深遠爾。是故名實未虧，而喜怒爲用，權術然也。彼變法而無權，不知決塞，不曉計數，則不足以定大功。叔敖高門閭而民皆改其庳車，吾將奉之以爲變法之師。若夫後王之政，未遭百六、陽九，而於今日望之，一則睎民主，一則張議院，此無異於行未三十里而責其百里也。

今夫民主，至公也。《尚書》始《堯典》，序以禪讓；《春秋》崇五始，而隱元不書即位，聖人之情見乎辭矣。然而據亂行之，則以適治；據治行之，則以適亂。剥橈之既極，君子險哀，鳥獸蟲蛾無得遂其生，於是有民主焉，以蘇民困，以衛華夏，吾蹻足須之矣。當今日而議之，其議果行，則域内搶攘，流血漂鹵，幸爲拏坡侖，夫固麋爛其國土，荼毒其吏民，百年然後復也。不幸而爲東學黨，則束縛獮殺我者，且非吾之同類。馳説者燿華盛頓而忘法與朝鮮之禍，將并忘夫華盛頓之在美洲歟？於不毛之土，剪除榛薄，始奠天地，其功若女媧、燧人，殺黑龍而積蘆灰也。當是時，民非斯人，固無所戴矣。斯人者出令而剏民主，民固無所競矣。然三十年以來，林肯遭弑，嘉飛遭弑，賊殺之獄兩見，其置君若弈棋，其屠君若割犧；幸獨處一洲，民無潰志，鄰國無窺伺，不至於廢易墜亡。今行之於中國，行之於无妄之未見，則内以便蚩尤刑天，而外以便殊族，民之無辜，并其臣僕矣，欲大同得乎？

其次議院，《周禮》掌之司寇，而齊有稷下。逮及末世，牻椋之言多，欲惡始終遠近博淺莫不爲蔽。有褋家者流出，兼陳萬物而縣之衡，則九流莫不爲用。《藝文志》："褋家者流，蓋出于議官。"縣衡者不定，法之左黨、右黨，美之合衆、共和，更相克伐，五德代勝矣。往者南北美利加之戰，徒以禁買黑奴，啟衅於違言也。今泰西會黨，票忽勁疾，横行無所忌，惟德人稍愿慤，然威良第四嘗下詔予民權，軍壘反築於王宫之外，俾士麥知其難馴也，稍稍抑議員，使無噂沓。

俄羅斯之悍，噤民不言，故入則心非，出則巷議，人善其所私學，以非上之所建立，其議不如其默也。我朝康熙、雍正閒，數有廷議，推行其法，使翰林科道皆得坐論，斯可矣。若驟付其議於處士，不搏擊不饜。昔許慈、胡潛之爭，蜀先主戲之以刀杖相屈，而李天生乃拔劍以斫西河。彼其所議，儀注與音韻耳，猶尋其讎忿如是，況於國政？且其爲言也，守故而迂，求新而妄誕，其持之未有故，其言之未能成理，使聽者眩於名實，憒眊不渫，則發政益濡緩無期會，而禍本以成，吾未知其愈於今日也。

然則學堂未建，不可以設議院；議院未設，不可以立民主。事勢之決塞，必有先後，皆出於幾。自有地球三十九期以來，石刀、銅刀、鐵刀之變，非由政令發徵，而民靡然從之，其幾迫也。聖人者，因其幾而導之人，故舉無不起，廢無不墜。今也駿特倜黨之士，丁時未至，盱衡厲色，騂然而爲之，志固不遂，且危其身矣。病華妙者，吾懼其不以身殉也；病猝暴者，吾又懼其妄以身殉也。何者？人固有一死，死或重或輕，視其所趣。故磨頂放踵以拯生民之陸沈，前者踣，後者繼，百挫而無反顧，終以集事，斯其死重於泰山者，日本之議尊攘是也。四百兆人所未達，天時所未蒞，懷抱孤憤，出身以任之，萬死無所悔，或方命圮族而大爲民物害，其身既死，其名亦因以敗裂，使世人反以其事爲懲創，後雖有哲人，不敢繼踵，是其爲之也，乃適如以貍致鼠，以茹魚去蠅也。愈舉愈墜，愈廢愈起，死無益於事，而適以損之，則鴻毛之輕已。嗟乎！禍福之説，成敗之效，豪傑所不言，既環天下而號之曰國士，則必爲天下惜死。謝安以“訏謨定命，遠猶辰告”重雅人，無他，審於變法之先後也。

民不知變，而欲其速化，必合中西之言以喻之。喻人之術，横説之則以《詩》、《書》、《禮》、《樂》，縱説之則以《金版》、《六弢》；其一曰宙極之史，其一曰六合之成事。人莫信其�髳闊略之聲而信其目覩，是故陳古而閡，不如道今；有獨喜其覭髳闊略之聲者，與道今而不信，則又與之委蛇以道古。故合中西之言以喻民，斯猶慈石之引鐵，與樹之相近而靡也。往者梅定九、戴東原、阮文達之徒，常以算學通中外，故二百年以來，雖極黨同妬真之士，無以西算爲詬厲者。自《瀛海論》作，而又知聲光電化之學，其原亦具於周、秦諸書也，其過者以爲歐人之藝，皆祖禰亞洲，比於伯宗之攘善，斯稍稍誇誠矣。人之智慧，無東西朔南一也，鼓宫宫動，鼓角角應，閉門而造車，出則軌合，以爲相應相合則可矣，以爲人之長技皆出於我，則適以助學者之虚憍自滿也。雖然，賴是以羑之，使人善入，譬中西之學爲異質，而是爲其黏攝力。今夫以蒼璧小璣與人而人不喜，其鄰父老曰，是若祖父某年陳於某室者也，則雖知其言之覭髳闊略，而固以得之爲喜，何者？喜復故物也。今箸書之鄰父老也存，雖忿懟於新法者，亦謳歌而樂之，竭蹶而趨之矣。精其術，平其詞，是化民之至神者也。嗟夫！駿特傲黨之士，果於獨斷、堅於力行者，有悟於此，可以得變法之權矣。

章炳麟又曰：吾讀《管子》至《侈靡》，嘗默識其詞，至中國之草木，將有移於不通之野者，婦人爲政，而鐵之重反旅金，則愯然而流汗曰，是何古之睿聖哲人，不視圖讖而能知百世以後也？自今而往，苟有中壽者，當見其變之究矣。雖然，既亂易治也，既治易守也。若夫疆蔞未虧，人民未變，鬼神未亡，水土未絪，糟者猶糟，實者猶實，玉者猶玉，血者猶血，酒者猶酒，而文武恬熙，舉事無實，梟狐竊柄，天與之昏，是爲大亂之將作，而不得比於大亂之既成。于斯時也，是天地閉、賢人隱之世也。雖然，目覩其肢體骨肉之裂而不忍，去之而不可，則惟强力忍詬以圖之。余，浙之賤氓也，生又羸弱，無驥鶩之氣、鴻鵠之志，其然亦嘗有所向矣。雖微踔逸，猶憯悽忉怛，悲世之不淑，恥不逮黄帝而哀不己若者。竊閔夫有志之士之忼愒於佛也，其力行者，又舉事而棼其緒也；以爲如是則終已不得變而之治。故與子道其二病，且以自箴，且以箴天下。攈其要略，惟哀足以成事，雖有智者果者，不哀則敗。三十年以往，有何桂清；十年以往，有張佩綸。言談最賢，亦時有中要領者，而禍敗若是，是可鑒夫。鑒於是二子，變者千端而或有什一之成；不鑒於是二子，冒没輕儳，其勢無疑止，雖有中壽，猶不獲覩天下之治也。雖然，吾固知其莫能鑒也。於斯時也，是天地閉、賢人隱之世也。吾不能爲狂接輿之行吟，吾不能爲戴安道之破琴，吾流污於後世，必矣。

平等論[①]

（一八九七年八月十二日）

天地之道，無平不陂。故曰水平而不流，無源則遫竭；雲平而雨不甚，無委雲，雨則遫已；政平而無威則不行。然則平非撥亂之要也。

昔者平等之説，起於佛氏。佛之言平等也，蓋虧盈流謙，以救時弊，非從而縱之，若奔馬之委轡矣。何者？身毒之俗，區人類爲四等：以婆羅門爲貴種，世讀書主祭；其次曰刹帝利，則爲君相將士；其次曰吠奢，則爲商賈；其次曰戍陀羅，則苦身勞形以事畎畝，監門畜之，而臧獲任之。是四類者，慶弔不通，婚媾不遂，載在册府，世世無有移易。夫圓顱方趾一也，而高下之殊至是，此釋迦所以不平，而爲平等之説以矯正之也。揉曲木者，不得不過其直。恣言至其極，則以爲胎卵毛鱗，皆有佛性，其知識亦與人等。此特其左證之義，覬以齊一四類，而閎侈不經以至於濫，有牛鼎之意焉。愚者滯其説，因是欲去君臣，絶父子，齊男女。是其於佛説也，可謂

---

① 據《經世報》第二册，一八九七年八月十二日（光緒二十三年七月十五日）出版。

儀豪而失牆矣。

且平等之説，行之南北朝，則足以救敝；行之唐宋以後，則不切事情。是何也？當門第之説盛時，公卿不足貴，輿臺皁隸不足賤，而一於種姓乎辨之。至唐高儉定《氏族志》，猶退新門，進舊望，右膏粱，左寒畯。蓋其俗尚之敝，與身毒同風。觀夫王源與富陽滿氏爲婚，家人細故，無損於禮教豪髮。而沈約彈之，以爲六卿之胄，納女於管庫之人；宋子河魴，同穴於輿臺之鬼，黠世塵家，於事爲甚，若以兹事爲必不容已者。嘻，其陋也！於斯時也，而剏平等之説於其閒，則米鹽之爭、錐刀之競息矣。其有助於政教，必不禆矣。

今也罪人不奴，民無僮僕。昔之男子入於罪隸，女子入於舂稿者，今亦及身而息。自冕黼旌鉞以逮藍縷敝衣者，苟同處里閈，一切無所高下。然則以種族言，吾九皇六十四民之裔，其平等也已久矣。復從而平之，則惟去君臣，絶父子，齊男女耳。

昔者《白虎通德論》之言，謂人皆上天所生，故父殺其子當誅，晉獻公罪棄市，以殺其太子申生故。斯言也，蓋范蠡、商君之屬，欲泯庶孽乳而立是法，今文家遂攘取之以爲口實。然自兩漢以來二千餘年，卒未有以是爲律令者，梟之嘯歟，破鏡之鳴歟，誠夫人而知其謬也。

若夫男女之辨，非苟爲抑揚而已。古者禽獸多而人民少，猛獸食顓民，雕鶚攫老弱，則不得不蕃人類以遮罥之。夫欲其蕃也，與一女伉數男，則不若一男而伉數女。於是斠元立極以定嫁娶，而妾媵昉焉。觀於職方之書，登中於天府者，女子猶多於男。懼其怨曠，則又不得不制妾媵以通之。夫以一人而嬪數女，此猶三十輻共一轂，則其勢固不可以平等。今欲賊黄種而顧爲男女平等之説，烏虖！何其刺也。

古者謂君曰林烝，其義爲羣，此以知人君與烝民等，其義誠大彰明較著也。及其騁然獨立於民上，而欲引而下之，則不能已。夫一闠之市，必立之平；一卷之書，必立之師。縱其崇卑之度，無大殊絶，而權力固已倍蓰。故曰以不平平，其平也不平。彼法家之言曰："雖有忮心者，不怨飄瓦。"然則以總統隸民，以僉謀定賞罰，是特當軸處中者之所以避怨讟，而賢桀何取焉？

夫父子夫婦之閒，不可引繩而整齊之。既若是矣，君臣雖可平，而於事抑又無取。故曰平等之説，非撥亂之要也。

雖然，吾嘗有取矣。取夫君臣之權非平等，而其褒貶則可以平等也。昔者埃及之王稱法老，死，大行至窆所，或頌其德，或指其郵，以得失相庚償，過多則不得入墓。其王亦深自飭厲，懼罹罪辟，莫敢縱欲。是即中國稱天以誄天王之義，是即《春秋》有罪不書葬之義。

《實學報》敘[①]

（一八九七年八月十二日）

世言地球以上之野馬，謂之空氣。然而輕養淡緑，各負其質，無往而非實也，必并與其空氣而滌除之，則燋火不然，喘蝡不生，而大塊或幾乎息矣。由是觀之，空不足持世，惟實乃可以持世。微生之物，細若蠻觸，游息塵埃，自相戰鬭，是惟有實質，故相遇而觸。學者挾其所有，是丹非素，或詭盭至不可聽，要亦有其一至之見，梡充胸臆，故能持之有故，言之成理，猶愈于漂薄無所邸者，而況職志六籍、實事求是之學乎？

緊古九流，皆出于周官之掌故，遭秦灰夷，高文蕩如。漢世抱殘缺，遺術猶略可覩。陵夷至于魏晉，浮屠稍熾，以噓枯吹生爲能事。恨大圜之束縛，而欲摧破去之。共球一撮，則瘉不暇留意，終于典章不講，藝術不考，媸點九能，如含瓦礫，而實學亡矣。唐宋以降，政法程度，舉不能逮先民，惟疇人操祘，稍上合乎《周髀》，斯則碩果不食，于五際爲革政之世。今日之能以歐羅巴學上窺九流者，

① 據《實學報》第一册，一八九七年八月二十八日（光緒二十三年八月初一日）出版。

其芽櫱在是也。

惜夫溟渤以外，聽遠音者聞其疾而不聞其舒。至於小雅盡廢，四彝交侵，創痍既深，乃流嘶哽咽以道之，則已日莫途遠。救時之彥，于是爲置學堂。然一行省數千里，就學者廑以百數，俗儒鄙夫，蔽所希聞，大共非訾者，猶十而三四。高材之士，則又鼪梧鼠、非螣蛇，涉獵五技，不忍攻苦。又不欲居淺陋，聞格致矣，以希臘、巴比倫之古教炫之；聞古教矣，以佛說炫之。乃曰黃赤青黑，惟吾目是視；角徵穆羽，惟吾耳是聽。綜其所論以施之西學，則正負亂；以施之中學，則名實亂。然則彼且以此塗智者之耳目，而況中人乎？

吴王子有憂之，曰：吾不暇計夫陵谷之變遷與倉海之爲大陸也，又不敢詆娸古人，以爲其學不埃及若也，又不忍以《阿含》、《楞嚴》馭西學也。吾行求其拙，吾學求其實而已。雖然，彼㝹愚樸陋與高言孟行者，吾無若彼何矣。吾黨之士，或學矣而未達，或怏鬱憤悱而未遂，則吾將與之共蹈于實學之域。史官既絶，天府既息，講學于宦窔，户外莫應，將效夫西人之建藏書樓歟？吾不能。將設學會以羑致來者，婞于江南則已隘，大淮以北，大漢以西，千里重趼而至者，則未有南榮趎其人也。曩者篹《格致古微》，以廓《疇人傳》、《瀛海論》之義，既拭之木甂以詢賢哲矣。今欲一言而㧓赤縣，是惟報章。大坂之報，一日而籀讀者十五萬人；《泰晤士報》，一日而籀讀者三十萬人。以中國擬之，則不可倍蓰計已。抑以報章比于書藏、學會，則猶有軒輖焉。是故以譯書爲鵠的，以譯事爲乏，相爲鞞輔，以成是報。

28 章子曰：偉哉造物者，其以子爲此鉅史也。夫報章者，誠史官

之支與餘裔，故迂人之職，擊鐸諱釦，風聽臚言，以陳之王史氏，其謌봉爲國風，其成事爲百二十國之寶書，此行之自上者也。遭世混濁，緇縞罔辨，金匱石室之氣濁，而山林之氣清。于此有人焉，則上爲素保氏，下爲素撣人、象胥，取六藝之學、中外之聞，辨程其長短爲一書，或旬而紀，或月而紀，此行之自下者也。夫報章者，誠史官之支與餘裔也。劉子駿有言："墨家者流，蓋出于清廟之守。"其在周初曰史佚，其後曰史角。然則墨翟學于史氏，故其聲、光、熱、重之學，奭然爲諸子最。今爲《實學報》，其必念夫墨子而後二千餘年，旁魄鎔凝以有是篇，必奭然爲紀事之書最。且子以其目言，圜則九重則曰天，黄壚息壤則曰地，五種孳乳則曰人，牽牛紀始則曰物。其稱謂不辯，而自大圈以内，重黎之所絶，蒼牙之所别，化益之所録，盡此矣。是其名也，亦可以言實矣。夫烈缺辟歷，蟄伏地中，莫見其形，而所在有電，故忽然而焚大槐，曰惟氣實故。火球麗天，以黑斑爲原質，八行星雖鉅，皆瘈曳惟命，曰惟力實故。今子言實學，將不惟嘐喋苛事之是求，其厚積廣流以爲言學者依倚也，則吾有望于子。

王子曰：然哉然哉！如君所祈割，吾有志也，而猶未届焉。雖然，吾嘗聞于墨子矣。鶴夜半而鳴，天下震動，異于鼃黽之聒聒者，吾雖無似，彼堅瓠之口，玉巵之辨，鼓其浮虚，初發難于名物訓詁，而終施及于格致者，則燭之審矣。彼上悖于六經，下不契于諸子，惟浮屠之欲聞，吾爲此懼，不能忍而與之終古。以有此報也，庶有瘳乎？其諸飾巧説玩琦辭者，亦與之更始乎？

光緒二十三年，歲在丁酉，七月之望，餘杭章炳麟枚叔甫敘。

興浙會序[①]

（一八九七年八月）

浙江於東南爲上腴，其民好學蹈禮，而被文弱之名，謂之非用武之國。然句踐以甲楯五千，起於會稽，北覆大吴，臣僕齊、晉。推其方略，可謂星燿而玄運，鬼出而電入矣。分江東流至富春，則吴武皇於是生，桓王、大帝繼之，參割赤縣，能足而居，雖建都秣陵，勢不係浙，則亦與湯、文之岐、郼等。錢鏐，一販鹽盜耳，當四方擾攘，突起海濱，撫有全越。雖北迫江、淮，南摩甌閩，西逼天漢，卒能總擥英豪，善交鄰國，無麾城擕邑之績，而亦不受人侮。由是觀之，浙人非懦，浙土非不可用。

往者中東之役，羣儒上書，以釣名譽，而頑頓者以浙人不與爲大詬。烏虖！虚憍主戰，以抵誣疆臣，而謀臣則未嘗責其妄言不讎，且承其風旨以諂事之，是實同時上書者之恥，而浙人乃適足以自豪也。

吾嘗觀於朱育之對濮陽興，其張會稽也，蓋可觀哉！不敢企其

① 據《經世報》第二、三册，一八九七年八月（丁酉七月中）出版。原未署名。

至者，而思效其次。輔翼世主，削平寇盜，潢池既靖，遂其初志。蓋秉狼弧之威，致届胡酋，使肉食之獸，竄身橧窟，華夏故鼎，反於曆室，論功最高，莫若劉文成。宗稷既危，援立奥主，戈鋋所指，北虜震慄，鉤日於悲泉、蒙谷，而反之於榑桑，尊攘之績，莫若于忠肅。探賾索隱，定天下之吉凶，成天下之亹亹，神閹不能螫，逆藩不能觸，終戮刑天，以奠王室，若王文成者，學與政兼之矣。有師文成之學，而丁時不淑，功不得成。知君相之道，猶守令與丞簿，不敢效便嬖臧獲之殉身其主，於是比迹箕子，以闡大同。斯雖不足以存明社，而能使異於明者，亦不得久存其社。烏虖偉歟！吾未見聖智摹慮如黄太冲者也。乃夫支天所壞，功敗身殲，而後世尤悲其志者，則莫如張忠烈。當是時，金華屠，嘉興殘，二郡之間，僵尸蔽野，流血頃畝。嗟我浙人，蓋無罪於天，而王師一至，芟夷斬艾，如草木焉。大哉聖人之除暴而弔民也，忠烈提數千之卒，崎嶇隈島，匿形浮屠，雙蝯失律，束手就戕，功雖不就，使浙人之不忘隱痛者，實賴是人。烏虖！如四公者，環地球之師也；如忠烈者，蓋浙江一部之師也。抑其與太冲或死或生，可以比三仁矣。

方今浙江之俗，稍益選愞，而隱居求志者，蓋時見於山樊。然或訟言時務，而不能深探其本；或以舊學爲城堞，其學不足以經世。離羣涣處，莫相切厲，卒迷陽而不返。悲夫！别於地球而爲亞細亞，别於亞細亞而爲震旦，别於震旦而爲浙江，斯其在赤道、二極間，則猶豪末之於馬體也。恒星未伏，白水未涸，太行、華、岱未崩弛，人發其憤，震旦猶可興。抑不能興震旦而言興亞細亞，不能興一部而言興震旦，則誇嚴之談已。吾胎萌於浙，慮從其近，是以樹興浙會。有能從吾盍簪者，埻槷五公之言行，而洞通乎時事，庸渠知不湔文弱之名，而號之用武之國也！

乃者吴、楚、嶺南，學會蓋彬彬矣。如興浙會者，其意趣大同，而名實或少異焉。嗟乎！有知吾之興浙之志者，可無箸言於竹帛矣。

附：興浙會章程

一、學問之道，有教無類。劉、于、王、黄、張五公，文學勳業，風節行誼，於浙中爲特箸，而時代亦最近，故舉之爲職志。非謂學者當墨守諸公之藩籬，不必博覽羣書也。

一、浙學舊有永嘉、金華二派，一流爲誇誕，一失諸迂闊，不逮陽明、梨洲遠甚。然獨至之論，多可尋繹。素傳是學者，由此見道，亦一涂徑。惟不可終守筦籥，遂忘進取。

一、《七略》箸目，恢韜羣籍，百家餘裔，流别滋緐，學者各從性情所近，然必當知其要義。大抵經以《周禮》、兩《戴記》爲最要，由訓詁通大義，足以致用。史以"三史"、《隋書》、《新唐書》爲最要，所謂五世之廟，可以觀怪。子以《管》、《墨》爲最要，至荀子則優入聖域，固仲尼後一人。持衡諸子，舍蘭陵其誰哉？若凌襍米鹽，博而寡要，則當思反約矣。

一、經世之學，曰"法後王"，雖當代掌故，稍遠者亦芻狗也。格致諸藝，專門名家，聲光電化，爲用無限。而學者或苦於研精覃思，用心過躁，卒無所成。二敖八足，惟寄蛇穴，斯可懼矣。大抵精敏者宜學格致，驅邁者宜學政法。官制、兵學、公法、商務，三年有成，無待焠掌。且急則治標，斯爲當務。若自揣資性與藝學相遠，當亟以政法學爲趨向。

一、方輿之學,中外共之。近如《地理全志》等書,臚列頗詳,而阸塞險要所在,卒不可知。坤輿方圖之屬,徒箸其形,未明其説,則閲者亦擿埴索塗爾。至中國輿圖,殊尟善本。文忠所刻,猶有譌舛;西人測繪,腹地未詳。參伍考覈,是在志士。然浙人所保,桑梓尤急。馳騁六合,嫥志一州,苟問以兩浙戰守之要而不知,則雖凌厲九州何益矣!

一、文弱之邦,惟體操足以變化氣質。德國軍制,寓兵於農,文武自將。吾黨之責,不習體操,何以從事武備?夫豈以熊經鳥伸,空言導引哉?奔命紓死,憂患同之,是固不容少緩矣。

一、同志有入會者,或入會,或捐貲,均於每次報末,將姓名、爵里刊入題名,以通聲氣。至捐貲幾何,各從其意,不立程限。

一、全浙幅員,雖非寥廓,温、處等州,則亦距省千里。若豫刻會期,徒滋緐擾。擬以暇時聚集,赴省者會於省,赴郡者會於郡,聲氣既通,亦免跋涉。

一、兩浙人材,以千萬數。入會既衆,雖刱建書藏,亦難徧給。然或載書五車,或僅盈篋衍,多寡相懸,則通借至爲要事。大約十人中以三人藏庋萬卷爲率,足以周流無滯矣。

一、本會以興浙題名,當實事求是,今可見之施行,非徒如楊國忠所謂口打賊者。平日宜各抒所見,及出箸述、日記,郵政同人,互相論難。會時抗辯忿爭,亦無不可。若乃嚾呶謔浪,佻達城闕,則非所敢知。

一、本會擬設會長二人,會董二人,皆以平等相待。會長必取博綜古今、通達經濟者,會董必取敏練庶務、綜覈名實者。疑義難質,則詢之會長,辦護庶事,則司之會董。

一、會董常駐省城。凡撰述佳者,既經同人平議,復取決會長,乃由會董刊爲報章,每月一册,其貲即以捐項充之。分政法、藝事、商務、輿地四類。必近切時事,上通經史諸子之微言,方爲入格。刊報既竣,仍以原箸分歸作者。其報由會董發售,所入羨餘,即爲會中捐貲者之公産。

一、會中每歲動用幾何,由會董刊刻清單,附於報末,以昭信實。

一、以上所擬章程,有未善處,猶冀大雅君子扶偏救弊,以匡不逮。

丁酉五月同人擬訂。

後　聖[1]

（一八九七年九月七日）

自仲尼而後，孰爲後聖？曰水精既絶，制作不紹，浸尋二百年，以踵相接者，惟荀卿足以稱是。非侈其傳經也，其微言通鬼神，彰明於人事，鍵牽六經，謨及後世，千年而不能闓明者，曰《正名》、《禮論》。《禮論》未作，人以爲祝史之事；作矣，人以爲辟公之事。孟氏未習，不能窺其意。其他揖讓之禮雖從，而戾於行事者，遇之則若焦熬矣。黄帝正名，仲尼以治衛，夏亂於施，西域亂於塞種，正之以後王之成名。纖及米鹽，至於緯宙合，自一話一言，皆正其程度，解其玄紐，則析言破辭者無敢梟亂。惟舉樞要，故閎於《爾雅》；惟參伍捷際，故足以陷塞氏。佛氏目眚見病之説，推之色聲香味觸法，皆自我作，一人之私言也。荀子言："形體色理以目異，聲音清濁、調竽奇聲以耳異，甘苦鹹淡辛酸奇味以口異，香臭芬鬱腥臊洒酸奇臭以鼻異，疾養凔熱滑鈹輕重以形體異，説故喜怒哀樂愛惡欲以心異。"天下之公言也。且繇古者侗長佼好之民，以暨周秦，其年則巧麻不能紀，自是無圻矣。其風之遷，其志也亦遷。必

① 據《實學報》第二册，一八九七年九月七日（光緒二十三年八月十一日）出版。

守故號，則不給於用，故曰有王者起，必將有循於舊名，有作於新名。互市以來，新理日出，近人多欲造作新字者。烏虖！斯其制作也，則迥乎三統，竟乎文祖地祇之斃。是故《禮論》以鍵五經，《正名》以鍵《春秋》之隱義。其他《王制》之法，《富彊》之論，《議兵》之詈，得其枝葉，猶足以比成、康。歸乎！非後聖孰能不見素王而受其鬲翼銅瑁者乎！

而治孟學者惎之，以論性惡爲敵逑。烏虖！性惡者，非同人性於禽豸也，而異人性於聖王之制禮，有善不粹，斯謂之惡已。是故咳童因心，曰順德之始；嚬笑於食飲之有亡，曰貪戾之始。貪戾情乎？荀子固云："性之好惡喜怒哀樂謂之情。"亦見《正名篇》。情之惡，其柢則在性矣。或曰征討之義，首惡之誅，自大庭以來弗能廢。荀子辨等禮，其視君臣也嚴，未嘗聞於民貴之義，故其持世也常不及孟。烏虖！世俗之説者，以桀、紂有天下，湯、武篡而奪之。荀子以爲傴巫跛匡之智，載在《正論》，駁辯幾千言，孰謂其術之異於孟氏也？夫治孟學以惎荀氏者，始宋程、蘇。蘇與程相敵逑，其惎荀氏則合從，彼蘇氏尤昌狂妄言。近人或謂蘇詆荀卿，乃借以詆荆公，大繆。忿疾荀卿，自是宋世習俗。即如子雲文人，偶有撰述，特與徐幹等耳，於學術何足輕重？自唐韓氏以揚擬荀，宋人遂以才高多過、才短少過並譏，要衹爲揭櫫孟學，並忘荀、揚之絶非倫比。若謂蘇以詆荀卿者詆荆公，然則詆揚雄者，亦可云借以詆温公邪？推其用意，且曰死而操金椎以葬，下見荀卿，將敲其頭矣。利禄小生，不可與道古。其文學以程、蘇爲宝祏，從而和之，使後聖之學，終於閉錮伏匿。仲尼之志，自是不得見。悲夫！並世之儒者，誦説六蓺，不能相統一。章炳麟訂之曰：同乎荀卿者與孔子同，異乎荀卿者與孔子異。

重設海軍議[①]

（一八九七年九月十七日）

中國自法蘭西開釁以來，始設海軍，以爲防禦外洋之用，至今相距十餘年，而皆燼於東瀛之一戰，此其咎在用人，不在立法。外海輪船之設，誠不能因噎廢食也。溯自道光之季，英吉利始與中國失和，其時船礮器械之屬，彼所較於中國者，亦不過一磅有餘，堅守不移，勢將自退。故林文忠之奏事，魏默深之著書，皆謂防洋面不如防海口，防海口不如防内河。非以是爲彈丸黑子，[②]不妨畀之他人，蓋預覩其不能持久矣。今者通商五十年，泰西技藝，月異而歲不同。且香港割於英，越南併於法，臺灣攘於倭。海氛一起，設欲進則可以挑戰，欲退則可以屯軍。設使墨守成説，逡巡於内港之中，將聽其縱横海上，自使招商諸艦，迫抑而不出乎？抑將行險徼幸，以孤注爭之乎？而況啟衅者一國，立約者四洲。設使錮之以水雷，捍之以浮標，塞之以拒衡，横之以鐵鏈，則一切通商諸國，其貨

① 據《實學報》第三册、第四册，一八九七年九月十七日、二十六日（光緒二十三年八月二十一日、九月初一日）出版。

② “黑”，原作“墨”，據文義及庾信《哀江南賦》改。

物皆滯積而不得行，是使同好之友邦，成爲無名之仇國。傳有云："彼則懼而協以謀我，故難間也。"設非重設海軍，將何以爲籌邊之具？布人希理哈《防海新論》述美國水師將軍彼爾特之言曰："如不阻住兵船往來之路，無論作何種礮臺，不能阻兵船行過。"蓋行軍於溟海之中，我有碰船，則可以觸敵矣；我有魚雷，則可以追敵矣；我有捲筒羣子，則可以傷敵矣；我有泳氣鐘與空氣水雷船，則可以破敵矣。即使勝負難言，而兩軍對仗之時，必能使躊躇躑躅，不得馳騁於內洋。與夫鐵鎖木樁，守株待兔者，其駃活何止百倍？而欲不重設海軍，是猶以揭竿斬木之師，當桓、文之節制耳。若夫高麗、遼海之役，兵輪皆聚而殲旃，吾固曰咎在用人，不在立法也。溯章程初立之時，西人以琅威理爲教習，牙旗羽纛，皆琅君獨遇其榮，遂得悉心訓練。丁汝昌以饕餮窮奇之志，行妨賢病國之謀，適遇會操粵海，乃拔其帥纛以自建。自是海軍日壞，與夫緑營惰卒，相去幾希。其與倭人相拒，卒至如卵擊石，如蓬遇風，兩陳甫交，舉棄甲曳兵而走，而以是歸咎於法制之未良。然則陜甘防勇，自左文襄去後，其勇厲亦不逮曩時矣。長江水師，自彭剛直歿後，其堅勁亦不逮曩時矣。其可悉數裁撤乎，抑亦仍舊法而整飭之乎？

異　術[①]

（一八九七年九月二十六日）

烏虖！物之不齊，物之情也。黄帝與蚩尤以水火相擠者，道術殊也。道生于五德，德生于色，色生于統。三統迭建，王各自爲政。仲尼以春王正月莫絡之，而損益備矣。

彼莊周之論方術，不具九流，而取道、墨、名、法四家，兩録其韙，兩摭其違，《七畧》謂之出于周官者，于是爲先馬，文武不墜，官人不失要，道可覩者此耳。雖有荒唐之言，無端崖之辭，要不能踰于姒子也。夫吹萬不同，而聽遠音者，聞其疾而不聞其舒。大同至于墨，言不過禹；渾淪至于老聃，言不過周柱下。周所稱者，能及唐虞乎？《春秋》崇三王，在周則親殷故杞。自軒轅以下爲五帝，上推神農爲九皇，又上極而曰民。民者，冥也。其尊踰帝王，而子孫不得居附庸。雖庖犧、女媧，被之冥頑之稱而不敢辭者。

古之道術，野人之所行，固不可復也。今亦有民矣，民有倗羣，其能言者士，士登九流，議政于廷，言各從其黨。百家臚説而一行，

① 據《實學報》第四册、第五册，一八九七年九月二十六日、十月六日（光緒二十三年九月初一日、十一日）出版。

則佗議者媛娟。媛娟甚,則必反之兵矣。反之於兵,則必有撲鬩之情,必且殺人。夫魁士駿雄將以其議衛民者,徒長亂以爲民害。古者庖犧之民可議也。三統未斆,九流未别,所爲陳議者,無所於競。今士與民皆以黨競矣,故上所以纂選之者,非法令法言無任。彼法言必喑民,喑所以宣之也;法令必伏民,伏所以起之也。所宣與起者,民之意而已。上不酌民言而酌其意,曲制時舉,潤之如夏雲,使無頓萃,則抱鐘陳茅蕝而治,三王優下之道殫此矣。

棄三王之道,而以六十四民爲故,上有禪讓,下有舉廢,使民多幸。吾懼昭華之未贈,二女之未嬪,而黄炎之相擠者,以道術鬭矣。莊周重言之,而況其卓乎?

《交涉紀事本末》序[①]

（一八九七年十月二十六日）

丁酉八月，同志有譯書公會之議。時晤法教士向君，談次及中外條約，苦編輯無善本。向君曰："美人威廉司嘗著書論撰中國事，自三皇至近世，皆撮其要畧，以備國聞，尤詳於中外交涉，能道其由來，推其究極，與夫綴輯吏牘之書相萬也。"屬求之書庫，果得其書，以訊於舌人，次第譯成數卷。循誦數帀，蓋與官人有司所守者，其識誠相去懸遠矣。獨其首章述中國古史，牴牾踳駁，無可觀者。以外人道震旦事，終不若震旦自道之爲翔實，其勢固然，無足文飾。昔嘗讀《萬國史記》，述西士言，謂中國防閑過嚴，有私姦者，斷其勢爲閹官，蓋以二千年前蠶室薰胥之法，而猶謂之行於今日也。其覼縷闊畧，亦可覩矣。且夫以柱下之藏史，蔚若林囿，而簡練成一卷書，在彼以爲瓌瑋者，自吾觀之，則猶以爲陳陳相因也。故斷其首章不譯，譯自第二章始。若夫論議之作，時有媸點，猶瘉於昔之稱僭晉、詆島夷者。其所指斥，亦足以警吾醒酶。必自諱廢疾，而以烏喙長葛爲不可近，則過矣。丁酉九月，章炳麟序。

---

① 據《譯書公會報》第一册，一八九七年十月二十六日（光緒二十三年十月初一日）出版。

譯書公會叙[1]

（一八九七年十一月一日）

九域之民不同，其食味、别聲、被色，均也。聲浪之清濁，由其水土；語言文字之乖牾，由其習俗。象鞮不通，氣不得齊和，中外相視，於是乎若光音；天人通之以地籟，地籟既通，其赫蹏猶未能户知，中外相視，於是乎若桃梗。悲夫！古者東方介氏之國，猶能與牛馬言。今其頭顱肱脛，吾與之同出於一笵。聞其言，若伯勞鼓造；覩其文字，若虎所攫畫之號。若是者何也？亡所造作，則自東方大瀛以至四海，均律不變，驪騂之鳴，九萬里一也；有所造作，則鄰屋比畛之間，其發於嗌亢者殊，其表識亦殊。學士所誦，大匠不與知；大匠所誦，駔儈不與知。然則審人之音之難於審牛馬之音也，知人之文之難於知牛馬之蹏迒也，腦氣撼之矣。今吾中國無《爾雅》、《爰歷》，則三古以上，吾且不能審詩商、協書名，況異域乎？

章炳麟曰：互市以來，所傳譯泰西書，僅肄四百種，兹無錯愕

① 據《譯書公會報》第二册，一八九七年十一月一日（光緒二十三年十月初七日）出版。

也。是四百種者，既剞劂刻鏤，不徧流佈，拘學僿夫，至不能舉其目，兹亦無錯愕也。雖然，瞽者羡瞀者，瞀者羡明者，五大洲之册籍，吾不能博發而揚詡之，吾則瞀矣。且新理日出，歲無留故，一息炭養更，其事立變。若喬木之移陰，若蛇蚹蜩翼之移壤，而吾猶守舊譯，以成世之闇曶，其焉能與之終古？吴越之間，有《大明》、《采芑》之詩人焉，聞之曰夫善稻與伊緩也，大鹵與大原也。昔三王之季，猶能得其主名，於今世則何有？以吾圈屬羣徒，逑衆力以任是也則可。夫古者百二十國之寶書，於今爲藍皮書，藏之金縢，比崇於方明，吾無得而譯焉。其他舌人所述，有軼事，無完史，有葱嶺以西，無大漠以北。故列國之要最，肘腋之隱患，一切不省，吾迮而補之，公法律令、學政官制、格物商務箸於笘籥者，故有其書，或陳迹矣；或少半未卒譯，吾校之以秘逸，正之以新理。横革之書，在巴黎者百五十萬卷，其他稱是，未度於内海，撢人外史，口耳所不及，吾求之雒通、譯之淵泉而不涸渴。雖然，創夫竹帛之成，而不得流佈於震旦，以饜蟫魚之腹，如曩者四百種之效也。乃取夫東西朔方之報章，譯以華文，冠之簡端，使學者由唐陳而識宧奧。蓋自輶車使者之職以溯秘書，其陳義略備矣。

嗟乎！五十年以往，士大夫不治國聞，而沾沾於聲病分隸，戎士視簡閱僅若木熙，無一卷之書以教戰者，懷安飾譽，其禍遂立見於今日。故定武之書，郊居之賦，天地以弱文化之國；緑耳之騎，大黄之矢，天地以弱用武之國。一旦變易，官無其法，法無其人，人無其書，終於首施兩端，前卻失據，悲夫！以草萊數人，僅若稊米，而欲紬五洲書藏之秘，以左政法，以開民智，斯又夸父、精衛之續也。

獨嘗借觀於鄰國，日本得王仁以《論語》、《千字文》傳，其後經術藝文，遂什伯百濟。泰西政藝，各往往取諸希臘、羅馬，而文明遠過其本。然則是譯書會者，安知不如微蟲之爲珊瑚，與蠃蛤之積而爲鉅石也？烏虖！斯又夸父、精衛之志也。

與孫寶瑄等談古代授田之法[①]

（一八九七年十一月八日）

三代上，授田法行，故其民自稱食毛踐土，以皆其君所開闢，而民安享之也。北魏、唐初，雖亦授田，而地非所辟，故其君自稱衣租食税。自是而降，直爲君者，踐民之土，食民之毛而已，反以是誤責吾民，不亦傎乎？

① 據孫寶瑄《忘山廬日記》，上海古籍出版社一九八三年版。

讀《日本國志》[1]

（一八九七年十一月十五日）

烏虖！盛衰興替之故，雖曰人謀，儻亦有天幸歟？當日本變革之際，朝野上下，岔如敵讎，内治外交，詔令錯出，惑亂無所統，其幸而不亡者亦幾矣。及明治踐祚，天造草昧，開之以雲雷，終能奠王室、恬海波，以小弱爲彊大，輕若舉鴻毛，是何也？明治以後，則人謀之淑；慶應以前，則遭時之淑。今夫君相内訌，諸侯力政，處士間之，重以奪攘矯虔，斯蕭墻之患，既足以召外侮；又乃況於外侮方起，而翕應於蕭墻者乎？自三古以來，有是則無不焚天智、棧社稷矣。

日本幕府擅政，越六七百祀，關白之權，東移於江户，諸藩厥角，自處臣虜，共主守府，曾不委裘若。雖更易數姓，迭相芟薙，要之制其命者，皆豪族悍將。使以六師臨之，則野井之辱，且在旦夕。及德川氏衰，文恬武嬉，弩不穿縞，而大政猶出其門。俄、英、法、美要盟城下，以開港請。當是時，神州之氣大通，郁鍈一隅，勢不得夭

---

① 據《譯書公會報》第四册，一八九七年十一月十五日（光緒二十三年十月二十一日）出版。

遏，家定之許，亦未爲過也。特其久持政柄，尾大不掉，卿輔士族，莫不痛心腐骨於幕府。又其與諸國約互市也，不待朝命，以便宜從事，忠憤者因是以攻瑕蹈隙，欲致屆幕府，而先倡攘夷之議，夫固知太平太蒙之域，非可以一琅鐺縭絶之矣。彼特以爲事勢之相倚，若影倚形，非言攘夷則無説以討幕府，非討幕府則無術以靖天室。然自德川秉政以來，閉關絶市，固二百年矣。攘夷之議起，則人人以爲憲章前哲，佩刀贏糧，將其類醜，千里而赴之。及夫草宿路遇，相聚緜蕝，飲血明神前，高義者誠接踵，而奡狠不靖之族，亦自是沓至。當是時，家茂以稚子繼立，政在陪臣，天子既以依違不奉敕罪將軍，井伊直弼遂肆其凶暴，割剥志士，鉗脅卿尹。然士氣已涣，屬藩崩潰，其餘威之足以懾人者，僅若假氣游魂。使議者知攘夷之爲名，而翦除幕府之爲實，則當翼戴天子，與長門、薩摩諸藩，彤弓素羽，東向而征，其舉之亦易矣。顧以狃於成事，視其實畸輕，而視其名乃畸重，朝野相顧，惟戎狄豺狼之欲去，俠客亡命，至剚刃西人之腹以爲快。及明詔既降，並與其素所親昵之荷蘭而攘之，遂令七國合從，相率進攻。詔令所至，則王室主攘夷，幕府主和議，戎士瞢眙，退遂失所，一敗塗地，斯固衆寡强弱之不相敵，抑亦政出二門之有以致是也。

烏虖！内訌僭遨則如此，外患迫亟則如彼，使七國蓄分地之志，操券而宰割之，則劍璽傳器，必白組繫頸以獻。倫敦之植，植於山城也久矣。然而得延一夕之命以待由梼者，天幸也歟？其亦遭其時歟？距今三十年以往，歐羅巴之志，未欲闢地遠東；俄則方事鹹海，日不暇給，亦相與裵回其間，莫肯先動。是故外患之不至於亡者，遭時之幸，一也。

攘夷黨人，大半多浮浪，使處今日，有國會之議，則家家自以爲得大横，人人自以爲當壓紐，神武二千五百年之祚，其可保乎？是時則非直不欲竊大位，亦無敢假相部署以犯名號者。其故由於泰西未通，聞見未廣，莫敢以拒違王命爲常事。是故内訌之不至於亡者，遭時之幸，二也。

烏虖！天特使日本盛衰興替之際，前於今三四十祀，其亦哀夫黄種之不足以自立，而故留彈丸黑子以存其類也。及夫傾否之泰，哲王生焉。太阿既返，長子主器，順天革政，蔚爲望國。盛乎哉！大武三曾而偃武與力，大文三曾而貴義與德。

與孫寶瑄談中國古代科技等[1]

（一八九七年十二月三十日）

治格物家有言，世間無所謂化生者，蚊蚋之類亦有卵，但細微，目不能見耳。或云“蚊乃水變”，實不然。

古時有火官，曰祝融，專司火政。疑當時之視火，猶今人之視電。蓋火初爲格物家測出，而取之不易，必需若許質料，非凡民所能自備，故必設官，如公司者，以給萬民之用也。

① 據孫寶瑄《忘山廬日記》。

與孫寶瑄談靈魂之有無[1]

（一八九八年二月二十三日）

靈魂不能離質點而存，如電氣之因摩擦而見在質點之中，無質點斯無電氣，靈魂亦然。其始也，因男女精血相摩而生，成形之後，復因血脈流動相摩而存。血脈停滯，則無相摩，遂無靈魂，而人死矣。

① 據孫寶瑄《忘山廬日記》。

與孫寶瑄談哀樂及知致[①]

（一八九八年三月二十三日）

謂皇侃《論語義疏》，其於“顔淵死，子哭之慟”注，稱聖人本無哀樂，其哀樂也，蓋從衆而不駭俗之意。爲斯語者，疑別有見。

《大學》“物格而後知致，知致而後意誠”數語今益驗矣。如内典所言，自格致家出而皆徵實，徵實則知所言不虚，而信力堅定，非意誠耶。

① 據孫寶瑄《忘山廬日記》。

九江舟中寄懷[1]

（一八九八年四月四日）

靈均哀郢土，而我獨西馳。
江樹隔雲遠，沙禽飛雨遲。
帝閽終不見，毛羽復誰施？
回首一惆悵，孫登長嘯時。

① 據孫寶瑄《忘山廬日記》。

《正學報》緣起並例言[①]

（一八九八年春）

光緒二十有四年春，膠州灣既割，是時距遼東之戰四年矣。天子方側席求人材，開特科以致天下士。海内髦傑，踔躍陵厲，北向望風采，以爲雪國耻、起民瘼，當在今日。俄而旅順、金州復迫於朔方之國，並海以南則吴淞，以西南則廣州灣，皆濱大瀛，復爲鄰國要求賃質。將相旰食，瞿然未有以應，士氣復沮，議論無所薄，稍益流宕，馳説者至欲避難異域，寄籍爲流民，計不終朝，民志益涣，睦然似無附麗者。南海梁鼎芬、吴王仁俊、侯官陳衍、秀水朱克柔、餘杭章炳麟有憂之，於是重趼奔走，不期同時相見於武昌。

武昌，天下中樞也，其地爲衢國，聲聞四達，於中古則稱周南，惟蒼姬之王，嘗斡運之以爲風始。冀就其疆域，求所以正心術、止流説者，使人人知古今之故，得以涵泳聖涯，化其顓蒙而成其懇惻，於事爲便。惟夫上説下教，古者職之撢人，而今爲報章之屬。乃佽偶諏訪，東求諸日本，西求諸歐、美之洲，得其日月所記，譯以華文，

① 據湯志鈞《章太炎政論選集》。

比類錯綜，終以己之論議，旬爲一册，命曰《正學報》。俶成於某月某旬，乃爲之要最曰：

權輿生民以來，遠者八千祀，惟吾齊州之種，於宙合爲最古，其賦質具五常。古《中庸》之說曰："木神則仁，金神則義，火神則禮，水神則信，土神則智，人之性然也。"生於其洲而人偶其洲，生於其國而人偶其國，亦人之性然也。是故君子不耻不能御外侮，而耻不能仁種類；不耻海濱之不靖，而耻蕭墻之無以自固。自十七國以降，一二華人，當裔德之競，迫於羈縶而爲之俘虜，流涕沾袍以違冢墓者有矣，未有寇在垣外而樂爲之門闌之廝，至短衣剪髮以附册籍，一朝自外於其種族而不咽哽，如今日之甚者也。

嗟乎！若是者豈冥頑之萌哉！彼亦嘗讀書識敵情矣，其不耻庳下爲臧獲，且猥自喜，以驕稚其同類者，何也？非學之不正，而何以至是乎？抑夫陸沈泥古之士，亦有以激之矣。方其上在朝市，或窮而伏閭巷，目未營九州，皆虛憍自貴，惡聞異己，言鄰國有善政，則掩耳疾走。至於朝不信道，工不信度，不以芥蒂其胸臆，彼背本者之議，亦因是有以激之也。激之無已，邑里儇子故嘗習西書者，始掉頭而不返，復與西人居，睹其儲藏而窺其械用，震怖於其宫室服食之都麗，乃苦不能自致，而願爲之贅屬。其悦西國者，爲是悦也；其詬中國者，爲是詬也。然其蒙面含垢，猶長見笑於搢紳之士。有巧文辯慧者出，鋪觀中西，能言其利弊，而歆羡於西方之樂，顧重出諸其口，乃取太古久遠之事，以矯拂近世，從而建平等之議，倡無分民之法，持之有故，足以傅經義，使人人得以陵轢其上，孤棄其宗族，而曰是西政之可懷也。若是，則儇子不足以爲大詬，而議竟行矣。

悲夫！懲創於迂儒之激，使學術不由其正，始以快一二人，終以蕩析其一洲之黔首，吾如彼何哉？當斯時也，而不思所以救正之，則遂長往矣。抑魏徵有言，使人漸澆詭，不復反樸。今當爲鬼爲魅，尚安得而化哉？今爲是報，蓋使孤陋者不囿於見聞以阻新政，而穎異之士，亦由是可以無遁於邪也。嗟夫！昔者《小雅》之詩人，痛宗周衰弱，稱邦人諸友，莫肯念亂，而終之以呼父母，首之以流水之朝宗於海。紬一章竟，未嘗不潸焉出涕也。讀是報者，可以興矣。

例言

昔陳文恭令人閲邸鈔，欲其明習時政、通曉格令也。今則外患迭乘，全球震盪，雖殊洲隔壤，一話一言皆與支那相感觸，非尋常案牘所可倫比。若勞神簿領，轉昧大勢，譬鷦鷯巢葦，縱極堅致，風至則折，復何取焉？故以選譯東西各報爲主，於邸鈔則從略。

古者陳誥，非取喋喋，下教氓庶，亦無冗言。降逮叔季，則質文互變，繁簡不同。惟邊疆告變，烽墩傳語，曾不數言，自足慘凜。若其棟梁方頽，尊俎猶昔，朝野上下，猶嚶鳴娱樂，顔色無改，斯非意重辞複，難可曲喻。故譯報自事實外，多録論議，其亦陳佹詩之意歟？

時事日棘，則詞無藴藉；中外相軋，則語多中傷。西報利病，略盡此矣。由前之説，取怒觀者，而有益救弊，閎識之士，固不欲護美疢、遠惡石也；由後之説，乃足以混淆是非，變亂緇素。如去歲兗州之變，西報指斥疆臣，謂其禍國殃民，肉不足以啖狗彘，而華士譯之，亦復主張其説，則背錦之文，慘於矛戟矣。今於西報偏激之詞，無所指駁，其蜚語中人、熒惑觀聽者，則必加之案語，力爲糾正。蓋烏喙長葛，取以療病，而不能不去其毒，斯固國醫所當知也。

異域交涉，若西、美互爭，土、希交惡，雖有益聞見，而無與寰中，六合之外，存而不論，殆亦可矣。然波浪相推，東西互掣，薄此厚彼，借鑒在兹。不知德、法相猜，何以知俄人之能遠馭？不知非洲地盡，何以知西國之肆東封？劫小制大，狧糠及米，勢自然也。今於彼方國際，不厭詳悉，若簡絲數米，無關宏旨，則亦從刊落云。

格致、算術、農商、工藝，各有專書，若布之報章，衹得較略，何裨實義？然宛轉牖啟，斯爲逕隧，故撰録事迹，詮次法程，鉤元提要，庶有取爾。若其研精覃思，則專門之學，斯固未暇。以上譯報。

馬關約後，士稍感奮，風聽臚言，漸益增廣。然百僚師師，思不出位，以規爲瑱，猶慭置焉。豈一行作吏，便爾聾聵，亦立言未善有以致之。綜其疵弊，厥有二端：一則陳義甚高，而不知措辦所自始；一則能見癥結，而不知藥石所當施。加以雅誥奥義，聽者恐卧，遂令當事以文人相輕，在官以牛鼎爲誚，良足悕也。今兹陳論，文尚條達，匪曰鞶帨；意務剴切，無取泛濫；要使曹掾卒史，皆能受讀，如《論衡》、《昌言》者，斯可矣。至於王劭《齊志》、義慶《世説》，里巷鄙詞，著爲實録，近世西堂、簡齋，以此馳騁，浸無義法，斯則義乖雅言，亦吾黨所勿與也。

昔劉子玄自敘《史通》，謂其書雖以史爲主，而餘波所及，上窮王道，下掞人倫，總括萬殊，包吞千有。然則報章録事，史之餘裔，旁羅衆家，亦其宜也。慨乎中學陵遲，經籍道喪，陳説古義，以華妙爲高；研究六籍，以訓詁爲諱。間讀《唐・藝文志》，正史類有諸葛亮《論前漢事》一卷、又《音》一卷，在服、應、孟、晉、韋、崔之間。乃知季漢擾攘，日不暇給，而從政之餘，不廢音訓。是則高擬管、樂，猶以《蒼》、《雅》爲涂陳，寧有未識金根，自命稷、契者乎？夫漢儒説理，奥博深宏，北海鄭君，實邁韓、董，蘭甫《通義》，言之備矣。彼芝房《芻論》、植之《商兑》，斯皆未嘗肴饡，謬道甘辛，少一轉移，昌狂至是，悲夫！若乃宗仰宋賢，務在崇實，君實、子厚、伯恭、了翁，斯並六藝之支流，後學之燧鑒；爰在近世，寧人、太冲，亦其次也。若濂溪、二程，或遁虚寂，自可名家，難爲師法；康節妄誕，僞造圖書，罪甚枚頤，益當擯斥。九流騰躍，以蘭陵爲宗；歷史汗牛，以後王爲法。舉斯藝極，用抒末議，誠愚者之千慮，亦庶免乎幽冥。以上論議。

改唐詩譏張之洞[①]

（一八九八年春）

漢陽鐵廠鎖烟霞，欲取鸚洲作督衙。
玉璽不緣歸載灃，布包應是到天涯。
而今梁上無君子，終古文昌喚賣茶。
地下若逢曾太傅，豈宜重問紡綿紗？

① 據劉禺生《世載堂雜憶》。

題贈誠公長兄聯[①]

（一八九八年春）

清明初近風光動；

萬物咸登石首來。

① 據黄玉齊《章太炎與本市操觚界》,《臺北文物》第五卷第四期,一九五七年六月出版。

與孫寶瑄談楊朱、墨子及孟子[①]

（一八九八年五月十六日）

伯夷近楊，伊尹近墨。孟子尊伯夷、伊尹而辟楊、墨者，因楊、墨以是立教，則懼有流弊。若獨行其是，斯皆有堅卓獨到之境，非不可貴也。

楊子所謂拔一毛弗爲者，非吝財之謂也；墨子所謂摩頂放踵爲之者，非殉身之謂也。楊子志在勵己，損己之節以救人，不爲也；墨子志在救世，故雖污己之名，亦爲之。孟子蓋以節操言，而取喻於身體也。

① 據孫寶瑄《忘山廬日記》。

與孫寶瑄等論曹操[①]

（一八九八年五月十九日）

曹孟德於中國非無功，惜其弑伏后，殺皇子也。

① 據孫寶瑄《忘山廬日記》。

懷寧舟中懷宋恕[1]

（一八九八年五月）

獨愛宋齊鄭，高懷眇橢球。
轉蓬方一昔，懷葛遂三秋。
江海非棲止，文章總罪郵。
八儒勞訊問，爲爾念京周。

① 據《中國哲學》第六輯。

與孫寶瑄談中國古代議院之法[①]

（一八九八年八月五日）

觀《周禮》司寇一職所述，詢國遷，詢國危，詢立君，皆詢及士庶人。而當詢之時，自公卿大夫以至士庶人，皆有所立之位。又凡决獄，亦往往詢及庶人。則古人似有議院之法。

① 據孫寶瑄《忘山廬日記》。

祭維新六賢文[1]

（一八九八年九月）

光緒二十有四年八月，支那布衣□□□，謹以清酌庶羞，致祭於維新六賢之靈。烏虖哀哉！獷獷丁零，睨我神皋。嗟咨宮府，如犢在牢。亦有東隣，大嚳而嘷。寤我朝酲，振我迟橈。吴蜀之援，白日比昭。彼昏日醉，臚若黍子。暱其貙貍，遠其脣齒。神州之命，制于朔方。倨牙朝磨，夕飫于腸。矧矣伏蠱，偃臥在旁。鴻都之吏，清人之將。社鼷自固，不灌不煬。馬逸其轡，獸焚其窟。彼握璽者，政君是悦。一髮之縣，宗周未滅。王母虎尾，孰云敢履？惟我六賢，直言以牴。甯不懼咥，固忘生死。上相秉威，狼弧枉矢。以翼文母，機深結閉。大黄擬之，泰阿抵之。長星既出，燒之薙之。繄古亡徵，黨人先罹。斷鼇之足，實惟女媧。匪喪陳寶，喪我支那。孰不有死，天柱峨峨。上爲赤熛，下爲大波。洞庭之濤，與君共殂。烏虖哀哉！尚饗。

① 據《清議報》第七册，一八九九年三月二日（光緒二十五年正月初一）出版。

書漢以來革政之獄[1]

（一八九八年十月二十日）

彗所以除舊布新也。雖然，不能傷物，則反以自戕，其事非必由變法也。肘腋之間，城社之黨，其據形便也已久，而憤激剽悍者出而圖之，則未有不流血漂鹵者。鯀障洪水，罪也，顧以勤民事死，其汨作水土，足以爲禹功之倡，則祭法亦列之於祀典，況於奮身不顧，以除魑魅者乎？黄鳥之哀，含血所共有，其事雖不獲平反於當時，而未嘗不平反於後世。雖躁急如伾文，猶有王西莊爲之昭雪也。惟其事在疑似之間，而其人之卓詭不羣，又不爲稠人所悦，則將有抱冤獄於萬祀者。以近世言，則有朝鮮之金玉均，其志欲扶翊李氏，而迹近謀逆，横被誅夷，遂爲守舊者口實。以前世言，李德裕，唐世勳臣也，以憾宗閔之故，遂稱王涯、賈餗爲逆賊，而當世亦從而和之，使涯、餗不獲張目於地下，斯可悼矣。余嘗綜漢以來變獄，略陳其始末，盖不悲其死之酷，而悲有李德裕其人者，設淫辭而助之攻也。世有君子，其覽觀焉。

---

① 據《昌言報》第七册，一八九八年十月二十日（光緒二十四年九月初六日）出版。

竇武、陳蕃事

初，靈帝乳母趙嬈及諸女尚書，旦夕在太后側。中常侍曹節、王甫等，共相朋結，諂事太后。太后信之，數出詔命，有所封拜。陳蕃、竇武疾之。建寧元年五月，有日食之變。蕃謂武曰："昔蕭望之困一石顯，況今石顯數十輩乎？可因此斥罷宦官，以塞天變。"武乃白太后，收中常侍管霸及蘇康等，皆坐死。武復數白誅節等，太后冘豫未忍。蕃上疏言："候覽、曹節、公乘昕、王甫、鄭颯等，與趙夫人、諸尚書並亂天下，今不急誅，必生變亂。願出臣章，宣示左右，并令天下諸姦知臣疾之。"太后不納。八月，太白犯房之上，將入太微。劉瑜惡之，上書太后曰："案《占書》：宮門當閉，①將相不利，姦人在主旁，願急防之。"又勸武、蕃速斷大計。於是武奏免黄門令魏彪，以所親小黄門山冰代之，②收鄭颯送北寺獄。蕃曰："此曹子便當收殺，③何復考爲？"武令冰與勳雜考，辭連曹節、王甫。勳、冰即奏收節等，使劉瑜内奏。九月，武出宿歸府，典中書者，先以告朱瑀。瑀盜發武奏，駡曰："放縱者自可誅耳！我曹何罪？而當盡見族滅。"因大呼曰："陳蕃、竇武奏白太后廢帝，爲大逆！"乃夜召所親共普等十七人，歃血共盟。節請帝御前殿，拔劍踴躍，趙嬈等擁衛左右，閉諸禁門，召尚書官屬，脅以白刃，使作詔版，拜王甫爲黄門

---

① "占"，原作"古"，據《資治通鑑》卷五十六改。
② "所"，原作"收"，據《資治通鑑》卷五十六改。
③ "收"，原作"所"，據《資治通鑑》卷五十六改。

令，持節至北寺獄，將勳、冰殺之。出颯使持節，收武等。武馳入步兵營，召會北軍五校士數千人，屯都亭，下令軍士曰："黄門、常侍反，盡力者封侯重賞。"蕃聞難，將官屬諸生八十餘人，並拔刃突入尚書門，攘臂呼曰："大將軍忠以衛國，黄門反逆，何云竇氏不道耶?"甫使劍士收蕃，送北寺獄，殺之。時張奂徵還，節等以奂新至不知本謀，矯制使奂率五營士討武。甫將千餘人出，與奂合，使其士大呼武軍曰："竇武反，汝皆禁兵，當宿衛宫省，何故隨反者乎?"營府素畏服中官，於是武軍稍稍歸甫。自旦至食時，降兵略盡，武自殺，梟首部亭。收捕宗親賓客，悉誅之。及劉瑜、馮述皆夷其族。遷皇太后於南宫，徙武家屬於日南，門生故吏，皆免官禁錮。曹節遷長樂衛尉，與甫等六人，皆封列候。張奂遷大司農，封侯，奂深病爲節等所賣，固辭不受。

陳、竇二公，兵符在握，其平日亦非輕脱者。機事不密，制於閹椓，況身非將帥，望非元老，其能免乎? 獨怪張奂以討羌賢將，進退自主，而亦爲宦寺所驅策，後雖讓爵，何救於惡名哉?

何進事

靈帝崩，袁紹説何進悉誅宦官。進乃白太后，請罷中常侍以下，以三署郎補之。太后曰："中官統領禁省，漢家故事也。且先帝新棄天下，我奈何楚楚與士人共對事乎?"進難違太后意，且欲誅其放縱者，事久不決。紹等又爲畫策，召四方猛將，使引兵向京城，以脅太后。進然之。時董卓駐兵河東，進召之，使將兵詣京師。進又使騎都尉鮑信，募兵泰山，并召東郡太守橋瑁屯成皋。使武猛都尉丁原將數千人，寇河内，燒孟津，火照城中，皆以誅宦官爲言。卓聞召，即時就道，并上書請收讓等，以清姦穢。太后猶不從。卓至澠池，而進更狐疑，遣使宣詔止之。袁紹懼進變計，因脅之曰："事久變生，復爲竇氏矣。"進於是以紹爲司隸校尉，王允爲河南尹。紹促卓使馳驛上奏，欲進兵平樂觀。太后恐，悉罷中常侍小黄門，使還里舍。皆詣進謝罪，惟所措置。紹勸進便於此決之，謀頗泄。張讓懇其子婦言於太后母舞陽君，入白太后。太后詔諸常侍皆復入直。八月，進入長樂宫，請太后盡誅諸常侍。張讓、段珪相謂曰："大將軍稱疾，不臨喪，不送葬，今欻入省，此意何爲？"使潛聽，具聞其語。乃率其黨數十人，持兵伏省户下，伺進出，斬之。即爲詔以樊陵爲司隸，①許相爲河南尹。尚書得詔版疑之，請大將軍共出議，中黄門以進頭擲與曰："何進謀反，已伏誅矣。"進部曲將吴匡，及虎賁中郎將袁術，②引兵燒南宫青瑣門。讓等將太后、少帝及陳留王，劫省内官屬，從複道走北宫。袁紹矯詔召樊陵、許相斬之，引兵屯闕下，捕得趙忠等斬之。紹遂閉北宫門，勒兵捕諸宦者，無少長，皆殺之，凡二千餘人，或有無鬚而誤死者。進攻省内。讓、珪等困迫，遂將帝與陳留王數十人，步出穀門，夜走小平津，六璽不自隨，公卿無從者。惟盧植及河南中部掾閔貢，夜至河上。貢厲聲責讓等，因手劍斬數人，讓等惶怖叩頭，向帝辭曰："臣等死，陛上自愛。"遂投河而死。

---

① "陵"，原誤作"凌"。

② "郎"，原誤作"即"。

白龍魚服，困於豫且，何進之謂也。進不足悲，外兵一入，强者爲主，斯言可以爲炯戒矣。

太子重俊事

韋氏以太子重俊非其所生，惡之。武三思尤忌太子。上官婕妤以三思故，每下制敕，推尊武氏。駙馬武崇訓又教安樂公主，請廢太子。太子積不能平。景龍元年秋七月，與李多祚等矯制，發羽林兵三百餘人，殺三思、崇訓於其第。又使成王千里太宗孫。分兵守宫城諸門。太子與多祚斬關而入，叩閤索上官婕妤。上乃與韋后、安樂公主、上官婕妤，登元武門樓以避之。宫闈令楊思勗擊斬多祚前鋒，多祚軍奪氣。上俯謂多祚所將千騎曰："汝輩皆朕宿衛之士，何爲從多祚反？苟能斬反者，勿患不富貴。"於是千騎斬多祚等，餘衆皆潰。千里攻延明門，將殺宗楚客、紀處納，不克而死。太子亦爲左右所殺。上以其首獻太廟及祭三思、崇訓之柩，然後梟之。朝堂官屬不敢近，永和縣丞甯嘉勗，號哭解衣裹之，坐貶。

韋氏之惡已著，而重俊所欲誅者，則不過武三思。或以子盜父兵，比迹戾園，盖猶未足相擬也。廟社獻馘，殘酷至此，則武帝臨湖之臺，猶不可多得矣。

王伾、王叔文事

順宗爲太子時，翰林待詔王伾善書，王叔文善棋，俱出入東宫。

叔文自言讀書知治道。太子嘗與諸侍讀論及宫市事，曰："寡人方欲極言之。"衆皆稱贊，獨叔文無言。既退，太子自留叔文，謂曰："向者君獨無言，豈有意耶?"叔文曰："太子職當視膳問安，不宜言外事。陛下在位久，如疑太子收人心，何以自解?"太子泣曰："非先生，寡人無以知此。"遂大愛幸。與伾相依附，因言某可爲相，某可爲將，幸異日用之。密結翰林學士韋執誼，及朝士有名而求速進者陸淳、吕温、李景儉、韓曄、韓泰、陳諫、柳宗元、劉禹錫等，定爲死友。而凌準、程异等，[①]又因其黨以進，日與游處，蹤跡詭秘，莫有知其端者。貞元二十一年正月朔，諸王親戚入賀，太子獨以疾不能來。德宗泣涕悲歎，由是得疾。凡二十餘日，中外不通，莫知兩宫安否。德宗崩，倉卒召翰林學士鄭絪、衛次公等，草遺詔。宦官或曰："禁中議所立尚未定。"次公遽言曰："太子雖有疾，地居冢嫡，[②]中外屬心，必不得已，猶應立廣陵王。不然，必大亂。"絪等從而和之，議始定。太子知人心憂疑，力疾出九仙門，召見諸軍，使京師粗安。明日，太子即位，以失音不能決事。宦官李忠言、昭容牛氏侍左右，百官奏事，自帷中可其奏。王伾召叔文坐翰林中，使決事。伾入，言於忠言，稱詔行下，外初無知者。叔文引韋執誼同平章事，己爲翰林學士，以伾爲散騎常侍。庶事先下翰林，使叔文可否，然後宣於中書，韋執誼承而行之。韓泰、柳宗元、劉禹錫等采聽謀議，汲汲如狂，互相推獎，僩然自得，以爲伊、周、管、葛復出也。榮辱進退，生於造次，惟其所欲，不拘程式，其門晝夜車馬如市，伾亦尋爲

① "异"，原作"異"，據《舊唐書》卷一百三十五改。

② "冢"，原誤作"冡"。

翰林學士。久之,叔文與其黨謀得國賦在手,則可以結諸用事人,取軍士心,以固其權。又懼人心不服,藉杜佑雅有會計之名,位重而務自全,易可制,故先令佑爲度支使,而自除爲副以專之。叔文不以簿書爲意,日夜與其黨屏人竊語,人莫測其所爲。俄以叔文爲户部侍郎。俱文珍等惡其專權,削去翰林之職。叔文驚曰:"叔文日至此,商量公事,若不得此院職事,則無因而至矣。"王伾即爲疏請,乃許三五日一入翰林。叔文始懼,既而以母喪去。先是韋皋表請太子監國,荆南裴均、河東嚴綬,箋表繼至,意與皋同,中外皆倚以爲援。貞元元年七月,上亦惡叔文黨,俱文珍等因屢請以太子監國,上許之。八月,帝傳位於太子,自號太上皇,貶王伾爲開州司馬,叔文爲渝州司户。伾尋死。明年,賜叔文死。

伾、文之志,自擬賈生,内不悦於閹宦,外不饜於藩鎮。以寡敵衆,孰能免咎?退之欲作唐一經,以發潛德之幽光,而書柳子厚事,尚有貶辭。甚矣,直筆之難也!

李訓、鄭注事

始,鄭注與李訓謀,至鎮,選壯士數百爲親兵,奏請入護王守澄葬。仍請令内臣盡集送之,因令親兵殺之,使無遺類。約既定,訓與其黨謀,如此事成,則注專有其功,乃以郭行餘鎮邠寧,王璠鎮河東,使多募壯士爲部曲,以羅立言知京兆府事,韓約爲金吾衛大將軍。又與御史中丞李孝本謀,并注去之。宰相惟舒元輿與其謀,他人莫知也。太和九年十一月,上御紫宸殿,百官班定,韓約奏左金吾聽事後石榴夜有甘露，因舞蹈再拜。宰相亦帥百官稱賀，訓、元輿勸上往觀，以承天貺。上許之，先命宰相視之。訓還奏非真，未可宣布。上顧仇士良，帥諸宦者，往視之。宦者既去，訓召行餘、璠受敕，璠股栗不敢前，獨行餘拜殿下。時二人部曲數百，皆執兵立丹鳳門外。訓召之入。士良等至左仗，韓約變色流汗，士良怪之。俄風吹幕起，執兵者甚衆。士良等驚走，詣上告變。訓呼金吾衛士上殿，衛乘輿者，人賞錢百緡。宦官即舉軟輿迎上，決殿後罘罳，疾趨北出。羅立言帥京兆邏卒三百，李孝本帥御史臺從二百，皆登殿縱擊宦官，死傷者十餘人。訓知事不濟，脱從吏緑衫衣之，走馬而出。王涯、賈餗、舒元輿還中書。士良等知上豫其謀，怨憤出不遜語。上慙懼，不復言。士良等命左右神策兵五百人，露刃出討賊，殺金吾吏卒六百餘人，諸司吏卒及民酤販在中者皆死，又千餘人。擒舒元輿、王涯、王璠、羅立言等，皆繫兩軍。涯七十餘，不勝苦，自誣服，與李訓等謀行大逆。禁兵及坊市惡少年，乘勢剽掠，塵埃蔽天。明日，百官入朝。上御紫宸殿，問宰相何爲不來。仇士良曰："王涯等謀反繫獄。"因以涯手狀呈上。上召左右僕射令狐楚、鄭覃示之，悲憤不自勝。謂曰："是涯手書乎？"對曰："是也。"命楚、覃叅決機務，使楚草制，宣告中外。楚叙涯等反事浮汎，①仇士良等不悦，由是不得爲相，而以鄭覃、李石同平章事。擒獲賈餗、李孝本。李訓爲人所殺，傳其首。左右神策出兵，以訓首引涯、璠、立言、餗、元輿、孝本獻於廟社，徇於兩市，命百官臨視，腰斬於獨柳之下。親

① "汎"，原作"沉"，據《資治通鑑》卷二百四十五改。

屬皆死，孩穉無遺。數日之閒，殺生除拜，皆決於中尉，上不豫知也。鄭注將親兵至扶風，知訓已敗，復還鳳翔。監軍伏甲斬之，滅其家，僚屬皆死。右軍獲韓約斬之。士良等進階遷除有差。自是天下事皆決於北司，宰相行文書而已。次年，昭義節度使劉從諫上表請王涯等罪名，仇士良等懼，乃加從諫檢校司徒。從諫復表讓。

甘露之變，尚有從諫爲之不平。自兹以後，爲從諫者安在哉？烏呼！

回教盛衰論[1]

（一八九八年十一月九日）

天方教之變名曰回者，以回鶻回回稱。稱教以其國，若稱佛家曰釋教，釋者，塞種也；若稱火教曰婆羅門外道，婆羅門者，印度貴種也；若稱保羅所傳曰希臘教，希臘者，泰西小國也。[2]號從中國，名從主人，則必以天方爲近正。天方之祖穆罕默德，生於亞拉伯之墨加，與阿丹默德那附近。惟大食、波斯，亦與之爲甄翼。其地在漢爲條支，素無回稱，而教亦不及葱嶺以東。至於穆氏，則威棱震月蜎，闢地乃數千里，自九姓昭武以西，可薩以南，駢偶像而毁之，駢太陽火教而逐之，亦瓌材雄詧之主哉！

厥有回稱，自回鶻置摩尼寺始。《舊唐書·憲宗紀》："回紇請於河南府、太原府置摩尼寺，許之。"其時薛延陀故地，於今爲色楞格城者，附唐爲仙萼州，置瀚海都督府。彼交股祠祆之禮，唐人所見，僅止於此。故後世遂以回名其教。然而自唐訖明，天山南路，皆有佛教，無天

---

① 據《昌言報》第九册，一八九八年十一月九日（光緒二十四年九月二十六日）出版。

② "泰"，原作"秦"，據文義改。

方。自穆罕默德二十五世之徒瑪木特額敏，始分十二支，趨布哈爾、敖罕、痕都斯坦、喀什彌爾、巴達克山諸國。然後附乎蔥嶺之右臂與附乎蔥嶺之左臂者，歸然皆有清真寺矣。二十六世瑪木特玉素普，始東遷喀城，立寺行教，聽者鱗萃，死而葬於其壤。則元裔之稱汗於葉爾羌者，與分王於阿克蘇、和闐、庫車者，皆棄其佛教以從。及準噶爾西擾天山，犁庭埽閭，殄無餘燼，而蒙古之裔絕。三十世霍集占始横起據之，以其尨涼之言，尨涼之衣冠，斥土自王，不奉玉步，雖及新疆龕定，三十六國之胄皆奉事回教，王憲不能更，儒術不能化，與之聽治於行省而芳臭弗變者，國故然也。今夫太行之東西，黄河之濱，遠者至滇昆明，皆有回種，與之聽治於行省而芳臭弗變者，國故然也。雖然，謂唐初蔥嶺以東無回教乎？則景教之碑，立於建中，其爲天主、天方，猶區蓋弗能斷。謂元、明之世蔥嶺以東無回教乎？明洪武時，大將入燕都，得乾方先聖之書，令編修馬沙亦黑馬哈麻譯之。而白帽之種，遂掎扈於中土。若是，則蔥嶺未得聞其教，而中國之流衍已夙矣。今日之天方，惟波斯阿丹巴社是其舊壤。土耳其以引弓之國，據天主教故地，不絜齋浴祓以禮天主，而絜齋浴祓以禮天方，則以其游牧博卡喇時，已服於殺拉生故。當中國唐時。以南則安集延，以北則哈薩克，非其遺族，而奉教惟謹。惟大禹之九域，其族錯處，其教不傳於氓庶。蓋以誑燿之術，不足以逮二氏；暴横鄉曲，抗郡縣之命，不足以逮天主耶穌，故樂從者少也。而越南之西貢以之，異哉！薛氏《出使英法義比四國日記》言西貢民奉天方教者居多。大抵天方之教狠鷙賊深，以同類爲兄弟，以異類爲脯炙。欲環而取之，固不可得，一方負固，一人内附以征撫之。其内附以征撫之者，其以同類爲兄弟，以異類爲脯炙同也。烏虖！自有地球花剛石以來，五千萬年，天方未嘗一日逞其志。天地之道，日困而還，月盈而匡。土耳其之屈强，能自立於俄英間；馬地之誕妄，能稱酋豪於埃及，其悖固輯睦之道，有足稱者。然則依倚回種而樹以爲重鎮者，可無戒歟？

倭賊盜名[①]

（一八九八年十二月十一日）

清國訓政變起，兩湖總督張之洞密電協揆孫家鼐，勸以翦除新黨，勿留餘地。之洞祕其語，而家鼐心惡之，馳書致其姪孫字麗軒者。麗軒在上海，以告同人。余聞之，詫曰：張氏昔以維新領袖自任，今恥反戈，矛盾自陷，何哉？久之，上海電報局諱傳太后謀發立事，密商之各督撫，皆俯首從命。惟南洋大臣劉坤一不肯，遽電之洞，欲與會銜力阻。之洞辭，坤一乃具銜獨奏，都中稍忌憚焉。而之洞屢發電奏，諂黷媧皇，有劇秦美新之風。時之洞故幕僚趙鳳昌在滬，疑道路傳言不可信，密詢之洞。之洞報曰：今上御極，於穆宗爲兄終弟及，其次不順。吾曩時與吴可讀議大禮，固謂今上宜遜避。今即發立，吾何必争哉？噫！之洞果以今上之立爲非次，當受終踐祚時，即當挂冠都門，[②]終身不食其禄。今北面事之二十年，致位九命，專閫持節，而忽爲菟裘弑隱之計，人之無良，一至是乎！往余與友人殷守黑先後客之洞所，余見其所爲，輒以葉公好龍、劉表

---

① 據《臺灣日日新報》一八九八年十二月十一日，署"菿漢閣主稿"。

② "挂"，原作"桂"，據文義改。

坐談訾之。守黑曰：否否，今之督撫，皆圓顱方趾者也，獨之洞則毛羽不若耳。余心疑其過，常與争執。守黑曰：他日思吾言也。噫！孰知斯言竟不幸而中哉！初之洞幕友番禺梁鼎芬，故官編修，以彈李鴻章罷職，居恒睥睨天下事，常語人曰：吾亦無他長，獨氣節過人而已。與康有爲、黄遵憲皆夙好，于遵憲尤密，稱刎頸交，贈詩推爲天下第一流。及革政變起，遵憲電《時務報》舘主汪康年，①稱有爲曰首逆，遵憲曰逆憲，梁啓超曰逆超。噫！余至此，然後知其氣節過人者，乃在此久要不忘之誼也。先是，之洞作《勸學篇》，多承鼎芬意，以鄉愿居似忠信、行似廉潔之言亂天下黑白，已豫爲反戈地，至是果然，昔朱雲願借尚方斬馬劍，斬佞臣一人頭，不斥五侯而斥張禹者，以五侯權力雖盛，猶不能變天下之是非；得張禹爲之混淆涇渭，而天下是非之公可以盡去。故詩禮發冢之害，②有甚于躬行篡逆者。之洞以鄙夫瑣豎，尸天下高名幾三十年，今乃盡以其議附會逆黨。然則榮禄、袁世凱者，五侯也；之洞、鼎芬者，張禹也。世有朱雲，吾不知尚方斬馬劍之誰屬也。

① “遵憲”，疑當作“鼎芬”。

② “冢”，原作“家”，據文義改。

清廷偵獲逋臣論[①]

（一八九八年十二月十六日）

昨讀新報有云："清廷西太后，密諭駐紮東京公使，令謀縛康有爲，若不能，亦必設法殺之。"嘻，異哉！吾不意聖神文武自比於補天之神媧者，而竟爲此穿窬草竊之行也。夫有爲之功罪，天下異議，而凡毗于后黨者，則固欲得而甘心，此無足論者。獨以公法論之，彼既遁于日本矣，將聲罪致討而執之乎？抑將誘而執之乎？其聲罪致討而執之也，則出國門一步，而有司之治，已不能假借於我。公使雖智勇絶人，其能抗違公法，以闌入鄰國所治之域哉！以其誘而執之也，必紿之陷入使館，而後公使得施其全權，刲之割之，炮之炙之，可以惟吾所欲爲。雖然，往者龔照瑗之于孫文，嘗有是舉矣，而卒爲英人所迫脅，索之生還。夫孫文以醫藥小技，鼓動黔粵之民，一旦果能揭竿而起，其有益于中國與否，尚未可知，而英人已護之如是。今有爲柄用，百日之政，粲然見于記載，中外賢哲，莫不喁喁想望風采，其與夫孫文者，豈直輿薪秋豪之比哉！苟可贖也，人

① 據《臺灣日日新報》一八九八年十二月十六日，署"菿漢閣主稿"。

百其身。爲日人者，將竟聽其陷入於穽獲而弗之救耶？是又不可得之數也。二者皆不可得，而爲設法殺之之計，以清室之文母，爲異國之荆軻，事果可成，受盜賊之名何害？吾特恐紀綱整飭之國，徼巡警柝，皆不若中國之疏，狙擊未成，而身先受盜賊之戮，辭所連染，則且以長信詹事爲渠魁。其爲鄰國觀笑，豈有既哉！

且有爲之抵芝罘，太后已奪政也，其獲救于重慶商船，雖未入吴淞口，而已在蓼角嘴以内也。不能執之于國，而欲執之于鄰；不能刺之于口岸之内，而欲刺之于重瀛之外。是猶待虎兕之出柙，而方責虞人以具弓矢張罝羅也，豈不遠哉？

雖然，吾聞某星使者，葢嘗入保國會，而後以倒戈得志者也，其少時尤狙詐無行，天性未革，常思得康有爲以爲功。懼其所遣壯士，爆藥匕首，已駢布于三神山之下矣。爲有爲者，其亦慎所進止，以保萬民倚賴之身哉！

臺灣設書藏議[1]

（一八九八年十二月十八日）

民之智愚，窮島與大陸均也。然而或爲僻壤，或爲文明之國者，何哉？天地以江海之峽分町畦，處乎一畦者，其禮俗風教，老身長子，而不與比鄰相迵達，是以智民伏匿，椎愚之萌，嬺卷而無所寤。雖然，化其偏者則視乎土宜，因乎民俗，操劑量而致之中和也已矣。

臺灣者，閩南之大嶼也。吾聞西方測候家之言曰，自雪山以東，赤道以北，恒風所發，其樞自臺灣始。故其民剽悍而勁，瀕海舄鹵，以魚鹽爲業，士則帶刀習技擊，藝文疏闊，具閩學之體，而稍陵遲衰微。曩隸支那，澶漫爲禮，摘僻爲樂，以聲病帖括困其民，齷齪苛細，非其所好也。自午未而降，疆場之地，一彼一此，而歸乎東國。東國種教，故與支那如合契，獨其在官之政，不能無小異。其語言又待舌人而通，與接爲構，勿得其榰。故習于東學者，若騏驥越淡水。仰睎厦門，而逮乎侯官；俛睎香港，而逮乎番禺。[2]其舟楫

① 據《臺灣日日新報》一八九八年十二月十八日。

② “禺”，原誤作“寓”。

之賈，逐什一以爲利，所操皆每生之具，未有賫圖籍歸者，欲被民以文化而不可得也。故習于漢學者，若連理之木。嗟乎！逝者之日滔也，養夜之不暘也，吾黄人若是也久矣。臺失教百年，囊版圖未易，法度弛頓，尚歸咎於學官之失職；今違亂國而之治世，猶自安樸僿，不與偕大道，其諸錮於習俗而未之脱乎？其必非吾臺民之始願可知也。

余以鄙生，效輇材，諷説于禹域。遭時不淑，黨錮禍起，同志嬰戮，倉黄南走，負紲滬尾。甫解維，進其里，父老與語，民氣之剛柔，法禁之緩急，稍稍得大略。比入闉堞，則東國小學之塾，亦賓然成行列，以教童齔而不以造成人，意稍嗛之。吾意都會之閒，一丈之室，必有聲出金石而通乎經世先王之志者，欲徵駕求之不可得，則又以爲聲病帖括之困，數年不瘳。今政俗既易，其當瞑眩而汗下無疑也。梓匠醫方，言雖不文，必有通乎重力、生物之學者，欲徵駕求之，又不可得。

客有復于余者曰：自燧燹之禍，墳籍耗斁，學者所操業盡矣。未嘗爲牧而牂生於奥，未嘗爲田而鶉生于宎，其可得乎？將與之從事于學塾，則書童之竹笘，壯夫其倦學焉。其抑者厚資其俊乂而使之游歷於鄰域歟？費固不貲，其士庶亦憚于行遠州，居私議，惟請于太府，闓置書藏以棣通萬物，費不過二萬金，而士夫之浸溉者已多，斯殆可乎？

余曰：有是哉！昔王伯厚氏有言曰，自王子朝以典籍奔楚，於是倚相、觀射父皆誦古訓以華其國，而《楚辭》與《周南》同風，典籍之益人也如是。夫荆楚之域，篳路藍縷，其民騰踔于枳棘之閒，一朝得册籍于柱下，而民智恂達，若出幽谷。今臺之民，皆漳、泉舊民也，雖越海而處，詢其故俗，有黄幼平民之遺學焉；中據赤嵌，又舜水朱氏之所以發德音也。其與夫篳路藍縷而騰踔于枳棘之閒者，其亦遠矣。苟建書藏，時有所假貸迻録，將趮躁以承之，薰祓以誦之，于翟以儛之，不過三年，而其氣足以大遂。人宵天地，夫何遠哉！乃若其書，則取于和漢者各半，姑緩西文焉。於二國之籍，簡其要言，而去其華辭，先其普通，而後其專門之學，以三萬卷爲率，使能者爲之目録，分別部居，而撮舉其大旨，以爲綴學者涂徑。夫臺民之孟晉逮群，異時必有超軼乎大陸者，是則所謂視乎土宜，因乎民俗，操劑量而致之中和者也。因論次其語，以諗彊吏之開化于是者。

論清旗田[①]

（一八九八年十二月十八日）

滿洲入關以來，以近京五百里民地圈給八旗，而田之者皆漢人，秋冬輸租，以莊頭主其事。而此數十萬不士不農不工不商之游民，乃安坐而食之，生齒日繁，啗食不給，于是有質之漢人者。乾隆四十四年，户部贖八旗入官老圈地二萬七千餘頃，令直隸州縣，徵租解部，于年終普賞一月錢糧，此其所以待滿蒙者至厚。然而，玉卮無當，[②]終不可滿。食之者疾，爲之者舒，乃使爲餓殍流胔而後止。古者或頭會箕斂以飽枝官，乃英主黷武，則亦横征于下，未有虚郡國倉廩以養舊京百族之民者。夫一夫不耕，或受其飢；一婦不織，或受其寒。于是業劇財匱，而屯田之議起。

當乾隆初，御史范咸言宜建興京爲都會，擇可墾種之地，遣旗人前駐牧。其餘如永吉州、甯古塔、黑龍江，幅員不下四五千里，其閒或設牧廠，或廢爲閒田，甚可惜也，宜使旗人屯種便。直隸總督孫嘉淦以爲獨石口北行三十里，即爲平原廣野，又五十里爲紅城

① 據《臺灣日日新報》一八九八年十二月十八日，署“菿漢閣主”。

② “卮”，原作“危”，據文義改。

子，又百餘里爲開平城，其閒可耕之田，不下數萬頃。張家口外北行七十餘里爲興和城，西行百餘里爲新平城，其閒可耕之田，亦不下數萬頃，宜擇近城平方寬衍者，畫爲公田，餘爲民田，每墾民田二頃者，必令墾公田一頃，民田以爲世業，公田分給旗人。議者以爲不便，格不行，惟撥往拉林屯墾。

嘉慶十一年，議以八旗閒散屯吉林，會秋收不豐，事中止。至十九年，始設中左右三屯于吉林之雙城堡，袤七十里，廣百三十里，地以晌計，大晌十畝，而得糧四五石，肥者自倍。一石之粟，準倉石二有半，分三屯爲百二十屯，凡地九萬數千晌，人三十晌，三十户而一屯，然多吉林、奉天土箸，而自京師發往者寡。時吉林將軍富俊欲屯伯都訥圍場，以爲可得地二萬余晌。道光初，吉林將軍松筠又請開養什牧及大凌河馬廠，議亦格不行。至今七十年，畿甸之地，孳乳日多，生計日促，仰給南漕，猶如故也。

嗟乎！自長城以内十九布政司，民數至四百兆，深耕疾耰，老弱尚有凍餒者，又取其餘以養贍滿蒙，欲民生之不匱，左藏之不罄，何可得也？且所以養贍之者，爲其可以成勁旅也。髮、捻以來，南征北討，無八旗一卒，其效與緑營等。今緑營將改爲練軍，而八旗之素餐如故。嗚呼！其優卹過于豐沛父老矣。廼者，索倫東海諸部，蠶食于俄羅斯，爲八旗子弟者，宜以屯田兼兵事爲漢人紓生計，爲國家效死力，及今營之，猶以七年之病，求三年之艾，而枋政者或護惜之。故曰，乾鵲之愛其子也，哺之稻粱，不使高飛，以爲回翔槽巢之閒，雖有智者，不能與我爭也。雕鶚至，攫而食之，又焉得故巢一寸也？

諄勸垂綸[①]

（一八九八年十二月十八日）

天地之美利，在山曰冶，在澤曰漁，以其俛拾即是，不必以恒産制之也。而開鑛之利，所費已多，或至折閲，且使無驗苗之鑛師，亦未便晵晵從事。若以捕魚爲生，則所資長物，不過一艇一罾。植竿而泊，張羅而取，無水耕火耨之勞，而有割鮮烹肥之樂，此尚父、子陵所以甘心于是也。

臺北自滬尾入口，溯淡水港，澄流三十里，水族所聚，鈎徒所資，無過是者。而尺澤之鮒，貴或盈千，豈其從事于漁鈎者少歟？[②]吾聞斥鹵之地，其民皆呰窳而偷生，獨絶流垂餌，則皆所樂趣，今何其寂寂也？臺地緜亘二千里，土膏憤盈，稱爲富饒，而千金之家，未云駢衍，榛狉之氣，不盡滌除，固由地利未盡，抑亦呰窳偷生之效也。即漁鈎一端，已可慨見。所願稍忍勞苦，從事垂綸，則飯稻羹魚之樂，必有甲于南洋群島者。世有豫且其人乎？吾將舍豪素而從之游矣。

---

① 據《臺灣日日新報》一八九八年十二月十八日，署“蓟漢閣主”。

② “鉤”，原作“鈎”，據文義改。

書清慈禧太后事[①]

（一八九八年十二月二十五日）

革政之獄，世或以斬斷果賊，謣貽于慈禧太后，謂其始仁恕而終陰鷙，豈晚節之墮耶？嗚呼！爲是說者，其可謂以蠡測地，以錐視文，[②]終身陷其埃壒之中而不悟矣。夫女戎召禍，殘害不辜，自古以然。而慈禧太后之惡直醜正，尤其天性然也。始聽政則有肅順之獄，將反政則有朝鮮大院君之獄，復出訓政則有康有爲、譚嗣同之獄，一人之身，而齒牙爲猾，以殄戮志節之臣者，至于三數，而猶謂其晚節之墮，是猶以黏牡哺肝，歎惜于盜跖，而怪陽虎以不當竊寶玉大弓也，豈不遠哉？

初，肅順者，宗室子也，性抗厲好任事，以郎中起家，文宗才之，稍益擢用，數年驟至大學士。每視事，輒藐其同列，同列爭欲剸刃者，以上方嚮用，無以撼也。洪秀全據江甯，淮漢以南，所在俶擾。曾國藩以在籍侍郎統練勇戰，或出其境，所至克捷，湘軍始重。大臣祁寯藻等陰詠之，賴肅順爲保全。左宗棠初在湖南幕府，威數摧

---

① 據《臺灣日日新報》一八九八年十二月二十五日，署"菿漢閣主"。

② "文"，疑當作"天"。

寇，權藉甚，湖廣總督官文害其功，密騰謗書以聞，上命廉得實迹，即就地以軍法斬之。湘潭人王闓運者，故館肅順所，爲求救，肅順亦憤厲不平，立屬鴻臚卿潘祖蔭草奏爲雪謗，而己自樞府左右之，乃復下詔貰宗棠。會胡林翼薦宗棠可大用，遂以舉人賞加四品卿銜，其後定浙粤，平隴右，功烈無比，皆肅順力也。嗚呼！粤寇之敉，人以歸功于沅湘諸將，而勿知發縱指示者有人焉，此其于支那，誠功罪參半，而在清室，則固與酇侯、①子房比。及創痍既定，諸大帥錫茅土、賜鐵券者蓋以十數，未有以高鳥之盡，②抱恨于藏弓者，而肅順則先以誣搆死矣。

始，慈禧太后得幸文宗，生毅皇。文宗知其性黠猾，即千秋萬歲後，必竊枋爲宗社禍，陰欲效漢武殺鉤弋夫人事，以訪于肅順。肅順躉之，未泄也，奄人有漏其言者，爲求援宣宗故妃，遂不果。咸豐十一年，上崩于熱河，太后先入都，肅順方護梓宫在途次，其舊怨刑部尚書趙光等陰嗾太后使垂簾聽政，遽發命以謀簒誣肅順，即道中捡治之，械送京師，斬菜市。蓋垂簾之事，自元以來，六百年不見于載籍矣，一朝返之，而其禍敗如是。甚矣，女戎之爲害烈也。

其後，朝鮮大院君李是應者，以不悦于閔后，伉厲守高，因發餉譁其士卒，而閔氏行賄于中國諸要人，以達上聽。太后命提督吴長慶就執是應，安置直隸。余以所聞，是應爲人，其骨鯁持風節，大與肅順等。當朝鮮外戚柄用時，權勢熏灼，朝野側目，輿金輦璧，日趨門下者無訾算，政以賄成久矣。自是應始革其弊，則朝政爲一清。

---

① “酇”，原誤作“贊”。

② “鳥”，原作“烏”，據文義改。

比閔氏入宫，而是應中道頹廢，目覩韓社之屋，其端必自宫掖始，欷歔伏臆，不忍見危敗，而興晉陽之甲以討之，又未嘗尸其名以歸于己，其諸可謂嚥尾而嘵音者歟？同惡相濟，情也，故閔氏之憎是應，則慈禧太后必助成之，然後知古之惇史以外家蠱容爲戒者，其立言果非迂闊而遠于事情也。

三十年以來，肅順誅，是應囚，至今日則譚嗣同等六人又以齮齕榮禄，至同日伏尸市曹；康有爲雖脱，亦幾幾不得自免。豈女主任事，則其禍必至于是耶？抑慈禧太后之志，則可謂始終不渝，而非其墮于晚節也已？

寄梁啓超[1]

（一八九八年十二月二十七日）

泰風號長楊，白日忽西匿。南山不可居，啾啾鳴大特。狂走上城隅，城隅無棲翼。中原竟赤地，幽人求未得。昔我行東越，道至安溪窮。灑酒思共和，共和在海東。[2]誰令誦詩禮，發冢成奇功。令我行江漢，候騎盈山邱。借問杖節誰？云是劉荆州。絶甘厲朝賢，木爪爲爾酬。至竟盤盂書，文采讙田侯。去去不復顧，迷陽當我路。河圖日以遠，梟鴟日以怒。安得起稿骨，摻袪共馳步。馳步不可東，馳步不可西，馳步不可南，馳步不可北。鑒皇穹黎庶，均平無九服。顧我齊州産，簪能忘禹域？擊磬一微秩，志屈逃海濱。商容馮馬徒，志在除紂辛。懷哉殷周世，大澤寧無人。

---

① 據《臺灣日日新報》一八九八年十二月二十七日。

② “共”，原作“苦”，據文義改。

俳諧録[①]

（一八九八年十二月二十八日）

亞非利加之沙漠，有大鳥焉，白羽而長距，伸其頸則修八尺，其形蓋與騏驥不異也。人或狎之，稍稍失其志，則舉足以踶，或至折股，是名曰駝鳥。然而棲之以叢囿，豢之以珍餌，清泉浴之，凄風播之，則馴狎依人，不施銜轡，而可以服乘，雖駕鹽車，載囊橐，惟所命。鴳鵲笑之曰："吾巢於榛棘之間，欲翔則翔，欲止則止，日出而作，日入而息，可以適吾志矣。雖彼鵬與金翅鳥者，其騰擊高下，不可以齊形，下至燕雀，裁啁噍於棟梁之間，然其以意進止，不受人役則一也。今以子之奇材高足，怒則拔雪山，飛則絶戈壁，不效朔方之雕鶚，搏擊狐兔於長林豐草之間，而甘爲人服乘、載重而不怒，出跨下而不耻，伈伈伣伣，惟鞭箠是懼者，何也?"駝鳥應之曰："子不見夫橐駝者耶? 其形之肥碩魁巨，蓋十倍於虎豹，然而終日垂頭於輜車之下，非愛輜車也，欲以得其重也。今吾效彼之所爲，既得其餌，而又竊其重，斯一受服乘而利吾身者二焉，雖長

① 據《臺灣日日新報》一八九八年十二月二十八日，署"菿漢閣主"。

策在前，利鏃在後，奚惡矣？雖然，吾忸矣，不可以見亞非利加之凡鳥矣。”振翮而去，至乎支那，化形於河洛之間，爲漢冀州牧本初之裔，果得大將。

餞　歲[①]

玉山吟社席上課題分韻

（一八九八年十二月三十一日）

不作彭殤念，吾猶戀椭球；短長看日夜，身世等蜉蝣。殘鬢睢陽恨，餘生逝水浮；青陽東國早，春又滿蛉洲。

唾壺擊破轉心驚，彈指蒼茫景物更。滿地江湖吾尚在，棋枰聲裏俟河清。

① 據《臺灣日日新報》一八九八年十二月三十一日。

正月朏日即事[1]

（一八九九年一月五日）

長松鬖髗下，酒人襟相摩。
四壁發清商，奇響聞韓娥。
而我獨何爲？餔糟徒養痾。
憶昔遭陽九，凌霄戒矰罿。
東來期賃舂，賃舂毛已皤。
揚袂望何鼓？迢迢隔銀河。
恨無魯陽公，同揮虞淵戈。
腐儒生乾坤，哀樂何共多？
醉卧且勿覺，轔轔高軒過。

① 據《臺灣日日新報》一八九九年一月五日。

平礦論[①]

（一八九九年一月八日）

曾讀二十三日報章，見洗金者之日少，未嘗不凜慘惻心也。其言曰：“所獲生金，營礦者脅不得他售，而一兩之值，僅易龍圓二十有八，其卒則又必以計逐之，以故洗者觖望，日益避匿。往屬清國時，嘗至萬人，而今也不過百人。”

余以爲相地視苗，艱難而得所求，則其志固在于自利，必强洗金者以不得他售，亦情也，而何怨？若夫淘治既久，一朝驅遣而使之去，是爲美待華工之續也。且逐之而不更募，是齊其礦也；逐之而又募之，則前者散矣，而後者復集，于役則勞，于事則無益，何苦而爲此？余又區葢其言而勿敢信也。惟夫生金一兩，而僅以二十八圓易之，則余不能無感于礦主之哀刻，而爲涉濱胼胝者悲矣。夫歐洲諸國，生金不入市，入市貿易者皆金幣，故以黄金易銀而不足十六换，以銀易銅而不足二十一换，其值誠下。今日本則非焉主金幣之國也，以鑄金一兩，易銀則五十圓而往，其撫治臺灣，闤闠無

① 據《臺灣日日新報》一八九九年一月八日，署“菿漢閣主”。

改，生金圜不禁於市，環珥條脱列于鍛竈者，往往而是，以金一兩易銀亦五十圜而往。夫上既不以金幣制之，則商人亦不得强抑其價以取之。如曩所見，以二十八圜相庚償，是僅予之半也。礦主雖嘗少費，而欲厚取其息，然必以倍稱之利自予，不泰羸乎？今潢池未息，警柝日聞，重以饑饉，民食不半菽，盡瘁殫思，爲之謀生聚，猶恐其無所歸也，而又頭會箕斂，激之使日涣散，其不弄兵以從東陵之盜者幾希。吾聞西方之法，廠主于役人或有苛虐，知政府以其事下于議院，使平其科則而宣示之以爲法守，是以工商輯睦，民無怨讟。今當事苟能閔黔庶之無依，而思夫靖寇止奸之術，則其于此，必有含也。且國家所恃，雖在富商大賈，而尤患乎貧富之不均，不均則有餘者裂綈錦以飾圊厠，而貧者猶不完短褐，其勢非攘奪則不止。昔古巴之亂黨，嘗欲掠奪富人之財而均之貧人矣，雖其好亂，亦有以激之然也。況臺多盜之國哉！苟當事勿念，吾于是則以爲海濱胼胝者悲而爲聚斂者矣。作《平礦論》。

視天論[1]

（一八九九年一月八日）

昔余嘗持視天之説，以爲遠望蒼然者，皆内蒙于空氣，外蒙于阿屯、移達而成是形，[2]非果有包于各曜而成大圜之體者也。既而讀漢秘書郎郤萌所記宣夜之説，云："天了無質，仰而瞻之，高遠無極，眼瞀精絶，故蒼蒼然也。譬之旁望遠道之黄山而皆青，俯察千仞之深谷而窈黑，夫青非真色，而黑非有體也。日月衆星，自然浮生虚空之中，其行其止，皆須氣焉。是以七曜或逝或住，或順或逆，伏見無常，進退不同，由乎無所根繫，故各異也。"見《晉書・天文志》。嗚呼！斯言也，可謂先得我心者矣。[3]

而抱朴子非之曰："苟辰宿不麗于天，天爲無用，便可言無，何

---

① 據《臺灣日日新報》一八九九年一月八日，署"菿漢閣主"。又發表于《清議報》第二十五册，一八九九年八月二十六日（光緒二十五年七月二十一日）出版；第二十八册，一八九九年九月二十五日（光緒二十五年八月二十一日）出版，爲《儒術真論》的附録。又，《清議報》發表時增題解，曰："滯于有形，則無形者亂；眩于有匠，則無匠者亂，故列《視天論》。"

② "移達"，《清議報》作"以太"。

③ "先得我心"，《清議報》作"合于分刌節度"。

必復云有之而不動乎?”夫大鈞播物,[1]氣各相攝,月攝于地,地攝于日,日復攝于列宿,其所以鼓之舞之,旋之折之者,其用大矣。安事此蒼蒼者爲? 上古風俗浮朴,見有塊然成蒙者,[2]不敢質言以爲必無。彼故虹蜺,特日光水氣所激耳,[3]而亦爲立名。强名曰天,亦若是爾。且天之云者,猶曰道、曰自然而已。今將指一器一物以爲是道也,是自然也,其孰不大噱噴沫者哉![4]古者郊祭,大報天而主日,[5]今乃知萬物之生滅消長,皆由太陽之光熱致之,而蒼蒼者無與焉。然則古人亦知其但有視天而非有真天也明矣。往者宗動天之説,以爲諸屑玻璃互相包裹,[6]列宿日地,皆如蟻行,而以天爲旋磨。此其説近于渾蓋。今者各體相攝之説,以爲浮行大空,以己力繞本軸,以攝力繞重心,繞重心久,則亦生離心力,而將脱其韁鎖,然于昊穹,則本未嘗隸屬也。此其説則近于宣夜。[7]以新舊説相較,新者輒合,[8]而舊者輒差。然則視天之説,不愈彰明較著乎?

而淺人泥于所見,[9]猶以車蓋斗葆相擬,謂上無覆庇,下必不能自立,則請更徵成説而辨之。[10]凡夫體成圓球者,未或不動,動則渾

---

① “鈞”,原誤作“鈞”。

② “蒙”,《清議報》作“物”。

③ “故”,《清議報》無;“激”,原作“繳”,據《清議報》改。

④ “孰”,《清議報》作“疇”。

⑤ “古者郊祭大報天而主日”,《清議報》作“古者主日而郊”。

⑥ “屑”,《清議報》作“層”。

⑦ “則”,原作“縣”,據文義改。

⑧ “輒”,《清議報》作“軌”。

⑨ “而淺人”,《清議報》作“雖然”。

⑩ “請”,原作“清”,據文義改;“則請更徵成説而辨之”,《清議報》作“若是且得無辨乎”。

淪四轉，無待于覆。地之必有倚賴于太陽者，門其煇潤暄蒸，能生萬物耳，非焉恃其覆庇也。苟無太陽，則自熒惑而外至于海王，斯五行星者，其體質軌道皆大于地，亦未嘗不能攝地，使繞一重心也，而特無力使之發榮滋長耳。若天則何爲也哉！

昔利瑪竇等知地圓而不知地動，奈端、哥白尼等知地動而不知日動，侯失勒等乃知日動。蓋太陽之大，較地球三十三萬二千倍，而較列宿則爲微末。①列宿自一等至七等，人目皆能見之；自八等至十六等，則非人目所能見。然恒星大羣皆在天河中，故近天河處星最多，而兩極則星漸少，即太陽亦天河中之一星，而地球及諸行星之統于天河，更不待言矣。②凡體大者必能攝小體，地既爲日所攝矣，而持蛇夫第七十星光大日一倍，天狼星光大日四十二倍，織女星光大日六十九倍，北極星光大日九十三倍，是皆能攝日者也。人弟見地球爲日所攝，而不知日球亦因攝而動，但未知所繞重心果何所在。梅特勒以爲所繞之點在昴宿中，或謂此點離天河平面至二十六度，未可深信。太陽所繞，必在天河。蓋衆星附麗天河，成一絶大橢球。太陽率八行星成一世界，而各恒星亦皆有所屬之地球，其上所生人物，與此不異，所謂三千大千世界者近之矣。

又有星團，則《華嚴經》所謂世界如白雲者也。而天河大羣以外，又有星羣零丁散處者，③豈天河以内則所謂欲界，而天河以外則所謂色界、無色界乎？然則忉利、兜率等天，固尚爲近人者也。嗚

---

① “列”，原作“外”，據上下文義改。

② “更不”，《清議報》作“夫何”。

③ “零丁散處者”，《清議報》作“散處無所紀者”。

呼！吾輩生息壤間，豈不若蝸牛之角哉！①

以星體而論，②北極最大，古以北極爲帝星，或亦有見于此。雖然，天且非有真形，而況上帝哉！古者言帝，亦猶言道、言自然而已。墨子泥之，耶穌張之，斯其尊信也過矣。③

① “嗚呼”至“角哉”，《清議報》作“若夫火星之民能開二渠以轉漕，與通達之國不異，則彼長數由旬衣數銖衣者，其必不在行星矣”。

② “以星體而論”，《清議報》作“以恒星之體言”。

③ “雖然，天且”至“過矣”，《清議報》改寫爲“雖然，圓球則無不動也。北極雖大，寧獨無所繞乎？若是則天固非有真形，而假號爲上帝者，又安得其至大之盡限而以爲至尊也。故曰知實而無乎處，知長而無本剽，則上帝滅矣，孰能言其造人與其主予奪殃慶耶？綦文理，制等殺，則晫然可見可捫者，以日爲繼限而已。日雖能以光熱生百昌，若養氣煴火之活人，猶非能以其知識爲予奪殃慶也。

嗚呼！吾于是知神道設教之故矣。佛氏之約，不得祠諸天鬼神，窮理盡性，斯可謂大智哉！然而復謂以世界付帝釋者，其諸婆羅門之信金人，非以權辭誘之，則不能致其尊信歟？睿哲若公旦，其知上帝之有無，與不知上帝之有無，吾不敢知也，苟知之則其心苦矣”。

刻包氏《齊民四術》第二十五卷序[①]

（一八九九年一月十一日）

太古之恒言，以民處沃土者爲不材，[②]而近世薛叔耘氏亦云，赤道之下，其民短小黝黑，難與興作，故越南、暹羅，至今不可復振起。然秔粒之饒，[③]歲再入庾，爲亞東灌輸，其諸人與稼穡，亦各有其盈絀歟？不然，何以竘惰偷生，而菽粟顧不匱於廩也。其抑者，民之材否，臭味習俗，實長吏化之，而土之沃瘠，固無與爾乎？余觀臺灣雖不當赤道，[④]然自彰化、嘉義而南，其線已直夏至，厥光直射，若懸燧于上，陽氣宛暍，百昌皆作，耕夫不汗，而篝車給足，常出其餘以飫東南，天下稱其膏腴。惜乎瀕于仆璞之野，銑鋈石墨，足以爲饒，民不疾耕，責收獲于天，會遭小歉，而粟貴至萬錢，乃倚暹羅、越南以爲外府。其他資生之物，皆踊騰躍，豈賤之徵貴，貴之徵賤，其相激則然耶？抑吾于此知竘惰偷生之不可以

---

① 據《臺灣日日新報》一八九九年一月十一日，署"菿漢閣主"。

② "材"，原作"林"，據《管子》、《國語·魯語》改。

③ "秔"，原作"杭"，據文義改。

④ "赤"，原作"未"，據文義改。

劮求獲也?

臺之田以甲計,[1]甲當營造尺十五畝,歲穫粟百石,爲糲米四十,爲鑿米三十六,其于吴越息壤,葢十分而贏六。臺之土箸,二百有五十萬,流寓五而居一,爲三百萬人,歲食三十六斗,則三十萬甲而足。開方計之,廣袤百里,則足以饜之矣。其于全嶋,故未什一也。苟去其劮惰偷生之習,而以其力分别種粒,築賁糞壤,開引溝洫,歲穰則貯粟社倉以待匱,雖有康年,民必無菜色矣。今穎實弗辨也,墳壚弗化也,距水二尺之畦,畎澮弗導,桔槔弗汲也,會遭小歉,而粟貴至萬錢。[2]嗚呼!余雖旅人,欲弗討論,吾舌將不忍橋,將使隴畝日辟,而收穫且數倍于古。有區田于西方之書事農學者,且數十百種,其效或過于蔬癸氾勝之,顧草萊之氓,或膝口擯攘,以爲非先疇之遺教。端居深念,發篋衍而讀之,得包氏《齊民四術》第二十五卷,其言農事雖不逮泰西,而較略可知。其餘園圃虞衡藪牧之教,大端略具,書不盈三萬言,顧切實可施于閭井。于是錯鏤其籍,以餉臺民,以備劭農者省覽。夫華嵩以東,至于海濱,圜首方趾,不能一朝不粒食,彼劮惰偷生者,非必其素性,亦習俗染之,且耘耔失其方也。今得其説,略包氏書,就相土以知肥棘,擇種以識蕃變,糾士大夫以講利病,占江皋河瀕以立地著,[3]廣之桑麻、卮茜以供服御,綦之漁獵芻牧以備委輸,吾知臺嶋之民,雖遇康年,必無菜色矣。天下事雖至纖微,不專不成,不討論不進,稊米之積而

---

① “甲計”,原作“申汁”,據文義改。
② “錢”,原作“餞”,據文義改。
③ “皋”,原作“臯”,據文義改。

爲太倉,[1]粢黍之積而爲十龍之鐘,今雖纖微,後可以坐大。臺之民苟以吾爲蒭蕘,而發包氏之籍以讀之,循除涉廉以達歐洲農學之隩,雖憂菜色,必無康年矣。夫其於沃土也,則必不與赤道之民同類而共誚也。

① “稊”,原作“梯”,據文義改。

識康有爲復書[①]

（一八九九年一月十二日）

余於十一月上旬馳書長素工部，其稿爲同人持去，業登報章。數旬以來，屏居枯坐，戚戚寡歡，念夙好之彫零，悲天綱之潰決，疢懷中夜，不能奮飛。昨者晨起，殷憂填膈，忽得工部報書，眉宇盱揚，陽氣頓發，葢不啻百金良藥也。

書中稱譽，不無過情，然工部非妄有阿借者。至其自述懷抱，卓詭切至，語不繳繞而入人肝脾，志士誦之，靡不按劍。故録其原稿，登之報章，以備賢哲省覽焉。或曰：子與工部學問涂徑故有不同，往者平議經術，不異升、元，今何相暱之深也？余曰：子不見夫水心、晦菴之事乎？[②]彼其陳説經義，判若冰炭，及人以僞學朋黨攻晦菴時，水心在朝，乃痛言小人誣罔，以斥其謬。何者？論學雖殊，而行誼政術自合也。余于工部，亦若是已矣。

近世與工部爭學派者有朱給諫一新，然給諫嘗以劾李連英罷官，使其今日猶在朝列，則移宫之役，有不與工部同謀耶？余自顧

① 據《臺灣日日新報》一八九九年一月十三日。

② "晦"，原誤作"悔"，本篇下徑改。

學術尚未若給諫之墨宋，所與工部論辯者，特《左氏》、《公羊》門户師法之間耳，至于黜周王魯，改制革命，則亦未嘗少異也。余紬繹周秦西漢諸書，知《左氏》大義，與此數語吻合。況旋乾轉坤，以成既濟之業乎？若夫拘儒鄙生，餔餟糟魄，其黠者則且以迂言自蓋，而詩禮發冢，無所不至，如孔光、胡廣者，余何暇引爲同學也哉？

曩客鄂中時，番禺梁鼎芬、吴王仁俊、秀水朱克柔，皆在幕府，人謂其與余同術，亦未甚分涇渭也。既數子者，或談許、鄭，或述關、洛，正經興庶，舉以自任，聆其言論，洋洋滿耳，及叩其指歸，臠卷逡巡，卒成鄉愿，則始欲割席矣。嗣數子以康氏異同就余評騭，並其大義亦加詆毁，余則抗脣力爭，聲震廊廡，舉室瞠眙，謂余變故，而余故未嘗變也。及革政難起，而前此自任正學之數公者，乃皆垂頭闒翼，喪其所守，非直不能建明高義，並其夙所誦習若云陽尊陰卑，子當制母者，亦若瞠焉忘之。嗚呼！張茂先有言：“變音聲以順旨，思摧翮而爲庸。”今之自任正學而終于脂韋突梯者，吾見其若是矣。由是觀之，學無所謂異同，徒有邪正枉直焉耳。持正如工部，余何暇與論師法之異同乎？陰曆十二月朔，支那章炳麟識。

人定論[1]

（一八九九年一月二十四日）

乘猋風而薄乎玄雲之上，視蒼蒼之天者，其果能爲人世禍福乎？抑亡乎？曰：夫柳子厚者，固以癰痔果蓏擬之矣。余則曰：浮游乎空虛之中，百昌生物，以息相吹，竝癰痔果蓏而亦未嘗有也。借曰有之，禨祥之説，則上古愚人所以自惑，而聖人因其誣妄以爲勸戒，亦猶蚩尤之作五刑，而聖人因之以爲黥墨劓刖而已矣。[2]夫愚人之無識也，蓋較蚩尤爲尤甚，如京房、劉更生諸公，推迹五行，極陳災異，以效忠於人主，其所救正，誠有足多者，而害亦自此始。何者？不數見之事，以忤人爲災，則必以其合人爲瑞。是故天有甘露，地有河清，木有連理，草有紫芝，鳥有爰居，獸有角端，總是數者，而得其一，則皆以爲合符于上帝。凡所以煩有司，謁財賦，興徵調，盡民力者，且不可勝數。由是觀之，始以爲勸戒，而終以致敗亡。莊周有言，[3]邱夷則淵實，魯酒薄而邯鄲圍。其諸相因之理，固有若是者歟？實驗之

---

① 據《臺灣日日新報》一八九九年一月二十四日。

② “黥”，原作“鯨”，據文義改。

③ “周”，原誤作“固”。

學不出，而上古愚人之惑，亘千世而不解。是故前乎子厚者有王仲任，後乎子厚者有王介甫，其所立説，葢竝以天變爲不足畏，而迫于流俗，猶時時蒙其訕議。自今之世，有實驗也，而其惑始足以淘汰。

然都會而外，然疑未諦，衆不可以户説。井里之民，上古民也，隕星曰流血矣，木鳴曰城墟矣。黧老稚子，奔走相告。國中治禳而依巫祝以求解者，猶上古之民也。往者多那底之彗，其第一星見于戊午，清咸豐八年。適粵寇屠吴、越，至壬午，清光緒八年。其第二星見，則法越之難起，逾年遂曼延閩、粵，伏尸積骸，亦無慮數千人。爭相徵信，託于王相，以天道爲果有知。今臺中地震，道路傳言，又以爲震于冬者，不祟朝而有兵禍。夫彗之附日也，其周雖有遲速，其軌道雖有遠近，然三百行星之民，大自海王，細至虹女、篇女之屬，皆有時見之，其不能常爲兵禍，亦必不專爲禍于東亞也明矣。地震雖一隅，其端則由伏火。大地之始，若丸炭而熾，久之乃爲煴火，而皋壤蔽其上。然遺熱故在，灼煬崩裂，甚則爲火山，而少衰爲地震。彼温泉者，亦火山之屬也，人固樂温泉而憎火山、地震矣，使天果欲以火山、地震來禍於人，則曷爲又以温泉媚之？震之甚者，崩崖折棟，以壓覆居人，是可憂耳。苟無是禍，而憂其兆兵于異日，使異日復憂其異日，噫！言若是越哉！

天地之閒，愛惡相搆，而情僞相攻。苟爲人害，雖蝨蝱之微可畏也；苟不能爲人害，雖天地之大勿畏也。吾先師荀子有言曰："日月之有食，風雨之不時，怪星之黨見，是無世而不有之。上明而政平，雖竝世起，無傷；上闇而政險，雖無一至，無益。"嗚呼聖矣！臺人方聳于地震之禍，趯趯然若將兄禆竈而父柏常騫也。余故作《人定論》以釋之。

論亞東三十年中之形勢[1]

（一八九九年一月二十九日）

觀于旅順、膠州之舉措，黄海以北，其趨于俄、德也明矣。雖有朝鮮，如烏鵲之夜集於林，徒見其寐而勿見其寤，此不足以扞揻瀛碣。支那自宫禁之變，賢才既屠，[2]王化陵遲，宇内魚爛，將使蘇邱之上，滿人不亡，而夏子之胄亡矣。然則朝鮮不足與圖事，而支那無可與再謀，日本東處，亦孤僨而孑立也。若是，則亞東之長，終于銜璧，其壤地終于生荆棘殖黍苗乎！且夫表東海者，終以和漢爲旗旐，浸假而攘竊符璽者入于舂槖，輸于織室。哲王復辟，驁桀進用，厥徵天民三百六十夫，東面而揖日本，以合從爲治，期以一世，其究極則將何以也？章子曰：黄海之必淪者，勢也。豈直黄海，東自大河，西自岡底斯山其陰，則必淪于俄者，亦勢也。詔號之所布，威靈之所燀，雖有管簫，[3]盡于南服而已矣。今夫滿蒙人之志，固可知矣，自綏芬河蹷，俄之斥候日進。琿春、甯古塔閒，種族錯處，受其

① 據《臺灣日日新報》一八九九年一月二十九日。

② “既”，原作“阮”，據文義改。

③ “簫”，原作“蕭”，據文義改。

陵轢，免胄伏地而不忍抗也。幕北四汗，青吉思裔也，當其蹙俄，俄人羽鏃不發，孟勞不舉，轉北遁逃而不返，其威熾矣。今遂爲俄人跆藉，呼以白皇，進以醺酪，免胄伏地而不忍抗也，若是則其歸心于俄人，可望之如句陳大星也章矣。不然，滿漢之同禍，雖至愚劣，猶將與知之。今慈禧太后之言則曰，西方之公法，有亡國，無覆宗，吾守吾玩好，蓄吾金幣，寧局促於一畿，而爲其役屬之帝。夫豈能以一人持莠言，固滿蒙之甘心于爲厮養走卒也久矣。今上者于滿洲則由余、金日磾也，衆心成城而衆口鑠金，上之廢固職矣。幸而中興，猶不足以挽滿蒙之北向，自河而北，亦掣曳於滿蒙也必也。今夫日本馬關之盟，能得志于臺灣，而不能得志于遼東，何者？如駕長轂矣，雖有箠策，不可以及騶驪之腹，而及之者其脊也。俄之于南北，譬則臺灣腹而遼東脊也，日本割之，譬則臺灣脊而遼東腹也。且庫頁既失，而韓之巨文，英無勁旅。巨文島曾割隸英國。漢陽士大夫，其冥頑矜憍與滿蒙相長，弟今雖以帝號繼三統，而俄患暫弭，終亦附庸於俄。俄有韓則勃澥斷而箕尾絶，禍且及日本，北海雖完，亦僅足自衛，其不能以長鈹彈丸暢威于寒帶可知也。夫日本不北征而支那且不能撫河朔，雖有令主，以從親相約，亞東之威，必不出南部矣。

閒者奇材儁異之士，南方爲盛，懋遷之所至以通歐美，則利盡南海，銀銅千冶，苦蕣千陵，吉貝千壖，石墨千舡，藾素千種，日夜相趨乎前，勢若轉轂，以資强富者，北方無有焉，是所謂海王之國也。以是定治中東，胥命而固之以英，滇、粵以外，雖與法爲甌脱，其勢則不得與俄比，若是則招懷爲夾以和民居師也殆可矣。若夫肇域所錯，溝封所暨，一世以内，日本雖盛，令必不能外行於玄菟，支那之都，必不能出于武昌、金陵，其海軍之舳艫，必不能逾鷹游門而稅駕也。且夫究極者勢也，知舊隄之必敗，而棄其堤者不可以保其隴畝，知北方之必不能與俄爭，而棄其北方者，亦不可以守其南部。江左之劉裕，宋之岳飛，其所經略，及于關中、河北，而後可以處吴、越。故曰：知其不可柰何而安之者，命也；知其不可柰何而必不能安之者，亦命也；亞東之究極雖定于南，非得恢卓雄略之士以征撫朔漠者，其能爲南部雄伯乎哉！

黨碑誤鑿[1]

（一八九九年一月二十九日）

頃觀東京《朝日報》，以支那改革派推劉坤一、張之洞爲領袖，此説誤也。

劉固湘軍宿將，處事持重，不騖聲華，與新進之士鋭志變法者相左。而移宫獄起，清流被禍，乃反賴其維持，漢高以厚重少文許周勃，而謂安劉氏者必在斯人，坤一殆其亞矣。

若張之洞則外托維新，而其志不過養交持寵。凡所經畫，縻帑無數，卒無一成。此或才力不逮，君子猶恕。乃自八月政變，張反倒戈新黨，凡七發密電至京，諂諛長信，無所不至。比之杜欽、谷永，蓋猶有其罪而無其功焉。其《勸學篇》一種，頗足以欺世盗名。要之外篇所説，時有可采，而内篇則皆模棱語。今乃謂其苦心籌畫，不欲與滿人立异，則爲其所欺爾。果具此心，但當頌颺祖德，教民盡忠可矣。今於周秦諸子，無不醜詆，並西漢今文學派，亦皆憤如仇敵，是其發源之地，固以孔光謹慎、胡公中庸爲正鵠。蓋新黨

① 據《臺灣日日新報》一八九九年一月二十九日，署“菿漢閣主”。

立論，大近狂狷，容有未合中行者，而駁之者則爲路粹之告孔融矣。之洞少時，頗有文譽，談者或謂可繼紀文達公。所箸《輶軒語》，以誨學童，亦中肯綮。然微言大義，則非其所聞。且聞見雜博，而不曉師法，不知家數。於經學則不能分别古今，於小學則但知校勘字句，於古文則不知别裁僞體之當斥，而純正如滌生者反不列於桐城，於駢體則混晉、宋、隋、唐於一丘，而骫骳如袁枚者，亦比肩於洪、邵，於此尚分晰不清，何論微言大義哉？原其學術，高則爲翰苑清流，下則爲應試好手而已。乃既盜文學之稱，遂抗顏以經濟自詡，而所成卒至如是。噫！紀文達吾不得而見之矣，得見畢秋帆，斯可矣。

兒玉爵帥以《帝國名勝圖》見贈，賦呈一首[①]

（一八九九年一月二十九日）

蘿圖浩渺古蛉洲，上將多情許卧游。
徐市一行知不返，羨門老亦去何求？
忽看羈紲身非故，漫捲鉛黄涕欲流。
荆棘滿塗惟怖鴿，蓬萊無路問浮鷗。

① 據《臺灣日日新報》一八九九年一月二十九日。

論學校不宜專校語言文字[1]

（一八九九年二月三日）

萬族不可以卒分，故萌動出險而輻湊乎一區，湊則相處如瘖聾，而交際之道以苦。是故爲之鞮譯舌人，以通其語言者，則交際之始事也。且夫以介葛盧之審牛鳴也，而强之爲廟犧則不可。雖有鸜鵒，不能樂韶舞於洞庭之野，彼通其語言，而未通其所以言。今之求國際通，設學者授以語言，而勿授之以所以言，是將使之終于爲葛盧鸜鵒也。教育之，則物理之分，政事之法，此所以言也。習其文者，輒勿能譯其義，非直其義，細者至於名物，亦不能宣諸其口。何者？語言文字，則小學之屬，《凡將》、《急就》之倫且足此，而小學不足以鉤深致遠，無足怪者。夫兩光相遇之爲暗，[2]兩聲相遇之爲瘖，此易知也，而事語言者或勿知，知者顧在于對譯理想之士。噫！智足以窮九域之方言、象書，而丁以察其分際，終棍放弗能辨，其進不足以措政，其退不足以彪蒙，斯噂噂者將曷爲也？或曰以□服賈，倚軺旁行而無所滯，使其身不操瓢，以從溝瘠務民德者，亦足

① 據《臺灣日日新報》一八九九年二月三日。

② "兩"，原作"雨"，據上下文義改。

矣。抑不知朝廷所以教士者，將使若是而已乎？且將使之聽斷以類，明振豪末者乎？且夫始事者，未嘗不欲□，草創濶略，□終則皆饑渴以求微言。微言之難知，非攻堅者勿能譯也。今亞東之譯西書，莫先佛經，彼言之登于九天，入於大湫，洋洋而不可届者，[①]亦莫若此矣。然檢其册籍，以千百計，而譯義勿差以銖黍者，[②]何也？自漢之末，以至唐氏，更六百年，學者轉相授受，攻鑿及于牛毛，其譯述有師法，其名物有定稱，而後善失旨爾。然寶性《功德草》之譯，留支雖精，猶爲曇鸞糾駁，今即取貝葉經以校大乘，亦庸知其無銖黍之差乎？教育之事，物理之分，政事之法，其微眇者視此矣。今使學者徒從事於口耳觚牘之閒，而勿覃思于是，吾見後生之冥冥若擿埴以求塗徑，無益也。華哉臺哉！臺哉華哉！

① 上“洋”，原作“洸”，據文義改。

② “銖”，原作“鉄”，據上下文義改。

絶　頌[①]

（一八九九年二月七日）

諂諛之美名謂之頌。古者之有頌，其注威盛德，足以高世，故受之而無所忸。且非其臣子，固莫爲言者。然大、小《雅》至百篇，而《頌》特三十一章，亦吝惜其詞矣。自尊主抑臣之論作，而諂諛取容之士以頌自效，然法家之真者，固未嘗以頌爲韙。韓非曰："鐘鼎之銘，皆華山之棋，番吾之迹也。"雖李斯之頌秦皇帝，刻石于會稽諸山者，其言猶有分際。試取《封禪》、《典引》以校李斯之文，則其夸誣翔實，爲有閒矣。夫倡法家之説者莫過韓非，竊法家之説而以文其尊主抑臣之義者，莫過李斯。然絶之者至甚，而用之者其歸美僅如是，然後知後世之爲頌，垂頭悲鳴以覬旦夕之廩禄者，特人主迫之使必出于是也。且夫有顔異反脣之誅，則憚之者不得不作《封禪》以求活。柳宗元之《貞符》，自以不牽圖讖，不舉瑞應，賢于漢人遠甚，然其爲夸詞以求貸罪，則未有以異于彼。夫人主不能迫其臣以直言極諫，而迫之使垂頭悲鳴，以覬旦夕之廩禄，則頌者乃適以

① 據《臺灣日日新報》一八九九年二月七日。

自彰其過，而非以自彰其美也。至于今世，則雖有成康之德，而《周頌》亦不得作。又非直漢唐以來夸詞之當絶也，何者？懷隨侯之珠、結緑之璧，[①]而以自衒者，其取信必不逮于市人之稱譽。古者五洲未開，文教未被，與自冠帶之國而外不過蠻夷。蠻夷之言，不足以爲法，故使蠻夷頌之，誠不若使其臣子頌之之爲得也。今者四鄰之國，皆文明矣，伐有可旌，德有可録，必無不著之豪素以頌其美者。有鄰人之頌，而臣子復自頌之，是不足于市人之稱譽，而復以其美自衒，斯則適以取疑而非以取信也。由是言之，頌之當絶，豈不信哉！

或曰：卮酒之祝，上壽之詞，情也，能絶之乎？夫祝者，驩歌祈福之言耳，與頌之名相類，而其實固殊。祈福之言，得曰祝，不得曰頌；表德之言，得曰頌，不得曰祝。祝可無絶，頌則一切當付有司燔之，使無餘燼而後已。嗚呼！彼頌君之言則已矣，今之飾小言美辭以干縣令，而覬其旦夕之廩禄者，又何其多也？

① “緑”，原誤作“録”；“璧”，原誤作“壁”。

書《原君篇》後[①]

（一八九九年二月十日）

黄太沖發民貴之義，紬官天下之旨，而曰天子之于輔相，猶縣令之于丞簿，非夐高無等，如天之不可以階級升也。輓近五洲諸大國，或立民主，或崇憲政，則一人之尊，日以騫損，而境内日治。太沖發之于二百年之前，而徵信于二百年之後，聖夫！抑予以爲，議論之于政法，猶藥之于疢疾也，趣效而已。雞雍桔梗，塲圃以爲至賤，而中其疾，則以爲上藥。自古妄人之議，常冒没以施當時，卒其所言之中，亦與太沖等者，葢未嘗絶也。予觀明武宗嘗自號總督軍務威武大將軍，兵部宣敕，雖御名不諱，傳之後世，以爲談笑。又上求之，則漢靈帝嘗納許諒、伍宕之説，謂太公《六韜》有天子將兵事，因講武平樂觀，[②]躬擐甲介馬，稱無上將軍，此事稍不章。要之，二君皆淫酗昏虐之主，佻狎自喪，替其球璽，固無不釀嘲于後世者。然輓近尚武之國，其君皆自稱提督，或受鄰國武臣官號，佩其章韍，慿然勿以爲怪，而戎事日修，則天子誠與庶官等夷矣。嗟乎！彼

① 據《臺灣日日新報》一八九九年二月十日。

② “講”，原作“購”，據文義改。

漢、明二主者，寧逆計至是哉？事之票忽而得之者，千世以後，輒與之相契合，于是知妄人之議未可非，而擧其事以釀嘲者，適咫尺之見也。昔吾友夏曾佑嘗說《易》曰：“坤之上六，龍戰于野，其血玄黄，則羅馬既亡，與七國、五季之世是已。乾之上九，曰亢龍有悔，則中國、朝鮮之君是已。其用九，曰見羣龍無首，則華盛頓民主之政是已。”夫龍戰，至亂也；無首，至盛也。而其聚散，時或相似。且化益之書，稱刑天爭帝而不克，帝乃戮之爲無首之獸，以舞干戚。是固以寓言見旨者，然其與羣龍亦相類也。無首而樂推，則曰羣龍；無首而攘奪，則曰刑天。彼其操行致功相反戾如此，而其不膠于一君，竊竊然以斗杓旋機視其上者，抑何其矩範之合也？志曰“善人不善人之師，不善人善人之資”，顧不信歟？夫妄人之所以荼生民、覆宗稷者，其行迹乃多與官天下相似，豈特以天子爲軍吏也耶！

臺灣祀鄭延平議[1]

（一八九九年二月十六日）

當明隆武、永曆之際，王師盡熸，崎嶇嶺海，而同仇之士如猬毛而集，其間以王號胙封者蓋十數，然或出于草竊亡命，既無遠略，或且挾乘輿出走，劫奪從官，焚掠廥藏，與寇盜無以異。求其忠節雄略之士，得二人焉，于前曰何中湘，于後曰鄭延平。中湘降李錦、郝永忠之卒，雜以左良玉舊部，列十三鎮，處洞庭南北，然未嘗取其梟健以爲爪牙，勢涣莫統，内鬩于墻，卒有湘潭之敗。節制之道，葢未盡也。

延平規模閎遠，其士卒又素習，傾側擾攘閩海之閒，形勢局促，與中原相隔越，然猶泝洄大江，拔皖南數十縣，合圍金陵，扼其會咽，雖恃勝師老，南都不舉，其撻伐之威亦燀矣。天假之年，而糾合義旅，以圖進取，以王之材武，臺灣雖小，亦足用也。惜乎中道夭喪，復失蒼水，替其輔夾。嗣王窘世，僅蹙蹙守邊幅，然明氏支庶，依以自全者幾二十年，衣履弗改，共和弗革，抑豈非王之遺烈歟？

---

① 據《臺灣日日新報》一八九九年二月十六日。

昔漢祚既易，或謂吴王宜稱上將軍九州伯，吴勿納，卒建黄武之號，而孫盛惜之，以使權固秉臣節，世稱漢將，豈不義悲六合，仁感百世也耶？延平當永曆之亡，猶奉其年號，握璽勿墜，未嘗以島國之主自與。嗚呼！其賢于吴也遠矣。臺灣南北，故王所蓄，番攘剔于，義宜祁然。自克塽之降，改葬南安，表墓之典，蓋弗可及矣。寢廟之設，乃閒見于臺南，里社祠礿，[①]農牧奔走，不足以稱盛德。愚以政府宜爲建祠，立之主祏，無爲偶像，使有司主其祭，以章志節雄略之士，及因國之無主后者。謹議。

---

① “礿”，原作“杓”，據文義改。

摘《楞嚴經》不合物理學兩條

一[1]

（一八九九年二月十九日）

窮萬物之性質，辨人天之境界，[2]與哲學相出入者，蓋莫尚於佛經。然專崇理想而未憑實驗，故亦有違悟之義錯出其閒，因是以論身心，而毫釐之差，繆千里者有之矣。[3]余於《楞嚴》，蓋夙所耽説，以爲惠施雄辯之流也，及參以物理，乃知其有未惬事情者，因摘正如左云。

"阿難！汝更聽此祇陀園中，食辨擊鼓，衆集撞鐘，鐘鼓音聲，前後相續，於意云何？此等爲是聲來耳邊，耳往聲處？阿難！若復此聲來於耳邊，如我乞食室羅筏城，在祇陀林，則無有我。此聲必來阿難耳處，目連、迦葉應不俱聞，何況其中一千二百五十沙門，一聞鐘聲，同來食處，若復汝耳往彼聲邊，如我歸住祇陀林中，在室羅城，則無有我。汝聞鼓聲，其耳已往擊鼓之處，鐘聲齊出，應不俱

---

① 據《臺灣日日新報》一八九九年二月十九日。

② "辨"，原作"辦"，據文義改。

③ "繆"，原作"僇"，據文義改。

聞,何況其中象馬牛羊,種種音響?若無來往,亦復無聞,是故當知聽與音聲,俱無處所,即聽與聲二處虛妄,本非因緣,非自然性。”

據聲學理,物動發聲,則盪擊空氣之質點,層層推行,如水生浪而遞傳至耳,其空氣撞擊,耳底之膜震動,而傳于腦筋,以入腦髓,乃覺有聲。然較發聲之時必稍遲,蓋空氣傳浪,冰界則每秒行一千零九十二尺;若專在輕氣中,則每秒行四千一百六十四尺;若專在炭、養二氣中,則每秒行八百五十八尺,其遲速之限如此。然地球以上,氣皆相襍,無純淨者,故終以空氣行一千零九十二尺爲準。此非耳往聲處,亦非聲來耳邊,乃聲浪遞傳而至耳邊。所以目連、伽葉亦俱聞者,緣空氣之被撞擊,猶拋物入水,水遇物而成浪,則圓界四周,成暈相等。空氣被擊而傳浪,其浪在圓界中,亦均匀傍布,無有差池。故在圓界者,其耳膜各被震動而成聲。釋迦但知聲之前來,不知浪來而聲未來,故疑一聲祇能入一人之耳,而不能入衆人之耳也。凡多聲連續,耳受之,則覺和而成節,若哆聲襍動,則聲浪亂傳,而耳膜之受震不匀,遂爲亂聲,然其界限自若,其能聞亦自若也。釋迦知亂聲之不成節奏,而不知浪之能並傳,故疑鐘鼓齊出,應不俱聞也。

二①

(一八九九年二月二十一日)

“阿難!譬如有人,取頻伽瓶,塞其兩孔,滿中擎空,千里遠行,

① 據《臺灣日日新報》一八九九年二月二十一日。

用餉他國。識陰當知，亦復如是。阿難！如是虛空，非彼方來，非此於入，如是阿難。[①]若彼方來，則本瓶中既貯空去，於本瓶地應少虛空。若此方入，開孔倒瓶，應見空出。是故當知，識陰虛妄，本非因緣，非自然性。"

自地以上，滿布空氣，佛家知有地、水、火、風四大，而風即空氣所盪，乃尚認地上爲真空，何歟？塞瓶兩孔，其中已有空氣，就塞瓶處，其空氣未嘗不有欠缺，而他處空氣復來補之，故不覺其少。然使終不開孔，則自瓶以外，其空氣必少。恒河沙數中之一阿耨，但微眇難覺而已。開時空氣之出，亦人目所不見，然封塞極密，開必有聲，此即空氣之爆裂也。必以法提成真空，然後倒瓶不出耳。然則于此塞孔，空氣即于此入；于彼開孔，空氣即于彼出。若言真空，則不施人力，實無此地。牟尼言此，亦通人之蔽也。然其説理精鑿，豁然确斯者，固非諸書所能及。如云"目有赤眚，[②]夜見燈光，別有圓影，五彩重疊，於意云何？""此若燈色則非眚人何不同見，而此圓影惟眚之觀，若是見色，見已成色，則彼眚人見圓影者，名爲何等"。又云"以清淨目觀晴明空，惟一有虛迴無所有，其人無故不動目睛，瞪以發勞，則於虛空別見狂華，復有一切狂亂非相，色陰當知亦復如是"。

準光學理，以小紅圓置白紙上，視之良久，即見紅圓外周有緑色之圈環之，若去其小紅圓而仍視此處之白紙，即于此處見正緑色，因紅色、緑色爲交互色，而人目又有球形差，故筋網上紅色形像

---

① "如"，原脱，據《楞嚴經》補。

② "眚"，原作"責"，據《楞嚴經》改。本篇下同。

之外,尚有紅光,因久視則減覺紅色之功用,故形像外之紅光圈變爲交互色之緑光圈,及去此小紅圓,則惟見正緑矣。此即瞪勞見狂華之説,亦即眚人見圓影之説。眚人之目與瞪勞者大同,故常人未見而眚人先見也。此則釋迦早知光浪,似已高出柰端,信乎耶蘇、穆罕默德諸子不足當其芥子也。

非島屬美利害論[①]

（一八九九年三月五日）

世以非律賓群島之屬美爲有害於亞東者，余嘗笑之。夫以西班牙之分崩潰決，勢如魚爛，不可爲全鱗，縱非有古巴之釁，而吕宋亦歸於他人。曩令法人以其保暹羅、亡越南之餘力，蠶食斯土，然則連衡之俄，其力可奡於赤道，是夾溝而庮我也。使其屬英，英於亞東誠久要無負矣。全牛之體，肥碩無朋，則角之所以抵觸者益厲。吾寧求其瘠，而不欲益其肥，非謂其爲俄、法之續也。獨雄於東南洋，則亞人亦爲其廝役而已矣。今夫美則自以爲萬邦之司直也，非直美自言，五洲各國亦以美爲萬邦之司直也。今顧背其素義，而以兵力播及於東半球，其地則益，其望則損矣。

雖然，美故以商立國，與亞東相親昵，雖有一疵，非耽耽然欲爲熊羆之攫人者，横於一嶋，而未欲爲禍於雪山以東也。三年以往，有檀香山之役矣，島中之黄髮齔齒，志各異向，一則欲西騖而趨日本，一則欲東騖而趨美利加，先發制人，卒爲美有，□□□□，未嘗

① 據《臺灣日日新報》一八九九年三月五日。

有一矢之事。由是言之，美雖得地，寧以佳兵爲志者哉？且既得地而守之，則士卒不可以不訓練，船械不可以不攻堅，饋饟不可以不給足，其必增於曏之海軍三萬人也，又可知矣。彼其改圖，進未能爲害於亞東，而退乃可助亞東以爲御侮。是何也？今之道合從者，必言中、東、英、美，而美無軍港於亞東，則急難未足以相救。今以非島爲屯墾之地，若握彈丸，有事則舒掌而縱送之，吾見其有益於亞東，而未見其有害也。

難者曰："美故非崇武，今雖增兵，亦足以守邊幅耳，不爲害則已，其奚能爲益乎？"曰：夫虎豹在山，則藜藿爲之不采矣；烈□晝作，則千人爲之慴氣矣。故相援之國，稍增其勢，則吾氣愈盛，而敵人愈有所憚，雖虛中如康瓠，猶足以爲益也。曩者阻割遼東，恃獨俄之兵力足以及黃海耳，德、法則恫疑虛獨而勢固不相及也。然俄人得德、法以爲援，而遂足以自行其志，譬之火之燒積薪者，其炎上薄，則雲霓蝃蝀，皆足以益其光矣。雲霓蝃蝀，非能助火以燔爇也，而人之慴於火者，見之而氣益靡，彼美之爲益於亞東，寧異是乎？夫相度形勢者，不於咫壤尺土之得失，而以合群之勢爲重輕，淺夫終於是局促繩墨，顧無所睹於域外。彼以美割非島爲有害者，其亦滯於咫壤尺土之見歟？

論醫師不宜休息[①]

（一八九九年三月八日）

昔法之工役苛暴掊克，拏坡侖于是乎倡禮拜休息之議。其休息者，固爲傭保力作之屬，而非以爲士大夫也。人之生也，惡勤動而好愉樂，則其風遂施及乎藝術、文學之士。當今之世，耽于鐘鼓游觀之樂，誠不能使人人爲大禹、墨翟，日夜重趼而不舍也。且一名之息，其爲得失也輕，則放任之而已。余獨以醫師爲不宜休息者，疢疾之時作，緩之一瞚，則深入骨髓而不可拯。炎瘴之地，癘疫不戒，其爲變也尤速，迎而得醫師，則猶溺者之獲匏矣，迎而失之，則猶枯魚之無沫矣。曩令扁鵲之入號遲以數刻，而莫爲治其三陽五會者，則尸厥者遂長往也。且夫休息者，亦視其事之緩急而已。今制度繩墨雖大同，要自有出其外者。自其大者言，輪艦出港矣，具于中途不日今日禮拜而遂止者，勢固不可止也。自其細者言，竈下之養力役之至勞也，然不得以禮拜休息者，豈不曰一日不爨，則人有噱飢也哉？夫醫事之急，豈獨救飢爾乎？丸以陷胸，液以抵

① 據《臺灣日日新報》一八九九年三月八日。

當,其於以濟急,葢無以異于入海而禦波濤也。苟擬以二事而方其緩急,則醫之不宜休息也章矣。然則上之設院者,必重其廩,而下之求治者,必厚其糈以庚償其勞也。斯亦勿可以已者也。

客帝論[①]

（一八九九年三月十二日）

自古以用異國之材爲客卿，而今始有客帝。客帝者何也？曰：如滿州之主支那是也。夫整軍之□，司税之吏，一切假客卿于歐美，則以雞林靺鞨之賓旅而爲客帝于中國也何損？知是而逐滿之論殆可以息矣。抑夫客卿者，有用之者也，客帝者，孰爲之主而與之璽紱者乎？北辰太微，不司其勳；岱山梁父，不載其德。盜沃土于支那，而食其賦税，既無主矣，而客于何有？曰已矣，勿言之矣。《雲門》之均，勿可以入里耳矣。必若言之，吾則曰：支那之共主，自漢以來二千餘年，而未嘗易其姓也。昔者春秋以元統天，而以春王爲文王，孰謂？則孔舒元以爲仲尼是已。歐洲紀年以耶蘇，衞藏紀年以釋迦，而教皇與達賴剌麻者，[②]皆嘗爲其共主。支那之共主，非仲尼之世胄，則誰乎？梅福之訟工章也，見新室盜漢之朕而塞之也。及王章不可訟，而上紹殷之議，其指歸則以聖庶奪嫡爲臬，是何忘漢之社稷，而爲此濶疏之計耶？夫固曰素王不絶，黑緑

① 據《臺灣日日新報》一八九九年三月十二日。

② “達”，原誤作“違”。

之德不弛，[①]則支那之域，[②]亘千百世而有共主。若夫攝斧扆、掌圖籍者，[③]新乎？漢乎？則猶鸛雀蚊虻之相過乎前而已矣。由福之説，苟言大同，必求可恃者，而後君之，則君固在乎會推，而不得世及矣。若猶是世及也，冠冕未裂，水土未堙，則支那之共主國，必在乎曲阜之小邑，而二千年之以帝王自□者，特猶周之桓、文，日本之霸府也。苟如是，則主其賞罰，而不得竊其名位。支那有主，則爲霸府于豐鎬、北平者，漢乎？滿乎？亦猶鸛雀蚊虻之相過乎前而已矣。苟攝之者不得其指，而自以鎮撫一國，若天之有釋提桓因，斯猶大夫之臚岱，其罪不赦。此漢、魏之所以爲亢龍絶氣，而客帝之所以愈迫民以攘逐也。難者曰：今之衍聖公，其□則五等，其册封則必于京室。今倒植其分，霸其封之者，而□其受之者，其可乎？曰：已矣，勿言之矣。吾固曰《雲門》之均，勿可以入里耳矣。《繁露》有言，天子不臣二代之後，而同時稱王者三。是則杞、宋之在周世，其名則公，其實則王也。夫以勝國之餘孽，不立其圖法，不用其官守，而猶通三統而王之，況朝野皆奉其憲，以綱紀品庶者歟？名曰衍聖公，其實泰皇也。若夫錫命之典，自漢之封紹嘉，以至於今，更十七姓七十有餘主，而不能以意廢黜之。夫非一代之主所得廢黜者，則亦非一代之主所得册封也。雖無册封於孔氏之位，何損其册封者？驕王媚臣之自爲僭濫，亦猶乾隆之世，英吉利嘗一通聘，而遽書之以爲入貢之藩也。且昔者成周之末，王赧已虜，而東周特

---

① “緑”，原誤作“絲”。

② “域”，原作“城”，據文義改。

③ “扆”，原作“展”。

畿内之侯耳。其于七國之王，爵位固不相若，亦奉事貢獻惟謹，且聽其黜陟焉。宋氏之於金元，亦嘗至乎稱臣稱姪矣，然而言神州之王統者，終不以彼而奪此。苟以是爲比，則衍聖當帝，而人主之當比于桓、文、霸府也，其可議哉？不然，使漢人之帝漢也，則幸猶有寄生之君矣。彼瀛國之既俘永曆，魯監國之既墜，而支那曠數百年而無君也，如之何其可也？

臺北旅舘書懷寄呈南海先生[1]

（一八九九年三月十二日）

一讀登樓賦，悠然吾土思。回頭憶疇昔，搔首愈躇踟。早歲横江漢，談經侍不其。清言凌白馬，壯志抗黄羲。忽展《埼亭集》，逾驚秀楚詞。帝秦終蹈海，訪武尚《明夷》。石隱優游日，天王明聖時。操刀期必割，淪鼎待重掎。鶡换雕題服，蚪登隱背枝。《唐書·李泌傳》：泌嘗取松樛枝以隱背後，得如龍形者，因以獻帝，四方爭效之。佩緺延茂士，賜玦愧遺黎。老淚長門擲，深情故劒知。漂山成衆煦，建旐倡羣疑。《漢書·雋不疑傳》：有男子建黄旐，自謂衛太子。已慟堯臺錮，那堪嵇竈傒。有行黔墨突，無涕弔湘纍。沙麓精靈在，《漢書·元后傳》：莽詔楊雄誄曰：[2]太陰之精，沙麓之靈。蓬瀛風鶴危。飛丸窺趙壹，問卜警爰絲。蹈火心非悔，盍簪涂又歧。東洲花樹迴，南國羽書遲。斗轉空憑眺，河清動夙悲！千年仲宣恨，荼苦亟如飴。

---

① 據《清議報》第八册，一八九九年三月十二日（光緒二十五年二月初一日）出版。

② “莽”，原作“恭”，據《漢書》卷九十八改。

三門割屬意國論[①]

（一八九九年三月十九日）

三門山者，在浙江甯海縣海中，南拒林門，北連南田，南田亦曰大佛頭山，明魯王時，浙東義旅常依此爲固，海舶北行，必經三門、南田循石浦而後至鎮海，故三門者，亦浙海南道之蔽也。[②]意大利以歐洲二等之國，聘幣往來，故無釁隙，忽以兵艦迫割斯地，凡吾支那種族，固無不蹶張裂眥者，而章子獨以瓦石視之。

夫非如葡萄牙之割澳門，言者以爲海濱孤島，拼之不足爲重輕也。今中國所視以爲雄虺破鏡者，北有俄羅斯，而南有法蘭西耳。俄之權不足以及江、浙、閩、粤，而法實左右之，其相倚依也，若蝨距。法以四明會館之釁，銜骨于明人，北不得志于上海，則南將有甯波之警。苟得彈丸黑子之地于寧波，則其權匪直横交粤，而將北漸于浙海。雷霆所擊，無不摧折，萬鈞所壓，無不摩碎。若是，則吴越之閒，未得緩帶而處也。今夫意大利與法人則世仇也，自拏破侖第一嘗犂埽其壤，屏屋其社，後雖恢復，累世而不得息，至撒丁王

① 據《臺灣日日新報》一八九九年三月十九日。

② “浙”，原誤作“淛”。本篇下類此者徑改。

出，而後全國爲一統。挐破侖第三敗而後羅馬俯首于政府，是其于法人也，則貿首可矣。處歐洲中央之地，常懼俄人之出黑海而與德、奥合從以斷其航路，其盟已於今未替，則其于朔方之國，又相甚如仇讎焉。夫北則側目于俄，而南則含怒于法，今于臺明之間，乃將一三門山以爲藩地，是必能夭遏法權而使之不得北漸于甯波也明矣。是故英人贊之，而俄人出死力以阻之。俄之阻，非助中國也，將以伸法人之權于浙海。英之贊自爲其利權，亦非助中國也，而中國未嘗不被其利。是故觀英、俄之一阻一贊，而吾之當割與否可知也。

且使俄人而不阻，則猶可緩割爾，今俄人既出而阻其成矣，我聽其議，則彼内伸高盧之權于浙海，而外反示德色于我，其所以求償者，豈直三門山之比哉？故莫若陽從俄謀，而陰聽意人之請，所請既成，①則俄人以不得伸權爲大恥，而意人亦有喜賂怒頑之念。若是，則英、意之與俄、法，其憤嫉忿深，其扞禦愈力，而後江、浙、閩、粤之海可澹也，孰與秉得失於彈丸黑子，而使瞵睨其旁者，反得逞妄于他日乎？故曰三門山者，吾以瓦石視之也。

① 上二"請"字，原作"清"，據文義改。

究移植論[①]

（一八九九年四月二日）

桀亡于湯，而淳維入匈奴；秦亡于楚，而弓月入日本。使黄種不幸被逼迫，則遁逃伏竄者，何地之依？薛叔耘揣之曰："澳洲之域，今華人居者户口數十萬，他日移種，必王于斯土。"夫南洋羣島，與中國傅近若肘腋，[②]輪艦所抵，或昧爽而發，見星而達，任力役于是者以兆計，叔耘皆無取，顧獨有取于大[illegible]之澳洲者，何也？豈不曰赤道之下，其氣暍暑，其地輕脆，其人呰窳，處沃土而與不材之民居者，必不可以爲善國。惟澳州則見南極之出，地同爲温帶，天氣發斂，與北緯不異，故意移植者之必在于是也。

章子曰：苟如是，則猶西班牙之分國于巴西，今西日瘠弱，而巴西乃與美利加等大，是其比類也，則猶大鵬之生於桃蟲也。雖然，叔耘不取于三隅而獨取于南服者，則以爲避俄而已矣。然則祕魯、

---

① 據《臺灣日日新報》一八九九年四月二日。又發表於《五洲時事彙報》第三册，更題爲《論黄種之將來》，一八九九年十月十四日（光緒二十五年九月初十日）出版。

② "傅"，原作"傳"，據文義改。

墨西哥諸國，其在西半球，亦居南部，而爲屏蔽。其政令條教，葢畔喭無可觀者。安知黄種移植之不在于彼也？今大地之言曰，白人必勝黄，若祕、墨諸國者，其法令未立，其巫蠱禁祝之風未去，與紅人襍糅而成其污俗，非直絀于齊州，①亦不逮阿富汗矣。雖然，觀于草昧，則歐亞二洲，近不過六千年，而秘魯乃有五萬年之文物，然則賢劫之初啓，于吾東半球方爲羸蛤海苔之世，而彼乃先進而爲文明也。且夫文明，則必有復故之日矣。今其浸微浸昧而相聚以入幽谷者，白人弗能化也。密雲不雨，濁河不澄，變祕、墨之風而反之泰清者，又安知其不在黄人之移植者也？

難者曰："天下有遁逃伏竄而能撫有他人之國者乎?"曰：含血之倫，必有精鋭之氣；精鋭之氣，蟄伏于胸中，若水之有隱熱，非淬之厲之，磨之濯之，則不足以發。故自古常有亡國敗家，而其人材什倍于平世者。飛廉之遁逃伏竄于霍太山，而《小戎》之詩繼之以作，其子孫遂足以覆六雄。帖木兒之遁逃伏竄于撒馬爾罕，而能北入俄羅斯，南屠印度，西滅土耳其。殷之遺孽，元之遺孽，其驍健足以有爲也如此，而況上哲哉？是故黄種之移植，其或在澳洲與或在祕魯、墨西哥，未可知也。其移植之必在于南部，則既可知也。天地之道，日困而還，②月盈而匡。田鼠之上騰，或爲飛駕；積灰廢炭之在原野，或足以生蠅蚋。盛衰文野之限，固無有一成而不可變者。是故聖人盡其陽節，守其陰節，順民之所爲，而降命于山川以殺大地。

---

① "齊"，原作"齋"。

② "困"，原作"中"，據《國語・越語》改。

失機論[①]

（一八九九年四月五日）

嗚呼！以支那今日之制于滿洲，益之以盜臣擁五軍以自衛，四鄰勿能討，草澤勿能起，爲督撫者其遂無意乎？說者以爲今日之練軍，疲苶呰窳，難以效用，非有寇盜，則必不肯發。乃觀于荊州械鬭之役，則漢人之忿駐防也實甚。使武昌有賢帥，因民勿忍，挾兵西上，以問罪于駐防，焚其子城，誅其將軍，然後振凱江漢，改朔易服，以逐滿自任，是亦可謂良機矣。

夫練軍雖不足以禦外寇，而以之屠執冰之駐防，則固綽然其有餘裕。惜乎吾大夫張公者，亦疲苶呰窳之徒也。吾嘗謂曾文正之克金陵也，豪俊之士，襍沓雲合，龍驤虎步，高下在心，不以此時建號金陵，而俛首下心以事辮髮之孱胡，其昧于大義，而爲中國遺無窮之患也亦甚矣。或謂是時西有駱文忠，南有左文襄，各擁旄節，皆非肯相附者。然文襄與官文貿首之仇也，使曾公于佛爾圖春許奏之頃，激厲將士，西出惜黄以討官文之罪，則文襄不待移檄而自

① 據《臺灣日日新報》一八九九年四月五日。

附爾。駱公雖賢，固倚文襄爲左右手，文襄苟附，駱公將焉往？失此良機，而甘以通侯宰相臣僕異類。嗚呼！曾靜一匹夫耳，猶志在蹈海，不欲爲滿洲民庶，如文正者，其亦愧于宗族之賢哉？

蓋自康熙以來，李光地、張廷玉之徒，以經史文學羈縻士人，士人之嘗其餌者，惟以模稜兩可之學自溺，苟得利禄，亡廉喪恥而無所顧。故其上者，忠君之忿重而愛國之情輕；其下者，保寵之願深而立名之志淺。使今日天下皆曾文正，猶伈伈俔俔，不足以復漢唐之舊宇，而況疲苶呰窳若張公者乎？斯古之論世者，所以歎息于傅燮、皇甫嵩也。①

① "燮"，原誤作"變"。

東方格致[①]

（一八九九年四月六日）

輓近説者或謂泰西格致之學，皆出東方，葢自張自牧《瀛海論》剏之。彼于希臘、巴比倫之説，未嘗目覩，而以此張大其詞，矯誣實甚。且所引《亢倉子》等，半屬僞書，不足以爲左證。余以閉門造車，出則合轍，見有冥符，而學非親授。觀夫歐几里氏生丁周末，《幾何原本》已爲算學大宗，斯亦孰授之者？而惠施仕梁，其時代亦相先後，存雄之辯，見于《莊子》，人第以名家繳繞目之，乃其根極理要，實與《幾何》之學相符。聲光電化，亦有玄契。往者利、艾初東，李之藻譯其《名理探》一書，余嘗見之，堅白同異，不盡可燎。要之，知此則無誚于臧三牙矣。近人劉嶽昭者，嘗以管、墨諸子推衍格致，而不及惠氏，余甚恨之。因取其見于《天下》篇者，就爲疏證，略如左方。

麻物之意曰。〇《釋文》："麻，古歷字，本亦作歷。"是也。其言分別歷説之，則非也。《郊特牲》"然後簡其車賦，而歷其卒伍"，注：

① 據《臺灣日日新報》一八九九年四月六日至四月二十五日。

“簡歷，謂算具陳列之也。”《漢書・司馬相如傳》“於是歷吉日以齋戒”，張揖曰：“歷，猶算也。”本書《齊物論》曰：“一與言爲二，二與一爲三，自此以往，巧歷不能得，而況其凡乎？”巧歷，亦謂巧算也。然則歷物之意，即算物之意也。僅言其意，則與《幾何》同旨，致用如《九章》，則末之道矣。

至大無外，謂之大一；至小無内，謂之小一。○點線面體，各以形殊，然點即小體，體即大點，其爲一，均也。《幾何》以點爲小極，體爲大極，即此義。體大者，如空氣，愈高愈薄，至不及一羊毛上塵，亦終不可盡，如不絶根，是爲無外。點小者如原質，以化學法分之，終不可破，是爲無内。

無厚，不可積也，其大千里。○司馬云：“物言形爲有，形之外爲無。無形與有，相爲表裏，故形物之厚，盡於無厚，無厚與有，同一體也。其有厚大者，[①]其無厚亦大。高因廣立，有因無積，則其可積因不可積者，苟其可積，何但千里乎？”麟按：此説極確，試以方圓言，兩者各相函也，于圓界作切線爲方形，方在圓外，則圓爲有，而圓界外所截皆無矣。于圓徑作對角，凡四斜線而成方形，方在圓内，則方爲有，而方邊外所截皆無矣。然圓界方邊，無論幾何，其外所截，從其内而爲大小，故曰：其有厚大者，其無厚亦大。推之無窮數，其若率一，豈但千里哉？凡三角觚棱諸等邊形，無論大小，其本形與虚線皆有定率，理並放此。

天與地卑，山與澤平。○卑借爲比，《書・無逸》“文王卑服”，

---

① “其”原衍一“有”字，據下文删。

馬本"卑"作"俾"。《樂記》"克順克俾",今《詩》"俾"作"比"。是卑、俾、比三通,《荀子·不苟篇》正作"天地比"。楊注謂齊等也,亦是。天與地,非真齊也,圓球一大一小,度數相合,人南北行,則南北極從之高下,是曰比也。山與澤非直平也,其在地面,一坳一突,薄若橘皮,本無足數。且山高至十七里止,海亦深至十七里止。對面有火山,則本處海底必深,所謂川竭而谷虚,邱夷而淵實也。是山之突,澤之坳,相抵則均,是曰平也。

日方中方睨,物方生方死。○小亞細亞等處日中,太平洋日睨,東半球之晝,西半球之夜,故曰日方中方睨也。金石動植,無時不有進步,即無時不有變種,扯拉草子之形,今昔迥異,[1]何但朝菌日及哉?故曰物方生方死也。

大同而與小同異,此之謂小同異;萬物畢同畢異,此之謂大同異。○大同者,十百千萬億兆也;小同者,諸式方也。開平方則百萬兆可得根,而十千億爲幻根;開立方則千兆可得根,而十百萬億爲幻根,是爲大同與小同異。線一乘方而扁爲面,二乘方而高爲體,三乘方而長則反爲線矣,四乘方復扁爲面,五乘方復高爲體,六乘方復長爲線,自此以至無窮,循環不已。閒三則同式不論次之多少也,故開方同式則畢同,異式則畢異,是爲萬物畢同畢異。

南方無窮而有窮。○地球圓形,雖赤道橢于兩極,可勿論也。然此不言東西而獨言南方者,何耶?海船往來東西,則如環無端,南北圓線,亦周帀無窮,而不能絶冰海而來往。是無窮而有窮矣。

---

① "迥",原作"廻",據文義改。

今日適越而昔來。○東西距百八十度，則此方日加午，彼方日加子，一以爲朔日，一以爲晦日矣。設能迅行如電氣，自此至彼，纔數小時，則至者以爲朔，而主人方以爲晦也。是爲今日適越而昔來。

連環可解也。○凡形圓而相錯者，皆曰連環。設兩擺線，其圓界軌道相交，是連環也，而未嘗不可解也。

我知天下之中央，燕之北、越之南是也。○司馬謂天下無方，所在爲中，固是通論，惟未言其理耳。夫地面本不能得全球之中，地之中必在輻線所湊之一點，此距地面尚萬四千餘里。人既不能至金輪重心，則所立處何一得爲中央？若必加以矯稱，而强以春秋分線爲中，則燕北越南，亦何以異此乎？

汜愛萬物，天地一體也。○地水火風，本以頑然一物，散爲各點，即既成人形後，血中炭質，何異草木？鐵不在冶，磷不發火，土性鹽類，不以洗濯，然其質固一也。物何一非原質所成，原質又何一非移達所化，欲不謂之一體，得乎？

附辯者與惠施相應光學三條

目不見。○司馬云："水中視魚，必先見水；光中視物，必先見光。魚之濡鱗非曝鱗，異於曝鱗，則視濡也。光之曜形，異於不曜，即視見於曜形，非見形也。目不夜見非暗，晝見非明，有假也，所以見者明也。目不假光而後明，無以見光，故目之于物，未嘗有見也。"麟按：司馬説極是，人目如透光鏡，若審視一物，其物形必收聚于筋網，是即物上各點光影聚於筋網上一點也。且兩物離目有遠近，則不能同時于筋網上成像，故于目前懸紗簾，稍遠置字一幅，目視紗簾即不能見字,目視字即不能見紗簾。而物上有光,則光與物能兩見,是非物影藉光以聚于筋網乎?然必謂目不見,亦名家鈲析過當語,實則當曰見非目亦非非目。

飛鳥之景,未嘗動也。○司馬云:“鳥之蔽光,猶魚之蔽水,魚動蔽水而水不動,鳥動影生,影生光亡。亡非往,生非來,墨子曰:影不徙也。”按:光順直線而行,故阻光之質能成影,質動而影不動也。

鏃矢之疾而有不行不止之時○行止相反,無中立之理,此非光學無以解之。葢目能暫留光點,故以光點旋轉成規視之,則成一大光圈,而不見質點之離移。試以速率極大乎礮彈於暗空中打過,忽發電光,即見礮彈在空中,若有不動之狀,此即鏃矢之説也。夫礮彈、鏃矢實動,而人視之若不動,謂之行則與人目有違,謂之止則與真體相舛,故曰不行不止也。

淮南王書向列雜家,故九流異言,莫不采摭,神仙方技,亦或閒見。其書深明格致,而不同《抱朴》之矯誣。萬畢術一種今已淪亡,唐宋類書時有稱引。要之,犂靬幻人吞刀吐火之技,亦雜糅其中。意者八公著作,多得異聞,且既私交南越,則波斯、印度諸書,或有自海舶流入者歟?今世所見完書,惟《鴻烈》二十篇。許、高兩注,亦難區别。爰就其中精研物理之語,摘舉數條,以泰西新義爲之證明。若乃黄埃白澒,足傳化學;掇芥引鐵,斯徵電氣,昔人已言,無爲疣贅,概從刊落,惟取已意云爾。

《俶真訓》:“夫秋豪之末,淪於無閒,而復歸於大矣。蘆符之厚,通於無壄,而復反於敦龐。若夫無秋豪之微,蘆符之厚,四達無境,通於無圻,而莫之要御夭遏者。其襲微重妙,挺挏萬物,揣丸變化,天地之閒,何足以論之?”〇此尋求原質也。原質六十餘種,由散點所成,而此點未散之先果爲何物,則有阿屯之説。阿屯者,其小無内之稱也。夫以至精之顯微鏡窺物,則一分之質可視如三百丈,是雖纖微之至,而可放大三十萬倍。然猶未能見阿屯也,其小豈復可比擬哉?或言以阿屯一分寸分爲五千萬分,可得阿屯之大小。蓋亦懸揣而已。阿屯亦有二質,其點最相切者爲實質,光不能透入;其點稍疏者爲流質,光略能透入。阿屯之内,若相隔遠者爲氣質,日光透入,内外澄澈,故萬物中阿屯常動,惟遲速不同取。雖金鐵頑質,塊然永靜,然其中各點,無一刻不憧憧擾擾也。若近火熱,則阿屯之動加速,可成流質,如冰化水。然儻再加以火熱,則動更速而成氣質,如水化氣。然氣行之最緩者爲紅光以脱之氣,每一秒時動至四百五十八兆兆次。以脱者何?蓋空氣在海面則濃,在高山則淡,故輕氣球升至十三四里而人已斃矣。再高距地球一百里外,即爲以脱氣,其氣更淡,而與七行星世界相通。黄光以脱一秒時動五百三十五兆兆次,青光以脱一秒時動六百三十二兆兆次,紫光以脱一秒時動七百二十七兆兆次,欲量其遲遠,可用突面鏡置于平面玻璃上,其鏡當中與玻璃緊相接處,則爲蝕七色之黑光,其外各層,即有五色相閒,推算以脱氣浪動宕之數多寡,可由此而知。且以脱之氣尤淡,玻璃雖屬實質,其阿屯不能隔以脱之氣使之不透光也,如《淮南》言,豪末、蘆苻,喻原質也,無秋豪之微,蘆苻之厚,四達無境,①通於無圻,喻阿屯與以脱也。凡原質以同類相合,積小

① “達”,原作“違”,據文義改。

成鉅者，若磺氣凝結爲磺是；以異類相合成物者，如輕氣一養氣八成水，石精養氣成石灰是。原質質點極小，故喻以豪末、蘆苻，至成物則極大，故曰復歸於大，復反於敦龐。至於阿屯，則更由原質而求，原其小無内，故曰無秋豪之微，蘆苻之原也。原質六十四，復求其原則爲阿屯，而空氣中養氣、淡氣、炭氣等亦皆原質之一，然則以脱爲空氣之尤淡者，較淡氣尤淡焉，是雖不得比于阿屯爲原質之原，而亦原質中之至小者也，故亦以無秋豪之微、蘆苻之厚喻之。以脱通七行星世界，是謂四達無境，通于無圻也。雖玻璃實質，其阿屯不能隔以脱使不透光，所謂莫之要御夭遏也。然則無秋豪之微，蘆苻之厚，兼阿屯以脱言也。四達無境云云，專就以脱言也。本篇上文云“有未始，有有始者，天氣始下，地氣始上，陰陽錯合，相與優游競暢于宇宙之間”，欲與物接而未成兆朕，此原質中之空氣也。空氣在地極厚，層層遞減，至一百五十里而極薄。凡地以上，皆得言天，空氣有吸力，故使天氣下亦有倒壓力，故使地氣上也。又云“有未始，有夫未始有有始者，天含和而未降，地懷氣而不揚，虚無寂寞，蕭條霄霓，無有仿佛氣遂而大通冥冥者也”，此阿屯也。《天文訓》云“太始生虚霩，虚霩生宇宙，宇宙生氣，氣有涯垠”，此以脱也。以脱可以言無窮，然通于行星，仍不能出吾人所戴之太陽之外，是亦有窮盡也。故曰氣有涯垠。

《天文訓》：“清陽者薄靡而爲天，重濁者凝滯而爲地。清妙之合專易，重濁之凝竭難，故天先成而地後定。”〇按：天地本非對待，而自人言之，戴高履厚，則爲對待之稱矣。氣益下益厚，益高益薄，故曰：清陽者薄靡爲天，重濁者凝滯爲地。至于地體成形，實非俄頃可致，以地學家之説破上帝七日造成世界之妄，則此所謂地後定者是已。蓋自太虚散點積爲火球，屢次迸裂，乃成今之形體，地學家以三十九期分之，其期猶佛家所謂小劫，皆視其磐石而定。磐石各有層絫，一爲火奮石，二爲黄硬石，此二者，爲第一磐石層。再上爲斑文石，再上爲青礞石，再上爲化形石，再上爲舊紅沙石，再上爲灰石層，再上爲煤層，旁亦有鐵，再上爲新紅沙石，此爲第二磐石層。再上爲蚕形層，再上爲白粉層，再上爲下新層，再上爲中新層，再上爲上新層，此爲第三磐石層。三者之序，非本然也。地球崩裂數次，高者下沈，下者上奮，顛倒錯亂，有由最下層崛起爲山巔磐石者，而其形皆斜倚而不直，其二等三等亦斜倚而附之，其最高者爲第一磐石類，其次爲第二類，其次爲第三類，再次則爲新泥，由雨沖磐石消磨而出。新泥亦分二等，一爲水不能化者，一爲水能化者，水能化者爲鹽、爲石膏、爲土朴硝、爲洋朴硝、爲鈣緑二，爲鎂緑二，爲鉀、爲礁、爲新灰石、爲堅石，爲燐，凡十一種。經雨則化，其氣由植物根本而上升，水不能化者，爲沙，爲埴土，爲碎雲石，亦有鐵鏞及燐。三磐石二新泥既具，而後爲今日之世界。其經崩裂，不知幾千萬年，是則所謂地後定也。古人或造爲共工爭帝折天柱、絶地維之説，亦由見地球之崩裂，而不知其所自耳。景教七日造成之説，則并此而不知矣。又按地與月本爲一體，由旋轉過急，生離心力，地之大體遂分出爲月，正猶，海灘沙漲，①子母相生，地即大月，月即小地，此其成則又在地後。《潮汐致日漸長論》云，"月初離地，如小

① "海"，原作"法"，據文義改。

丸相附，漸離地至十二萬里，而今則已離至七十二萬里，相去六倍，以立方率比例之，攝潮之力，相去二百十六倍，知古者月離地球十二萬里時，潮大于今二百十六倍也。”余謂西書有記洪水之事，其時代與中國鯀、禹相值，[1]蓋非淫霖所致，正由是時潮汐尚大耳。且月之爲地分支，東方古儒亦已知之，《禮運》云“地秉陰竅于山川，播五行于四時，和而後月生”，是早知月生于地也。離心遠揚，與背畔者相似，故焦氏《易林》有“月出平地”之言，以喻向利背義者，由此觀之，則東方格致之學精矣。

《天文訓》：“積陽之熱氣生火。”〇熱極者必有光，然二者亦可相離，以玻璃隔火，光透而熱阻；以鐵片隔火，熱透而光阻。然非積熱無以生光，腐草爲𧍧，即是理也。火成于積熱，故有光。

《天文訓》：“日夏至而流黄澤，石精出。”硫磺古衹作流黄。其爲物也，閉置器内而燒之，則能盡養氣而餘硝氣。《内經》言壯火食氣是也。養氣既絶，火入則滅，生物入則斃。夏至方暑，暑則氣漲而薄，故硫磺雖未然于火，而已能食養氣，養氣愈薄，愈難然火，且養氣與淡氣合則成水，養氣既薄，而淡氣往補之，相合自能生濕，故硫磺澤也。石精亦原質之一，其色潔白，與養氣合則成石灰，石灰與炭氣合即成玉。高注以石精爲五色之精，於義未合。然成玉以後，所謂赤似鷄冠，黄侔烝栗，白如割肪者，自有五色殊章，則高注亦未爲巨謬也。若但有質而未成玉，謂之五色之精，尤無不可。又按：硫磺與石灰合則成石膏。石膏，石類之至潤者也。然石精既

[1] “鯀”，原誤作“縣”。

出，與養氣合而成石灰，復遇硫磺，斯成石膏矣。夫硫磺之名，東方舊有，若石精則自衍譯格致書後，乃有斯號。如《淮南》在二千年前，立名已符，然則原質之名，古必完全無缺。即觀《説文》金部之字，今不能舉其物者已復不少，非金類定質之名而何？惜乎萬畢已亡，闕文難舉也。

《地形訓》："闔四海之内，東西二萬八千里，南北二萬六千里。"○是説本于《管子・地數》篇。尋地球九萬里，則此二萬八千里者，謂其中徑也。徑一者圍三・一四一五九二六五有奇，是圓九萬里者，徑二萬八千餘里，此説與近世書合。然地球橢圓，赤道爲長徑，兩極爲短徑，短徑與長徑之比，若二百六十五與二百六十六之比，是故南北之長，不及東西。惟二萬八千里與二萬六千里之比例，較之二百六十六與二百六十五之比例，其率不同。然近世亦有謂地球周圍八萬餘里，直徑二萬六千六百里者，是古人或酌中二説，以八萬餘里之徑爲短徑，九萬里之徑爲長徑歟？

《地形訓》："建木在廣都，帝所自上下，日中無景，呼而無嚮，葢天地之中也。"○麟按：天地之中則赤道也，而謂之建木者，葢即釋氏所謂閻浮提樹歟？赤道之下當二分，則立竿無影，人所共知，今勿論。嚮讀爲響，響者，今所謂回聲也。凡傳聲由于空氣，以冰界言，每秒浪行一千九十尺，而氣有厚薄，故傳聲有難易，取一玻璃罩，抽盡空氣，則鈴雖自擊而無聲，放少許空氣入，則微聞其聲，氣愈稠則聲愈大。暑則氣漲而彌黼發漲質力，寒則氣縮而稠，故傳聲亦易。高山氣稀，故放槍僅如撥手。若在北極，二人相去三里，尚可通語言，以天寒氣稠也。赤道下極熱，而氣稀，故傳聲甚滯。至于回聲，則由聲浪反行，傳聲既難，回聲自散。非特此也，赤道一帶，寬四十七度，日臨其上，天氣常熱而上升，南北之氣，向之而吹，以補其空。故赤道之北恒有北風，其南恒有南風，至正值赤道，則其氣熱甚，故兩端冷風向之吹聚，迨氣熱而上升，復由空際吹回兩極，循環無已時。夫風既一自南來，一自北來，則兩風相抵，不能傳聲，順風而呼，無異逆風，斯聲浪不能反行矣。故曰：天地之中，呼而無響。

《地形訓》："窔生海人，①海人生若菌，若菌生聖人，聖人生庶人，凡窔者生於庶人，②羽嘉生飛龍，飛龍生鳳皇，鳳皇生鸞鳥，鸞鳥生庶鳥，凡羽者生於庶鳥。毛犢生應龍，應龍生建馬，建馬生麒麟，麒麟生庶獸，凡毛者生於庶獸。介鱗生蛟龍，蛟龍生鯤鯁，鯤鯁生建邪，建邪生庶魚，凡鱗者生於庶魚。介潭生先龍，先龍生玄黿，玄黿生靈龜，靈龜生庶龜，凡介者生於庶龜。"○人類之初，本是猴猩，歷數千年而改良，遂成今日，然遠溯脊骨類之始，則祇有鱗屬而已。此以羽毛鱗介生于飛龍、應龍、蛟龍、先龍，是四種皆生于龍也。西人每持龍虛之説，謂即幻形蝙蝠，然其所謂古大蛇者，藍質絳鱗，正與龍相似，是古者未嘗無龍也。且魚與蛇，本亦同類，此謂四種皆出于龍，實謂四種有脊骨之物，皆從魚化耳。魚類變化最多，如鮫之化鹿，人所盡知。古者謂龍能幽能明，亦不過就魚言之，且古今異名，事難殫述。五洲以内，六千年以來，稱謂無大變易者，惟六畜耳。其他則古所謂麋，今稱曰麞；古所謂貍，今稱曰貓，若是者不可殫述。則昔人之所謂龍，安知非今日魚類之一種乎？即以蝙蝠言，

---

① "窔"，原作"突"，據《淮南子》改。

② "窔"，原作"愛"，據《淮南子》改。

食果之蝙蝠,惟日本有之,而他處皆無,況幻形蝙蝠哉?或曰種類絶滅,亦所恒有。然古者常稱鯨魚,而二千年中率不恒見,乃自北極下人捕鯨爲燭,而今始知鯨之必有矣。然則固有其物,而人尚未查到者,亦自不少,未見其必絶也。惟所謂海人,今似無之,佛經言下劣阿修羅居于海底,同畜生趣,殆即所謂海人者耶?而今亦未見斯種,是即絶滅之證矣。

《時則訓》:仲夏之月,"禁民無刈藍以染,毋燒灰"。〇按:禁刈藍與禁燒灰,似二事而實則一事也。葢取輕氣法,以灰精如豆許,外包以紙,從水箱入瓶體,上浮與養氣合,則輕氣自放出,入瓶未化,則瓶内二物爲水與灰精,既化則爲養灰與輕氣。瓶中之水,若以草藍染之,則變爲緑,是灰精與水染以藍則爲緑,故夏之禁燒灰,禁其燒灰而以藍染也。不然,豈使民不火食耶?

《覽冥訓》:"往古之時,四極廢,九州裂,天不兼覆,地不周載,火爁炎而不滅,水浩洋而不息。"〇居温帶以内者,見衆星東出西没。居北極、南極下者,則但見衆星盤旋于天頂,而勿見其出没。無他,地球以東西向行,而南北則不動也。故第有兩極,無四極之名。而此言四極者,地球初成,散點始聚,雜亂無章,其轉動亦非能一律,内軌道二行星攝力雖微,外軌道五行星則攝力甚大,故其動未必僅斜倚二十三度也。夫如是,則南北亦不能永静,而四方皆可稱爲極矣。攝力既大,則轉旋不能自主,如痿廢然,故曰"四極廢"也。其時地球如鎔金在冶,熾熱極甚,故曰"火爁炎而不滅"。火山時發,崩裂萬物,故九州裂也。既而球面生殼,殼即爲花剛石,石上皆水,以今時所見全球,水居四分之三,土居四分之一,古則水未涸，出者更多，加以月躔極近，攝潮極高，噴沫流瀑，有土亦不能安宅，故曰“水浩洋而不息”，又曰“地不周載”也。

《覽冥訓》：“積蘆灰以止淫水。”注：“蘆，葦也，生于水，故積聚其灰以止淫水。”〇按：灰非息壤，豈足爲隄？此言止水，果何恃耶？蓋蘆謂所出之灰精也。原質灰精爲金類，其與養氣相合者，藏於土石，土有此則肥，無此則瘠，草木賴是以生。自木灰鍊出灰珠，放電氣過之，則還原而爲灰精，其色潔白，見風則變，因與養氣合而生鏽也。熱則化水，再熱即烝爲氣。其輕能浮，擲水面則然，置冰上亦自能出火，因與養氣交感故也。然則以灰精擲淫水，則出火，積灰精多，則火亦熾。凡水熱至二百十二度，即化而爲氣。故火熾則淫水化氣而自由空際入海矣。至灰精必由蘆中鍊出者，則以水次就近故也。

既紬《淮南》，復理《管子・七法》一篇，于今日時變，燭照數計于二千年前，非卓爾鄰幾之士，曷能知此？其言曰：“錯儀畫制，不知則不可；論材審用，不知象不可；和民一衆，不知法不可；變俗易教，不知化不可；驅衆移民，不知決塞不可；布令必行，不知心術不可；舉事必成，不知計數不可。”前三言爲昧於時變者鑱石，後四言又爲急於象法者鑱石矣。若其包絡儀象，辨程度數，其説復繁，摭拾微旨，都爲一編，疑者區葢，儻昭所尤。

《管子・侈靡》：“雲平而雨不甚，無委雲，雨則速已。”〇雲雨一也。《莊子・天運》云：“雲者爲雨乎，雨者爲雲乎？”蓋人但知雲雨爲兩物，而莊子已知爲一物，故佯設疑辭以詰之。亦猶雷電本非二物，以聲光別其名耳。原雨之自起，本由日照海水，因熱化瀛而至空際即爲雲，其形如霧，驟觸高山，阻于冷氣，則瀛又縮而化水，風不能載，於是下墜。《五行》篇云："晝炙陽，夕下露。"露雖與雨稍異，而皆因炙陽烝瀛則一也。故雨即是雲，即是瀛。雨之墜下，由瀛之縮，若熱少而升空，時瀛不甚漲，冷少而在空，時瀛不甚縮，漲縮不甚懸絶，是之謂乎？若是，則所墜之雨，必不能滂沛奔注，故曰"雲平而雨不甚"。海瀛雖復騰，而在陸上之空際者，已斷絶不復相屬，斯則有源無委，欲其膚寸徧灌，豈可得哉？故曰"無委雲，雨則速已"。

書甘莊恪公事有感[①]

（一八九九年四月十九日）

余讀二百年之記載，至甘莊恪公事，未嘗不爲之神王也。公名汝來，康熙末以進士知淶水縣。時國家底定方五十年，滿蒙暴横，視漢民如臺隸，少不當意，鞭箠横下。會有侍衛畢里克，率僮僕十餘人至淶水，據民居而處之，復毆民萬延荷等，民相率至縣訴其事。公方坐堂皇受詞，畢里克等踵至，面責公治邸舍無狀，勢洶洶。公勃然，奮髯抵几曰："知縣爲天子鎮撫百姓，肯使君輩魚肉小民耶?"揮吏繫畢里克，並置其僕十餘人于獄。事聞，以拘繫職官逮問，詔吏、兵、刑三部會鞫。公詞氣雖撓，卒得直。復歸故官，民爭奉羊酒迎道左。都人或作詩紀其事，以比漢董宣云。嗚呼！吾觀于頃日金陵之事，旗丁横暴，致毆保甲官，而將軍不問，大吏不誰何，惜乎無甘莊恪者當其事也。夫共和合衆之國，所在多有，獨以兵力據地者，則兩種仇視，瞋目裂眥而不相下。彼八旗者，無教之野蠻，誠不足論。若夫以文明進步自號，其聲譽旁薄于五洲，適有得地，則弔

---

① 據《臺灣日日新報》一八九九年四月十九日。

其人民而不更其市肆，雖故非同種，猶撫循如疾子，況出于一本者哉？吾以知其必無暴横也。不然，人心之不同，則如其面目須麋。以成周之治，而二叔不咸于其室，吾安知夫文明進步之國，非有大吏撫循于上，而甿隸恣睢于下者乎？其勿知則已矣，知之而勿問，問之而或戾其曲直，則違于兼愛之道，而不足以懷遠人，吾又以知其必無是事也。雖然，吾又惜夫五洲之五無甘莊恪也。

《臺島踏查實記》序[1]

（一八九九年四月）

昔吾嘗怪殷之少師，與其徒抱磬而入滄海。夫以瞽師之窶窶也，杖策相牽，而不陷于波濤，幸歟？其天之哀夫與瞽歟？章炳麟曰："噫！天亦不可以久幸矣。瞽于形者，邱陵草木之緡而勿睹也，今以智瞽則奈何？"章炳麟又曰："古之射御者，必數之全目。自吾入臺灣，未見其目也，雖群郁鐵之士，其目故少也，履惣惣也。"石坂莊作《臺島踏查實記》。章炳麟聞之，作《臺島踏查實記序》。

己亥三月，余將西歸，圖南復以便面屬書，遂迻書此序于箑。余之不文，偶有所作，亦山鷄之舞，候蟲之吟而已。時孔子降生二千四百五十年。

① 據謝汝全《章太炎行述》，《臺灣通志館館刊》第一卷第三號，一九四八年十二月出版。

《拙存園叢稿》序[①]

（一八九九年春）

展誦大著，淡雅絶俗，與方、姚諸大家訢合無間，而敘述中興諸賢，尤酣恣沈痛，又在梅厓、伯韓之間，斯不可專以家數論矣。抑聞修辭立誠，首貴峻潔。靈皋論文，亦有數禁，其謂不得用漢賦板重語，實帖括習氣，未足爲訓。而詩賦綺言，在所宜禁，則誠無以易之。由綺言類推，每况愈下，則有筆札恒語，用成言以代實義者，此最爲筆墨之累。袁簡齋所以終身未窺門徑，實坐斯病。上之易堂九子，亦或不免。大著於俳言藻詞，淘汰已盡，而間或引用成言，斯未免玷璠之微玷。若浣濯淨盡，豈特滅除瘢垢，直可自成一家。僭易數語，愧非近石，輒斫幔人，深恐運斤傷鼻。宏達君子，有以諒之。己亥孟春，支那章炳麟識於臺北旅邸。

① 據湯志鈞《乘桴新獲》。

玉山吟社席上即事[1]

（一八九九年五月二十五日）

唾壺擊破轉心驚，
彈指蒼茫景物更。
滿地江湖吾尚在，
棋枰聲裏俟河清。

① 據《臺灣詩薈》第十三號，一九二五年一月出版。

玉山吟社雅集分韻得冬[①]

（一八九九年五月三十日）

雨中折角笑林宗，聯袂芳皋自策筇。
春水游魚窺釣客，隔江啼鳥喚詩傭。
獅球疊翠朝開爽，貂嶺層雲暮蕩胸。
風景不殊山水異，夕陽亭畔梅乘墉。

① 據《臺灣日日新報》一八九九年五月三十日。

將東歸賦此以留別諸同人[①]

（一八九九年六月十日）

白衣祖餞若爲鄰，變徵聲中一盞醺。
聽樂李陵悲朔氣，求仙徐市愛東雲。
一身微末巢栖鷃，九死倉皇山負蟁。
碧海鯨魚增壯趣，棄繻應不笑終軍。

① 據《臺灣日日新報》一八九九年六月十日。

儒　冠[1]

（一八九九年七月八日）

青青陵麥蔽荒村，溺盡儒冠問叔孫。

豈謂禹湯真酷吏，翻憐訓注媿謀臣。

中庸千載雙胡廣，明亦有胡廣。劇美同時兩子雲。谷永亦字子雲。

一笑遼東作龍尾，藜牀白帽向誰論？

---

① 據《清議報》第二十册，一八九九年七月八日出版，署“菿漢閣主”。

與日人藻洲子的談話①

（一八九九年六至八月）

……夫我敝國以聖賢禮儀之舊邦，歐亞一二之大國，久蒙辱于彼小醜，辮其髮，窄其袖，奴顔婢膝，匍伏臣隸于穹廬之拜久矣。我祖我考，自子至孫，皆以爲深耻大辱。而時運未會，形勢未可，吞怨忍憤，以至今日二百年。古人不云乎："雪耻酬百王，除凶報千古。"吾輩書生，雖無唐太宗之雄才大略，抑亦區區積年之節，三軍可奪帥，匹夫不可奪志者也。……

雖然，予志已決矣。予必有以報滿虜。滿虜盜國，褻瀆神器，其罪已不可赦。況近來中外臣僚，奸邪盈庭，利人孤兒寡母，而壅蔽聰明，事不必由其旨，而矯命稱詔，忘不自揣啓釁于鄰邦，又擅割裂我國土人民而予外人。我土地果有何不祥？我人民果有何大罪？足下獨不見臺、澎之于日，膠州之于德，旅大之于俄，威海之于英乎？其如我四萬萬同胞命脉曰蹙何！我既不幸，不能以其國自振，而欲倚貴國。貴國人不肯容，無已，則其俄國乎？俄之强暴可

① 據《順天時報》一九〇三年十一月十八至十九日。

惡,吾亦非不知也。俄之爲異種,吾亦非不知也。亞洲之不競,莫甚于今日。則此二萬萬里之大國,四萬萬之衆民,天府沃土,生齒之盛,吾與其徒委之于彼異類小醜。萎靡垂亡,外怯于列國,而内傲億兆之滿虜,以永招屈辱于天下四方,豈若斷然一決,盡棄舊見舊俗,率先世界各國,而親附于今日方興之大邦國,以遽圖自新乎哉！雖然,吾之爲斯之計也,自今以後,竭志易慮,百方講究我獨立自營之道。而旻天弗恤,頻降禍灾,命與仇謀,事皆歸敗,而後始出于此者也。今滿虜雖可惡也,光緒帝者,聰明英主。苟得其相,則亦足以輔而爲善者也。是故光緒而親聽政,吾亦可以幡然更思其次矣！抑國之興亡,匹夫有責,則是豈亦無其功哉！

儒術真論[①]

（一八九九年八月六日）

昔韓非《顯學》，臚列八儒，而傳者獨有孟、荀，其他種別，未易尋也。西京賈傅，爲荀子再傳，而董、劉諸公，已不能以一家名。且弘、湯之法盛行，而儒襍刀筆；參以災祥鬼神，而儒襍墨術。自東京以來，葢相率如是。《荀子·儒效》云："其言議談説，已無以異於墨子矣。"然而明不能分别，是俗儒者也。然則七國之季，已有襍糅無師法者，後此何足論？今以《墨子·公孟》篇公孟子、程子與墨子相問難者，記其大略。此足以得儒術之真。其于八儒雖無可專屬，要之微言故訓，有上通于内聖外王之道，與夫混殽失真者，固大有殊矣。由斯推衍，其證可以盧牟六合，經緯馮生。葢聖道之大，無能出其範者。抑括囊無辯，謂之腐儒。今既摭拾諸子，旁采遠西，用相研究，以明微旨，其諸君子亦有樂乎此歟？

惠定宇謂公孟子即公明子，爲孔子之徒。近人孫詒讓仲容則云："《潛夫論》志《氏姓篇》：衛公族有公孟氏，《左傳》定十二年疏謂

① 據《清議報》二十三至二十五册，一八九九年八月六日（光緒二十五年七月初一日）至一八九九年八月二十六日（光緒二十五年七月二十一日）出版。

公孟縶之後，以字爲氏，則自有公孟氏，非公明氏也。《説苑·脩文》篇有公孟子高見顓孫子莫及曾子，此公孟子疑即子高，葢七十子之弟子也。”以上孫説。余謂子莫告公孟子高之言曰：“去爾外厲，與爾内色勝，而心自取之，去三者而可矣。”今公孟子謂墨子曰：“君子共己以待，問焉則言，不問焉則止。”又曰：“實爲善，人孰不知？”“今子徧從人而説之，何其勞也？”即本子莫去外厲之意，則公孟子即公孟子高明甚。然即此愈知公孟即公明。《孟子·萬章》篇有長息問公明高，即爲公孟子高。且孟子言舜之怨慕而舉公明高之言以爲證，又言“人少則慕父母”，五十而慕者，獨有大舜。今公孟子則曰：“三年之喪，學吾之慕父母。”墨子駁之則曰：“夫嬰兒子之知，獨慕父母而已，父母不可得也。然號而不止，此其故何也？即愚之至也。然則儒者之知，豈有以賢於嬰兒子哉！”是公孟子之言，與孟子所述慕父母義，若合鐶印。則知公孟子、公孟子高、公明高爲一人明甚。公孟、公明雖異族，然同聲相借，亦有施之姓氏者。今夫司徒、申屠、勝屠，本一語也。而因其字異，遂爲三族。荀與孫、虢與郭，本異族也，而因其聲同，遂相假借。今公孟、公明，亦猶荀、孫，虢、郭，雖種胄有殊，而文字相貿，亦無不可。然既嚴事曾子，其不得爲孔子之徒明矣。惠説亦未合也。今觀其立説，亦醇疵互見，而宣尼微旨，于此可覩。捃摭祕逸，灼然如晦之見明者，凡數大端。嗚呼！可不謂卓歟？

公孟子謂子墨子曰：“昔者聖王之列也，上聖立爲天子，其次立爲卿、大夫。今孔子博於《詩》《書》，察於禮樂，詳於萬物。若使孔子當聖王，則豈不以孔子爲天子哉！”

按：玄聖素王，本見《莊子》。今觀此義，則知始元終麟，實以自王，而河圖不出，文王既喪，其言皆以共主自任，非圖讖妄言也。門人爲臣，孔子以爲行詐。諸侯卿尹之尊，非所以處上聖，進退失據，故斥言其欺。不然，子弓南面，任爲天子，見《説苑·脩文》篇。尚無所諱，而辭此區區乎？知此者獨有梅子真爾。

公孟子曰："無鬼神。"又曰："君子必學祭祀。"子墨子曰："執無鬼而學祭禮，是猶無客而學客禮也，是猶無魚而爲魚罟也。"子墨子謂程子曰："儒以天爲不明，舊脱"天"字，畢本据下文增。以鬼爲不神。天鬼不説，此足以喪天下。"

按：仲尼所以凌駕千聖，邁堯舜、轢公旦者，獨在以天爲不明及無鬼神二事。荀子曰："道者，非天之道，非地之道，人之所以道也，君子之所道也。"《儒效篇》。此儒者窮高極遠測深厚之義。若夫天體，余嘗謂蒼蒼之天，非有形質，亦非有大圜之氣。蓋日與恒星，皆有地球，其阿屯、以太，上薄無際，其間空氣復厚，而人視之蒼然，皆衆日之餘氣，固非有天也。王育説，天詘西北爲旡，其説稍誕。蓋天本無物，故旡字從天詘之以指事，因下民所見，不得無所指斥，故强以顛義引申之而曰天。六經言天言帝，有周公以前之書，而仲尼刪述，未或革更，若曰道曰自然而已矣。郊祭大報天而主日，萬物之生，皆賴日之光熱，而非有賴乎天。故假言曰帝，其真即日。或以北極爲耀魄寶，北極又大於日九十三倍，故亦尊之。此則恒星萬數，上帝亦可云萬數。六帝之説，不徧不該，要非虚增，然恒星各帝其地球而已，於此地球何與？明堂宗祀，蓋自外至者也。且太微五星，固玄遠矣，即至暱之日，雖昭昭大明，而非有恩威生殺之志，因上帝而有福善禍淫之説，其害猶細，其識已愚，因是以及鬼神，則誣妄日出，而人倫殆廢。

葢太古民俗，無不尊嚴鬼神，五洲一也。感生帝之説，中國之羲、農，日本之諾、册二神，印度之日朝、月朝，猶太之耶穌，無不相類。以此致無人倫者，中外亦復不異。惟其感生，故有炎、黄異德兄弟婚媾之説。葢曰各出一帝，雖爲夫婦，不爲黷也。堯之釐降，不避近屬，實萻于是。其後以爲成俗，則夏、商以來，六世而通婚姻，皆感生之説撼之矣。周道始隆，百世遠别，此公旦所以什伯于堯、舜、湯、武，然依違兩可，攻其支流，而未堙其源窟。《生民》之詩，猶曰履敏，則獷俗雖革，而精意未宣，小家珍説，反得以攻其闕。惟仲尼明于庶物，察于人倫，知天爲不明，知鬼神爲無，遂以此爲拔本塞原之義，而萬物之情狀大著。由是感生帝之説詘，而禽獸行絶矣。此所以冠生民、横大陸也。

何以知無鬼神？曰：斫卉木，磔羊彘，未聞其有鬼神，彼人固不得獨有也。人所以有知者，分于父母，精蟲胚珠是也。二者又攝引各點以爲我有，使成官骸，而七情益擴，故成此知識，由于兩精相摶，以生神明也。斯如兩水相觸，即便生浪，水猶精，浪猶神，而兩水之所以相觸者，亦先有其浪，則父母交感之神也。兩味相和，乃生雋永。及精氣相離而死，則神亦無存。譬之水既淤堙，浪即無有，兩味化分，尋索雋永，了不可得。故精離則死，死則無知，其流定各質，久則合于他物，或入草木，或入胎卵，未有不化者。化之可見者，茅蒐是已。萇弘之血爲碧，鄭緩之精爲秋柏之實，然已與他物合，則其質既褫，自有柏與碧之知，而非弘、緩之知矣。此精氣爲物也。氣弗聚者，散而從于空氣，涣然飄泊，此游魂爲變也。夫焉有精化既離，而神識能獨立者乎?《圓覺經》云:“我今此身四大和合,所謂髮毛爪齒,皮肉筋骨,髓腦垢色,皆歸於地。唾涕膿血,津液涎沫,淡淚精氣,大小便利,皆歸於水。煖氣歸火,動轉歸風。四大各離,今者妄身當在何處?”《寶積經》云:此身生時與其父母四大種性,一類歌羅邏身。“若唯地大,無水界者,譬如有人,握乾麨灰,終不和合。若唯水界,無地界者,譬如油水,無有堅實,即便流散。若唯地水,無火界者,譬如夏月,陰處肉團,無日光照,即便爛壞。若唯地水火,無風界者,則不增長。”《庵提遮女了義經》云:“若能明知地、水、火、風四緣,畢竟未曾自得,有所和合,以爲生義。若知地、水、火、風畢竟不自得,有所散,是爲死義。”是佛家亦以各質相磨而生,各質相離而死,而必言即合即離,生死一致,則黄馬驪牛之遁辭矣。然死後六道,不盡爲鬼,則亦與精氣爲物之義相近。其終不決言無鬼者,蓋既言真者離身而有如來藏,則不得不言妄者離身而有鬼。然又言餓鬼有胎生化生,則所謂鬼者,亦物魅之類,而與人死者有殊。然則釋家蓋能識此旨,而故爲不了以自圓其説也。

難曰:“若以知識爲分于父母,則父母安始?追溯無盡,非如來藏而何?”然如來藏者,彼豈能道其有始耶?于如來藏亦言無始,而必責萬物以有始,亦惑矣。難曰:“知識果分于父母,則瞽舜鯀禹,曷爲相反?”曰:夫豈獨神識然,形亦然矣。張蒼之父,長不滿五尺,蒼長八尺餘,蒼子復長八尺,及孫類長六尺餘。《漢書·張蒼傳》。可得云形體非分于父母耶?要之,形之短長,知之頑聖,此高下之分,非相反也。以神識言,又豈獨父子然?雖一身亦有善惡是非先後相貿者。顔涿聚,梁父之大盜也,學於孔子;段干木,晉國之大駔也，學於子夏；高何縣子石，齊國之暴者也，指於鄉曲，學於子墨子；索盧參，東方之鉅狡也，學於禽滑黎。並爲名士顯人，《吕氏春秋·尊師》篇。如是者多矣。或有諏政慮事，一念之間，而籌畫頓異，至于疚心自訟者。子夏投杖，漢高銷印，斯類亦衆，夫豈得謂有兩身與兩心耶？父母與子，何以異是？原夫二氣初凝，非親莫效，及脂膏既就，即有染習。賈生《胎教》，明箸其義。是時材性高下，又由其親一時之行迹而成，斯則得于其親者，與初凝又少殊矣。及夫免乳以後，則見聞之習，師友之導，情狀萬端，躂非殊族，其異於親也固宜。荀子有言："塗之人可以爲禹。"《性惡篇》。此則君師牧民，由斯以作。然具此可以爲禹之材，非父母授之乎？大抵形體智識，一成不移，而形之肥瘠，識之優劣，則外感相因，可入鎔冶。不移者由于胚珠，可移者由于所染。夫魯雞之伏鵠卵，其雛猶鵠；而桑枝之續桃本，則其實非桑。非物之形性，一可變更，一不可變更也。卵中之胚，是鵠非鷄，故鵠不以雞伏而易。土蠭煦嫗桑蟲之舊説，蟲學家曾辨其誤。樹本之胚，是桃非桑，故桃能以桑體爲己，此胚珠不移之説也。騕褭在轡，馴良從御，駃騠無牧，泛駕不習，此因染致移之説也。乃若時代逾久，則物之形體，亦有因智識優劣而漸變者。要之，改良則分劑增多，退化則分劑減少。上古之顛木，迹層之枯魚，皆吾郊宗石室，惟其求明趨化，以有吾儕之今日。昊天罔極，如何可酬？抑親親之殺，既具斯形，則知愛類而已。

難曰："人見厲魃，經籍多有。近世民俗，亦有傳言。寧得自守單辭，謂鬼神爲誣惑？"曰：以佛家言，六道之中，餓鬼居一，一在地下五百由旬，一在人天之間。是則畛域區處，與人隔絶，人未嘗有至餓鬼處者，而餓鬼獨能至人處乎？且以阿修羅之强悍，諸天之智力，不至人處，而餓鬼以羸劣之質，獨能至人處乎？是豈得以所見證其必有也？然則見者云何？曰：耳目有慫，齊襄之見彭生是也；心惑若寐，狐突之遇共君是也。二者皆一時假相，非有真形。乃其真者，則亦有之。太史公曰："學者多言無鬼神，然言有物。"《留侯世家》。此最爲豁然塙斯者。山精物魅，如龍夔蝄蜽者，固未嘗無也，以其體不恒見，詭出都市，而人遂以鬼神目之，斯亦惑之甚矣。太古頑民，見鏬驚鬼，有熊蚩尤，惑亂不異，見彼焄蒿，遂崇巫祝。清廟之守，後爲墨家，敬天尊鬼，遂與儒術相訾。夫豈非先聖哲王之法，而以難儒術，則猶以金椎攻太山矣。無鬼而祭者，亦知其未嘗食，而因是以致思慕。至胙肉必饜飫之者，亦以形體神識，分于二人，己在則親之神識所分猶在吾體，故食胙無異親之食之也。然則祭爲其名，而胙致其實，何無客學禮、無魚作罟之可比乎？若夫天神地祇，則因是而準則之，苟有聖王，且當釐汰焉。嗚呼！如太史公言，則秦漢間儒者，猶知無鬼神義。然武、昭以後，儒者説經，已勿能守，獨王仲任有《論死篇》。晋人無鬼神論，而儒者又羣譁焉。然則荀子謂言議談説，無以異于墨子者，漢後諸儒，顧不然歟？

公孟子謂子墨子曰："有義不義，無祥不祥。"公孟子曰："貧富壽夭，齰然在天，不可損益。"子墨子曰："儒以命爲有貧富、壽夭、治亂、安危有極矣，不可損益也。"

按：墨子背周而從夏，《鴻範》五行之説，以義不義，推祥不祥。禹陳九疇，而墨子暢之，皆天鬼之説所流行也。惟墨子于五行，信其德而不信其方位。陰陽家之言，則所必絶，故其荅日者曰："帝以甲乙殺青龍于東方,以丙丁殺赤龍于南方,以庚辛殺白龍于西方,以壬癸殺黑龍于北方。若用子之言,則是禁天下之行者也。"《鴻範》之言,則因五行以施五德,而順之者吉,逆之者凶,故墨子獨所尊信。

漢初伏生,可謂大儒,然《五行傳》猶拘牽天道。西京尊尚此學,實墨者之餘燼也。荀子曰:"夫日月之有蝕,風雨之不時,怪星之黨見,是無世而不常有之。上明而政平,則是雖竝世起,無傷也;上闇而政險,則是雖無一至者,無益也。"《天論篇》。是則于五行感應之説,儒者已顯斥之。而仲尼删《書》猶登《鴻範》者,明夷六五,趙賓以爲陰陽氣亡箕子。箕子者,萬物方荄兹也。蓋《易》與箕子,若爲兩途。《彖傳》于明夷,一曰文王以之,一曰箕子以之,獨以二人并稱。緣伏羲以河圖爲《周易》,而文王衍其詞;禹以洛書爲《洪範》,而箕子衍其義。文王之説,當行于域中;而箕子之説,可被于營州玄菟之境,與中國之教殊矣。録之者見施政要服,有與京周異術者也。若夫督宗之教,于五福六極,固非所信焉爾。

雖然,禹與箕子之陳《鴻範》,亦草創之初得其觕義耳!其精者則固異於禍福感應之説,而知各質散點相吸相離之自然。此其説在《莊子·天運》。其言曰:"天其運乎?地其處乎?日月其爭於所乎?孰主張是?孰維綱是?孰居無事推而行是?意者其有機緘而不得已耶?意者其運轉而不能自止耶?雲者爲雨乎?雨者爲雲乎?孰隆施是?孰居無事淫樂而勸是?風起北方,一西一東,有上彷徨,孰噓吸是?孰居無事而披拂是?敢問何故?巫咸祒曰:來!吾語女,天有六極五常,帝王順之則治,逆之則凶。九洛之事,治成德備，監照下土，天下載之，此謂上皇。”以上《莊子》。

九洛即《洛書》九疇；六極五常，即六極五福。而其事由於帝王之自取，非由上皇爲主宰，亦無沴眚符瑞以爲勸戒，其成敗治亂，應其行政而致。若天運地處，竟無主張維綱也，此則非墨子所知矣。

命之爲説，公孟祇言貧富壽夭，而墨子復增以治亂安危，蓋誣儒者矣。治亂安危，惟人所措。至於貧富壽夭，則固有説。如伯夷之夭，原思之貧，此自志願，又不可言命也。若夫單豹之遇虎，則夭有命矣；鄧通之寄死，則貧有命矣。所謂命者，詞窮語絶，不得已之借名，其所自出，則佛氏亦以爲因果，是又以禍福感應與定命合而爲一，其論巧矣。然師子尊者受揮刀斷首之禍，而佛亦罹木槍馬麥之患，雖至成道，尚不能免難，是則其所謂因果者，乃恩怨之報酬，而非善惡之賞罰矣。余謂報酬之義，異於《鴻範》。蓋非自主宰，而在私相予奪，此固理之必然者。懸土囊而擊之，則土囊亦反觸人，物莫不有躍力，況有知者乎？《吕覽·誣徒》云：“草木雞狗牛馬，不可譙詬遇之。譙詬遇之，則亦譙詬報人。”然則命固有偶遇者，而亦有由於報酬者，然非如佛家所謂前生事也。自吾始祖以往，魚鳥獸猿之祖，不知其更數百世，吾豈能知其恩怨所在哉？德幾無小，滅宗無大，九世之仇，百年之德，至於今而始報之子孫，即報者亦不知其所以，蓋先人之神識伏藏體中也。是故《易》説餘慶、餘殃，必以家言，明其報復在種胄也。凡言命者，斯亦一端。至夫禄命推驗，則非可憑矣。全謝山《原命》引宋景濂謂：“一日之内，同時生者不少，而顯晦吉凶壽夭懸絶，故趙普與軍校，蔡京與粉兒，高叔嗣與陳友諒皆同命。童軒亦言高穀與李昂，單昂與王稽，皆同甲子而絶不相似。”余中之衍《皇極經世》之説，推其淵源于王天悦,謂某甲之年月,必得某甲之日時而後富壽,苟得某甲之日時而遂貧賤。水陸舟車之所産,東西南北之所居,莫不有合,此其所以有同物而不同運者。余謂同物相應,多在細微,而非禄命家所能推。以余所見,鴻臚卿朱克勤與大學士李鴻章,生同物,而朱夭李壽,顯晦亦殊,然其女則先後適張佩綸、吴偉才與左宗棠。生同物,後左爲大帥,屠寇數萬,吴爲屠者,刲豕數萬。然則擇聓,多殺則同矣,而升沈榮辱之事,長短久近之期,則截然各異。以此知支干甲子所應非誣,而毫毛冥合,無關大體,是豈禄命家所能知乎?故古之言知命者,謂知其不可如何,而非謂其機祥算數也。要之,一人際遇,非能自主,合羣圖事,則成敗視其所措。故一人有命,而國家無命。荀子曰:"人之命在天,國之命在禮。君人者隆禮尊賢而王,重法愛民而覇,好利多詐而危,權謀傾覆幽險而盡亡矣。"《天論篇》。此以見一人之命有定限,而一國之命無定限也。又曰:"從天而頌之,孰與制天命而用之。"是則以天爲不足稱頌,而國命可自己制,其何有天哉?曰天者自然而已,曰命者遭遇而已,從俗之言,則曰天命。夫豈以蒼蒼者布令于下哉?嗟乎!愚者之頌天,宋偃之射天,上官安之駡天,其敬慢不同,而其以天爲有知,或則哀籲,或則怨望,其愚一也。漢世之儒,勿信禍福感應而獨言命者,惟王仲任耳!然執泥小數,至謂項羽用兵,實過高祖,其興亡亦由天命。若國之安危,亦不能不出于此者,是亦固矣。若夫大儒之説,天無威慶而人有報施,一人則成虧前定,而合羣則得喪在我,斯所以異于蔭騭下民之説也。

右三事,儒術所以深根寧極,無出其範者。神怪之教,嬰之自潰,昧此而言儒,漢後所以無統紀也。《非儒》有抵誣孔子語,則所舉儒説,亦必不可盡信。其駁昏喪諸禮,又皆小節,故勿論。

作《儒術真論》已，檢《梁書》至《儒林·范縝傳》，觀其《神滅論》，卓詭倜儻，與余合契。蓋卯金以降，儒流論著，鮮其疇矣。惟知言命而不知非相，知遭遇而不知報施，知無鬼而不知有物，知人物有知而不知草木亦有知，是其所蔽也。又言知此神滅，所以救浮屠之害政，絶桑門之蠹俗，則與博奕、姚崇所見亦同。要之，微言眇義，洗心藏密，節者有間，而擧刀無厚，固非退之輩馳騖于外而不知其内者比也。今取其論，著于左方：

初，縝在齊世嘗侍竟陵王子良，子良問曰："君不信因果，世間何得有富貴，何得有貧賤？"縝答曰："人之生，譬如一樹花，同發一枝，俱開一蔕，隨風而墮，自有拂簾幌墜于茵席之上，自有關籬牆落於溷糞之側。墜茵席者，殿下是也；落糞溷者，下官是也。貴賤雖復殊途，因果竟在何處？"退論其理，箸《神滅論》。曰：

或問予云："神滅，何以知其滅也？"答曰："神即形也，形即神也；是以形存則神存，形謝則神滅也。"

問曰："形者無知之稱，神者有知之名。知與無知，即事有異，神之與形，理不容一，形神相即，非所聞也。"答曰："形者神之質，神者形之用；是則形稱其質，神言其用；形之與神，不得相異也。"

問曰："神故非用，不得爲異，其義安在？"荅曰："名殊而體一也。"

問曰："名既已殊，體何得一？"荅曰："神之於質，猶利之於刀；形之於用，猶刀之於利。利之名非刀也，刀之名非利也。然而捨利無刀，捨刀無利。未聞刀没而利存，豈容形亡而神在？"

問曰："刀之與利，或如來説；形之與神，其義不然。何以言之？

木之質無知也，人之質有知也。人既如木之質，而有異木之知，豈非木有一、人有二耶?”荅曰:“異哉言乎! 人若有如木之質以爲形，又有異木之知以爲神，則可如來論也。今人之質，質有知也；木之質，質無知也。人之質非木質也，木之質非人質也，安有如木之質而復有異木之知哉!”

問曰:“人之質所以異木質者，以其有知耳。人而無知，與木何異?”荅曰:“人無無知之質，猶木無有知之形。”

問曰:“死者之形骸，豈非無知之質耶?”荅曰:“是無人質。”

問曰:“若然者，人果有如木之質，而有異木之知矣。”荅曰:“死者如木，而無異木之知；生者有異木之知，而無如木之質也。”

問曰:“死者之骨骼，非生者之形骸耶?”荅曰:“生形之非死形，死形之非生形，區已革矣。安有生人之形骸，而有死人之骨骼哉?”

問曰:“若生者之形骸，非死者之骨骼，則應不由生者之形骸；不由生者之形骸，則此骨骼從何而至此耶?”荅曰:“是生者之形骸，變爲死者之骨骼也。”

問曰:“生者之形骸雖變爲死者之骨骼，豈不從生而有死? 則知死體猶生體也。”荅曰:“如因榮木變爲枯木，枯木之質，寧是榮木之體!”

問曰:“榮體變爲枯體，枯體即是榮體；絲體變爲縷體，縷體即是絲體，有何别焉?”荅曰:“若枯即是榮，榮即是枯，應榮時凋零，枯時結實也。又榮木不應變爲枯木，以榮即枯，無所復變也。榮枯是一，何不先枯後榮? 要先榮後枯，何也? 絲縷之義，亦同此破。”

問曰:“生形之謝，便應豁然都盡。何故方受死形，緜歷未已耶?”荅曰:“生滅之體，要有其次故也。夫欻而生者必欻而滅，漸而生者必漸而滅。欻而生者，飄驟是也；漸而生者，動植是也。有欻有漸，物之理也。”

問曰：“形即是神者，手等亦是耶？”荅曰：“皆是神之分也。”

問曰：“若皆是神之分，神既能慮，手等亦應能慮也？”荅曰：“手等亦應能有痛癢之知，而無是非之慮。”

問曰：“慮，爲一爲異？”答曰：“知即是慮。淺則爲知，深則爲慮。”

問曰：“若爾，應有二乎？”答曰：“人體惟一，神何得二。”

問曰：“若不得二，安有痛癢之知，復有是非之慮？”答曰：“如手足雖異，總爲一人。是非痛癢雖復有異，亦總爲一神矣。”

問曰：“是非之慮，不關手足，當關何處？”答曰：“是非之意，心器所主。”

問曰：“心器是五藏之心，非耶？”答曰：“是也。”

問曰：“五藏有何殊别，而心獨有是非之慮乎？”答曰：“七竅亦復何殊，而司用不均。”

問曰：“慮思無方，何以知是心器所主？”答曰：“五藏各有所司，無有能慮者，是以心爲慮本。”

問曰：“何不寄在眼等分中？”答曰：“若慮可寄於眼分，何故不寄於耳分耶？”“何故”上當有“視”字。

問曰：“慮體無本，故可寄之於眼分；眼目有本，不假寄於佗分也。”答曰：“眼何故有本而慮無本。苟無本於我形，而可徧寄於異地。亦可張甲之情寄王乙之軀，李丙之性託趙丁之體。然乎哉？不然也。”

問曰：“聖人形猶凡人之形，而有凡聖之殊，故知形神異矣。”答曰：“不然。金之精者能昭，穢者不能昭，有能昭之精金，寧有不能昭之穢質。又豈有聖人之神而寄凡人之器，亦無凡人之神而托聖人之體。是以八采、重瞳，勛、華之容；龍顔、馬口，軒、皞之狀；形表之異也。比干之心，七竅列角；伯約之膽，其大若拳；此心器之殊也。是知聖人定分，每絶常區，非惟道革羣生，乃亦形超萬有。凡聖均體，所未敢安。”

問曰：“子云聖人之形必異於凡者。敢問陽貨似仲尼，項籍類大舜；舜、項，孔、陽，智革形同，其故何耶？”答曰：“珉似玉而非玉，雞類鳳而非鳳。物誠有之，人故宜爾。項、陽貌似而非實似，心器不均，雖貌無益。”

問曰：“凡聖之殊，形器不一，可也。員極，理無有二；而□、旦殊姿，①湯、文異狀，神不侔色，於此益明矣。”答曰：“聖同於心器，形不必同也，猶馬殊毛而齊逸，玉異色而均美。是以晉棘、荆和，等價連城；驊騮、騄驪，俱致千里。”

問曰：“形神不二，既聞之矣；形謝神滅，理固宜然。敢問經云‘爲之宗廟，以鬼饗之’，何謂也？”答曰：“聖人之教然也。所以弭孝子之心而厲偷薄之意，神而明之，此之謂矣。”

問曰：“伯有被甲，彭生豕見，墳素著其事，寧是設教而已耶？”答曰：“妖怪茫茫，或存或亡，彊死者衆，不皆爲鬼。彭生、伯有，何獨能然？乍爲人豕，未必齊、鄭之公子也。”

問曰：“《易》稱‘故知鬼神之情狀，與天地相似而不違’，又曰‘載鬼一車’，其義云何？”答曰：“有禽焉，有獸焉，飛走之别也；有人焉，有鬼焉，幽明之别也。人滅而爲鬼，鬼滅而爲人，則未之知也。”

① 方框，原如此，據《梁書》當爲“丘”字。

菌　説[1]

不知原始，不能反終，故列《菌説》。

（一八九九年八月七日）

曩讀《莊子・齊物論》，有云“樂出虚，蒸成菌”，而不諦其所自。夫人心之樂，發于空虚，而能蒸成有形之菌，豈所謂荒唐之言耶？[2]頃之得禮敦根所著《人與微生物爭戰論》，乃悟其言之不虚也。

凡人有疾，其甚者由微生物撼之。而其爲動、爲植、爲微虫、爲微草，則窺以至精之顯微鏡，猶難悉知。徒可道其有葉緑質者爲植物，能轉徙者爲動物耳。而又不能盡合。盖猶仙桃草之類，其莖葉則卉，其根實則虫。動與植有汗漫而無畔者也。言植物學者，謂寄生之草，至大者爲拉弗來寫，其花徑二丈有五尺，而小者則生于人獸之肺，有則必病，是則所謂菌者是也。德醫告格嘗究諸病所自生，于霍亂則謂其由于尾點微生物，於肺癆則謂其由于土巴苦里

---

① 據《清議報》第二十八至三十二、三十四册，一八九九年九月二十五日至一九〇〇年二月十日（光緒二十五年八月二十一日至二十六年正月初一日）出版。

② “豈所謂荒唐之言耶”，國家圖書館藏修改稿作“其言至精矣。所謂美之感情，色之感情，刺激神經，而病於細胞者也”。

尼，皆同物也。夫霍乱勿論，若肺癆則往往始于耽色極欲。欲之過而爲黴者，亦有蚑行芝生之物孽芽其間。斯所謂“樂出虚，蒸成菌”者，非耶？其遞相傳染者，雖與樂無涉，而其端則必自樂始。醫和之言曰：“女陽物而晦時，淫則生内熱惑蠱之疾。”“于文皿蟲爲蠱，穀之飛亦爲蠱。”所謂女室疾者，則肺癆與黴近是已。以微草言則謂之菌，以微虫言則謂之蠱。良以二者難辨，而動植又非有一定之界限也。

動植皆有知，而人之胚珠血輪又有知。其胚珠時出游蕩，能發小分文，如掌生指，常出收定質微點，以入胚珠之中，爲其食物。如微生動物已種一病，則胚珠必收之。再種之，則有無數白色血輪，行至種病之處，圍其微生物，或噬蝕以殺之。是則物能蠱人，而人之胚珠血輪又能蠱物。盖夫愛惡相攻，一身之中而肺肝若胡越也，豈不哀哉！

雖然，非特淫樂之足以成菌成蠱也。菌蠱已成，則又能强撼人之志念，而使從淫樂。自淫樂以外，喜怒哀樂，又莫不有受其撼者也。佛家謂人身自頂至踵，自髓至膚，有八萬户蟲，四頭四口，九十九尾，形相非一。一户復有九萬細虫，小于秋豪。《寶積經》云：“初出胎時經于七日，八萬户虫從身而生，縱横食噉，令身熱惱，生有憂愁。”《僧伽吒經》云：“人將死時，諸虫怖畏，互相噉食，受諸苦痛。男女眷屬，生大悲惱。”《金匱要略》曰：“狐惑之爲病，狀如傷寒，默默欲眠，目不得閉，卧起不安。蝕于喉爲惑，蝕于陰爲狐。不欲飲食，惡聞食臭，其面目乍赤乍黑乍白。”説者以爲是虫病也。虫固有情，而能以其情使人煩惑變志，斯則蠱之所以立名歟？而菌雖植物，其有知亦不異于蠱矣。

嗟乎！人之始胎也，有不類于“樂出虚，蒸成菌”者耶？有不類于“晦淫生蠱”者耶？而特其形狀不别，性情不異也。故一攻之而一孳乳之，斯亦可以明愛類之説也。今夫生植之始，①在男曰精虫，在女曰泡蜑。泡蜑者，即胚珠也。夫婦邂逅，一滴之精，有精蟲十數，入鬻泡蜑而破之，以成妊娠。彼精虫者，因人之情而爲之使，間無以異乎蠱矣。

吾又讀《淮南·墬形訓》曰：“窔生海人，②海人生若菌，若菌生聖人，聖人生庶人。凡窔者生于庶人。”③夫置“若菌”于海人、聖人之間，則“若菌”亦人也。既而讀《後漢書·南蠻西南夷列傳》，有莋都夷、白狼王、④唐菆等作詩三章，注皆引《東觀記》所載夷人本語，每漢語四字，夷語亦四字，其中如“與人富厚”作“魏菌渡洗”，“部人多有”作“補菌邪推”，今本誤倒作“菌補”。是呼人爲“菌”也。然則“若菌”即“若人”矣。以淮南王著書，其必非用夷語可知。又以知古者謂人爲“菌”，而其語特流傳于莋夷也。人之稱菌也，其義則必自精蟲始，亦以蠱菌爲同物，而動植不可以强判爾。

夫其以淫樂而成是菌蠱也，則曷故哉？伏曼容之説《易》曰：

---

① “今夫生植之始”，國家圖書館藏修改稿作“今夫庶物莫不起於細胞。細胞大氐皆球形，其中有核，亦大氐皆球形。核中液體充滿，名曰核液，分染色物、非染色物二者。凡細胞諸種，皆自原形質成立。原形質似卵白質，赫胥黎氏稱之曰‘生命之本原’。而卵白質無同化、增殖之力，原形質有同化、增殖二力，故威斯門氏明有其異，以爲非化學家之觀念也。夫質素相同，而作用有間，斯最足異者。是即生物之所以靈運，然非有神宰畀之矣”。

②③ “窔”，原作“突”，據國家圖書館藏修改稿及《淮南子》改。

④ “狼”，原誤作“狽”，據國家圖書館藏修改稿改。

“蠱，惑乱也，萬事從惑而起，故以蠱爲事。”見《周易集解》。《首楞嚴經》曰：一切衆生，“因諸愛染，發起妄情，情積不休，能生愛水。是故心憶珍羞，口中水出；心憶前人，或憐或恨，目中淚盈；貪求財寶，心發愛涎，舉体光潤；心著行淫，男女二根，自然流液。”“諸愛雖别，流結是同。”由斯二説推之，因人之有牝牡之情，而傳之于精蟲；精蟲受之，其情則與人同，而有慕爲人形之志，于是爲之胚胎以象之。彼十數精蟲之造人，猶數千微蟲之造珊瑚。微蟲果能成珊瑚也？事之起于蠱也。精蟲果能成人也？人始已蠱，而精蟲以蠱成其事也。夫非有上帝之造之，而物則自造之。故曰：“咸其自取，怒者其誰耶？”

嗚呼！事之由妄想而成者，豈獨胚胎然哉！知此者莫察于大公調。少知問曰：“四方之内，六合之裏，萬物之所生惡起？”大公調曰：“陰陽相照相蓋相治，四時相代相生相殺。欲惡去就，于是橋起；雌雄片合，於是庸有；安危相易，禍福相生；緩急相摩，聚散以成，此名實之可紀，精之可志也。隨序之相理，橋運之相使，窮則反，終則始，此物之所有。”《莊子·則陽》篇。

蓋凡物之初，衹有阿屯，而其中萬殊。各原質皆有欲惡去就，欲就爲愛力、吸力，惡去爲離心力、驅力。有此故諸原質不能不散爲各體，而散後又不能不相和合。夫然，則空氣金鐵雖頑，亦有極微之知。今人徒以植物爲有知者，益失之矣。《楞嚴經》曰：“由因世界，愚鈍輪廻，癡顛倒故。和合頑成，八萬四千枯槁亂想。如是故有無想羯南，流轉國土，精神化爲土木金石，其類充塞。”是佛家亦知金石爲有知。要其癡鈍，亦可謂之無知；前所謂死後各點無知者，即謂如是。蓋與之則可曰有知，奪之則可曰無知。彼其知則欲惡去就而已。不如是不能自成原質，亦不能相引而成草木。夫其橋起而相引也，則于是有雌雄片合，而種類成矣。有種類則又有其欲惡去就，而相易相生相摩，漸以化爲異物。故既有草木，則草木亦如瞽之求明，如痿之思起，久之而機械日生，刻意思之以趨于近似，而其形亦遂從之而變，則于是有蜃蛤、水母。彼又求明，則遞爲甲節，爲脊骨，復自魚以至鳥獸而爲蝯、狙、猩、狒，以至爲人。此所謂"隨序之相理"也。

其漸思而漸變也，則又有二端：有以思致其力而自造者焉，有不假于力而專以思自造者焉。致力以自造者，接子或使之説也；不假力而自造者，季真莫爲之説也。二説亦少知問語。如鳥之修頸長喙，適可以理毛羽，此或有体操之術，令其胸長而項伸，此致力以自造者也。如夫露巢之鳥，患人之探其卵也，則其卵多非白色，與暗處者迥殊。故巢草莱者，卵必青緑若萌芽；巢河干者，卵必暗緑若芦葦；巢喬木者，卵必光緑若樹葉；巢山崖亂石荆棘之中者，卵必椶色而有花點，以與土石相混。夫其色之必同于所處之草木土石者，以眩人之目，使不能辨目。若是者，鳥豈能致力以造是哉？苟曰上帝爲造之，而鳥之死于矰繳探雛者，亦自不少，又何其矛盾也？然則必由鳥之思護其卵，積精專思，而遂變其形色，所謂以思自造者也。夫自諸異物而漸化爲人者，此亦以思自造者也。若是者則皆所謂以妄想生之，而伏曼容之所謂蠱，《淮南》之所謂菌也。

人之有生，無不由妄，而舍妄亦無所謂真。是故去其太甚，而以仁義櫽栝烝矯之，然後人得合羣相安。斯途逕之必出于此者也。若謂身相屬妄，而舍利是真，卒之無生滅、增減、變易者，適成其頑，而勿見其靈，學之乃適增其妄也。夫妄性雖成，化以禮義，則自入進步。故最初祖禰，孰不兄弟聚麀者，而自政俗日躋，今遂以此爲大垢。此進步之説也。苟曰“吾祖有聚麀之妄，而後有我，即不妨效其聚麀”，是循妄而勿去太甚也。苟曰“吾生由于聚麀之妄，必無生而後爲真”，是又成頑而增妄也。

昔唐終南沙門宗密作《原人論》云，“孔、老、釋迦，皆是至聖”，設教殊途，有實有權。“二教唯權，佛兼權實。策萬行懲惡勸善同歸于治，則三教皆可遵行；推萬法窮理盡性至于本源，則佛教方爲決了。”夫六經之説，誠亦有權，與人天、小乘、法相、破相等教同意。而窮原反本，則其實確然不拔，乃有卓出一乘顯性之上者。要之，儒、佛、莊子三家，皆屬理想，亦皆參以實驗，較之祆教各家，誠若玉之視燕石矣。而佛必以空華相喻，莊亦間以死沌爲詞，斯其實之不如儒者也。

大公調曰：“丘里者，合十姓百名而爲風俗也。合異以爲同，散同以爲異。今指馬之百体而不得馬，而馬係于前者，立其百体而謂之馬也。”《涅盤經》曰：“一切衆生，不退佛性，名之爲有，決定得故。譬如王者告一大臣，汝牽一象，以示盲者。時彼衆盲，各以手觸。王問之曰：‘象爲何類？’其觸牙者，即言象形如芦菔根；其觸耳者，言象如箕；其觸頭者，言象如石；其觸鼻者，言象如杵；其觸脚者，言象如臼；其觸脊者，言象如牀；其觸腹者，言象如甕；其觸尾者，言象如繩。善男子如彼衆盲，不説象体，亦非不説，若是衆相悉非象者；離是之外，更無别象。説佛性者亦復如是。”此二説意旨大同，而以佛性不滯于一体。然數體相合，即爲佛性，則正可借證人性之説。

蓋内有精蟲，外有官骸，而人性始具。使官骸皆殞，而精蟲獨存，則無聲色香味諸欲，而獨有牝牡之情。若去就橋起雌雄片合之始而已。此則于生人全性之中而得其見端，尚不能謂性具于是也。說今人之死也，則淡、養、炭、輕諸氣，鹽、鐵、燐、鈣諸質，各散而復其流定之本性，而人之性亡矣。離此流定而復索一舍利性海，亦猶離此諸体而索馬、索象也。

或謂“性海即以太”。然以太即傳光氣，能過玻瓈實質，而其動亦因光之色而分遲速。彼其實質，即曰阿屯，以一分質分爲五千萬分，即爲阿屯大小之數，是阿屯亦有形可量。以太流動，雖更微于此，而既有遲速，則不得謂之無体。如《淮南·淑真訓》云：“秋毫之末，淪于無間，而復歸于大矣。蘆苻之厚，通于無圻，而復反于敦龐。若夫無秋毫之微，芦苻之厚，四達無境，通于無圻，而莫之要御夭遏者，其襲微重妙，擬掚萬物，[①]揣丸變化，天地之間，何足以論之？”蓋所謂性海，無秋毫之微，芦苻之厚。而阿屯以太，則尚不免于毫末淪無間，芦苻通無圻也。以此相擬，終不相類。即如光、熱、電三者，雖不能得其質点，而終與湛然不動者有殊。舍利性海，豈是之比？苟如是，動則速矣，力則厚矣，而亦與極頑之日星同類，寧能超出萬有耶？

或謂“必知各原質之成于以太，萬物之成于各原質，而後知内外四大，至于六道，無一非我，乃爲乾元至仁之量，是固然矣”。然所以見爲殊者，以官骸相閡，所以見爲合者，以原質相同。原質有形，即以太亦有至微之形，固不必以邈無倪際之性海言也。然官骸雖一時暫有，而兼愛既濟之道，即由官骸而生。何者？以知識

---

① “擬”，一作“挺”。

之全体，[①]亦不能出乎官骸之外也。人之嗜欲，著于聲、色、香、味、觸法，而仁義即由嗜欲而起。獨夫爲我，即曰貪賊；能近取譬，即曰仁義。故《易》稱“利物足以和義”，明非利亦無所謂義也。有義則分際有遠近，而恩施有隆殺。是故至仁之行，可以强恕求之，而其量無可盡之理。隨俗雅化，則周、孔不能舍芻豢；有身勿戕，[②]則釋迦亦不能啖菜果，此皆以義裁斷者。而謂至戚不異于行路，華種無間于哲人，其可乎？是故内聖外王，無不託始于六根三欲。制爲禮義，所以養欲給求，而爲之度量分界。《荀子·禮論篇》。余所謂舍妄無真者是也。若必輕其官骸，而重其性海，兹義遞衍，則遂以二親爲凡民，而阿闍世王之弑父，亦可悔悟入道。見《涅槃經》。夫豈釋氏之論獨高耶？亦由不得其本而已。

總之，輪廻之説，非無至理，而由人身各質所化，非如佛家所謂靈魂所化也。六道升降，由于志念進退，其説亦近，而所化者乃其胤胄，非如佛家謂靈魂墮入諸趣也。故理想之學，少漸多頓；實驗之學，有漸無頓。

或曰：“人固有自憶其前生者，安得謂輪廻無與于靈魂耶？”曰：夫異體相知，則有蝦與水母矣。然則吾所謂自憶爲前生者，甯知非他人所親歷，而吾以異體知之，亦若蝦之與水母耶？且以演若達多照鏡事況之，彼眉目可見，而忽然以爲螭魅，至于狂走，見《楞嚴經》。[③]此則非有因緣而致。彼憶前生者，亦若是則已矣。且中國未有前

① “之”，一作“爲”。
② “身”，一作“物”。
③ “楞”，原作“楞”。

生之說時，人未有憶前生者也，即憶之亦未嘗以爲前生。自聞前生之說，而始以所憶者當之耳。亦猶乍憶高岡，如見其巒嶠嵯峨、陵阜聳峻者，而心以爲是華嶽、岱山，然究未登華、岱也。彼憶前生，亦復如是。然何以以爲華、岱，而不以爲妄搆假名之山？華、岱之名，其所已聞也。彼聞有前生之説，而以所憶爲前生者，亦復如是。

前生之説替，而上帝造人之説起。彼亦非持之無故也。蓋曰有養氣，無淡氣，則人將暍濊以死，而今分劑適合。他如卵中白質，未出之雛，足以自養。草木子中之胚乳，亦能化餹以養苗，而葉又有依螺綫而生，巧合算理者。非上帝爲此人物，而配其分劑，調其節度，資其匱乏耶？曰：夫久處于是，則寢食衣被，亦以是爲調適。麋鹿食薦，夏蟲茹腐，非甘之也。彼生乎其地，長乎其時，則自以此爲適矣。卵白胚乳之給養，豈有他哉？舍是無可食，則致命遂志于是而不願其外矣。老子曰："草食之獸，不疾易藪；水生之蟲，不疾易水。"《莊子·田子方》篇。此言生此地，食此餌，故能成此形，具此性也。使有養無淡，則亦自有一物能當此濃郁之氣者，生乎其間。如人不能入水火，而火鼠海魚，初不以爲患也。且亦安知其無人哉？没人泅水，與鯨鯢同樂，爲取珠耳，非不得已也。果不得已，則人將常習于水。有養無淡，則人將常習于養，亦自可以不死。而毛羽鱗介，漸則因其忠力而生。彼鮫之化鹿，雉之爲蜃，有明徵也。[1]故曰

[1] 國家圖書館藏修改稿在"有明徵也"後增"是非獨應於空間也，雖應於時間亦然。夫身在齠齔，覺度歲恒遲，中年以後，覺春秋甚速。一等之日，非有贏縮也，而少與壯異其觀念焉。夏晝勢熱，故恒見其長；冬夜靜寐，故無異於短。二時之晷刻，非有舒蹙也，而覺與夢異其觀念爾。然則蟪姑冥靈，雖有壽夭，天選其形，騰躍莫外，一固不覺其短，一亦不覺其長也"。

“萬物皆出于幾，皆入于幾”。夫上帝爲何者哉？

《論衡·自然》曰：“天地合氣，萬物自生，猶夫婦合氣，子自生矣。萬物之生，含血之類，知饑知寒，見五穀可食，取而食之；見絲麻可衣，取而衣之。或説以爲天生五穀以食人，生絲麻以衣人，此謂天爲人作農夫、桑女之徒也。不合自然，故其義疑，未可從也。”此言可謂洞幽明之故矣。吾嘗謂文明之民，其初生蕃也，一旦替爲臺隸，[①]浸被逼，遁逃入山，食異而血氣改，衣異而形儀殊，則未有不反其故。王船山《思問録》蓋懼之矣。夫兗州桑土，今爲野藺，放家豚于草澤，[②]則化爲豪猪。蠢豕盡然，人獨何能自保？故《鞞婆沙論》謂或金翅鳥，或龍，或人，皆具卵、胎、濕、化四種，而江總《白猿傳》謂歐陽訖妻爲蝯所竊，因而生詢，見《文獻通考·經籍門》。皆不盡誣妄。然則異物化人，未有底止。人之轉化，亦無既極。誃予手足，而歎兹形之將然，滋足戚也。

抑人之易地也，神識未殊，而何以能變？得無與以思自造之説繆耶？曰思力所至，形體自更，此謂無阻力耳。苟有阻力，則不足以宣通矣。要使力能抵之，則固足以自立。其道奈何？曰荀子曰，“人力不若牛，走不若馬，而牛馬爲用，何也？曰人能羣，彼不能羣也。人何以能羣？曰分。分何以能行？曰義。故義以分則和，和則一，一則多力，多力則强，强則勝物。故宫室可得而居也。故序四時、裁萬物，兼利天下，無他故焉，得之分義也。”《王制篇》。是故合羣明分，則足以禦他族之侮；涣志離德，

① “替”，一作“皆”。

② “放”，一作“故”。

則帥天下而路。①

或曰:性善、性惡之説,皆不如言無善無惡者。曰子將言人性乎?抑自有所謂性乎?夫言人性,則必有善有惡矣。彼無善無惡者,盖佛之所謂性海,而非言人之性也。何也?自其未生言,性海湛然,未有六道,而何人性之云?自既有六道言,亦各有如來藏隱伏其中,而人與鳥獸,初未嘗異,又豈得專爲人之性也?孟荀所言,專爲人言之也。②

雖然,以符驗言,則性惡爲長。然非謂其同于鳥獸也。盖舉孩提之愛親者,未知初生之時,坼擘其母而不少顧也。舉稍長之敬兄者,未知乳哺之頃,少有不慊而瞋目作色也。孟舉其善而忘其惡,

---

① 國家圖書館藏修改稿在"則帥天下而路"後增"同度同質之地,並時可生同格之物。雖容有他端阻力,以分可分否之論理裁之,十猶得五。斷無偏菀於少數之區,偏枯於多數之區,而多數之區,其物乃借少數之區輸入者也。然西方自博物學家夫奥古獨創人種數原論,謂東半球人化於東半球高等之猿,西半球人化於西半球高等之猿,故膚體腦骨,各種人類悉皆有異。達爾文創自然洮汰之説以駁之,爲人種一原論。自此數原論遂廢。案:言洮汰者無可更矣。而必謂人種一原,至推之動植海藻初生,亦惟一本,漸以曼衍,遂至蕃殖。夫以地球廣袤,太古海水,猶多於陸,何餘水皆不能生藻,而獨此一勺之水能生藻也?古者五洲頭峽相連,動植固可分布,然均在一帶,氣候相同,地質不殊者多矣。何他方皆不能化衍是物,而獨一方能化衍之也?達爾文謂距大陸三百英里之島,即無步行之哺乳動物,蓋以未嘗不能越海而往也。夫藐蕞小島,或生物故有不備,而必待於他方之分布,是則然矣;若謂同處大陸,熱度相均,如歐、亞、澳、美,皆有直於温帶之地,何故甲方有人,乙丙丁方無人,而必待甲方之分布也?是知人種一元之説,未可執泥"。

② "曰子將言人性乎……專爲人言之也",國家圖書館藏修改稿作"曰斯固無是非也。陸克有言:人之精神,本如白紙。培根有言:一切道德,皆始自利。夫善惡生於自利,而自利非善惡,猶宫商成於莛擊,而莛擊無宫商。自社會言之,則有宫商矣。此荀子所謂緣也。無善無惡,就内容言;有善有惡,就外交言,本無異義。若植表中央,就東而指,則言西;就西而指,則言東耳。若夫孟、荀所訂,抑有大别"。

荀則以善惡皆具，不能純善，則以惡名之。故其言曰："繁弱、鉅黍，古之良弓也，然而不得排檠，則不能自正。桓公之葱，太公之闕，文王之録，莊君之曶，闔閭之干將、莫邪、鉅闕、辟閭，此皆古之良劍也。然而不加砥厲則不能利，不得人力則不能斷。驊騮、騹驥、纖離、緑耳，皆古之良馬也。然而前必有銜轡之制，後必有鞭策之威，加之以造父之馭，然後一日而致千里也。"《性惡篇》。夫惟弓，故可檠；劍，故可厲；馬，故可轡。苟非三物者，則雖檠之、厲之、轡之，而無所用。此即謂其本異于鳥獸矣。又曰："今塗之人者，皆内可以知父子之義，外可以知君臣之正。"是則即孟子所謂善者。而荀子以其偏險悖亂，亦由天授，既非純善，即謂之惡，猶之既舂之米謂之精鑿，未舂之米謂之粗糲。粗糲云者，對精鑿言之，而非謂其與稂莠比肩也。

然一人之行，固以習化，而千世之性，亦以習殊。泰古豨韋之民，獷醳貪暴，以水火毒藥相虧害，夫人而有此性也。自先覺者教化之，至于文明之世，則相虧相害者，固不能絶，而具此性者稍少，故學可以近變一人之行，而又可以遠變千世之質。荀子于首篇《勸學》即曰"青，取之于藍而青于藍；冰，水爲之而寒于水"。夫固謂一人鍥而不舍，則行美于本性矣；千世鍥而不舍，則性亦美于祧墠矣。仲尼之言，"性相近，習相遠"，亦兼二義，而不言靈魂。

夫肢體一蹶，前萬世而不昭，則孰肯致死？或者以爲民氣選懦，不能與釋迦、基督布教之國抗者，由是故也。然惟無鬼神，而胤嗣之念乃獨切于佗國。今知不合羣致死以自禦侮，則後世將返爲蠻獠狙玃，以此爲念，則足以倡勇敢也必矣。是故不言鬼神，而能使人致死者，必于愛類，愛類必于知分。荀子曰："萬物同宇而異體。”《富國篇》。以異體，故必自親親始；以同宇，故必以仁民愛物終。惟其羣而有分，故有墨子兼愛、上同之善，而畛域有截矣。

仲虺有言：“兼弱攻昧。”是道家之説也。其心獨鷙，亦獨明于天人之故。凡以昧弱遇智勇，鮮不敗衄；而以昧勇遇智勇也亦然。然則萬物之勝負，决于智而已矣。大盜盜國，竊取聖法；諸侯之門，而仁義存焉。斯智也，是故徒善而無法者，煦煦孑孑，必不足與校。惟知合羣明分，則足以禦之爾。若專以是非枉直相角，則天下皆惡直醜正者矣。吾觀《六波羅密經》，言忉利天臨命終時，天女眷屬皆悉遠離，棄之如草。是諸天之無禮義也，遠甚于人，而其種反駕乎人上。果使其言非誇，則知所以駕人者，特智勇有勝而已矣。

乃者，紅、黑、椶色之種，伏于黄人，黄人復制于白人。白人果有大同之志，博施濟衆之仁，能勝于黄人也？惟其智勇能竊聖法焉爾。

夫自有花剛石以來，[①]各種遞變，而至于人，則各種皆充其鼎俎，以人智于各種爾。然則繼人之後，亦必有變而智于人者。夫如是，則黄白人皆其臠膾也。不然，則皆其驂服也。彼人之自保則奈何？曰合羣明分而已矣。苟能此，則無不自立。譬之蜜蜂，雖細不敗；苟不能此，則無不受侮。譬之獅子，爲羅馬所殺者，四月至萬一千頭，雖大而亦絶矣。

然則以大智而充仁義之量，誠無如荀子所言哉？然而潔身中清者，將安往矣？嗚呼！吾于是知兼弱攻昧，則迫務光于清泠，而驅伯夷于首陽也。彼大盜者，誠非獨行之士所能與處也。

---

① “花剛石”，國家圖書館藏修改稿作“玄武巖”。

安昌謡[①]

（一八九九年九月五日）

吾邑有安昌，印何纍纍耶？匿形若社鼷，吐聲如雷耶？一解

北郭有狗，噬噬欲齧，我爲之椵，我壐崩一角。毋使蚩尤刑天，新都盜而攫。百蟲將軍干位，啓將赤其族。殷殷簷鳴，悠悠旆旌，曾不發一鏃。二解

元規有樓，婆娑其羽，景升注《易》，坐談玄語，寧不念運甓？一甓千金竟安取？三解

丈夫富貴在黄耇，黄耇不可久，願使火齊之珠歿吾首。朝馳辟歷，暮馳烈缺，火齊之綏毋解紐。不信湘波魚，朱絲繫靈矦。靈矦靈矦，子發弗來慎勿憂。四解

---

① 據《清議報》第二十六册，一八九九年九月五日（光緒二十五年八月初一日）出版，署名“西狩”。

梁園客[①]

（一八九九年九月五日）

聞道梁園客最豪，山中谷永太蕭條。鴟餘乞食情無那，蠅矢陳庭氣尚驕。報國文章隆九鼎，小臣環玦繫秋毫。君看鸚鵡洲邊月，一闋漁陽未許操。

粵海有文士，少入詞苑，以糾彈節相罷官，當時頗著直聲。既失志，有咄咄書空之感。去秋，遂因政變作符命數篇，詩以記之。

① 據《清議報》第二十六册，一八九九年九月五日（光緒二十五年八月初一日）出版，署名"西狩"。

襍感[1]

（一八九九年九月二十五日）

弱冠通九流，抗志山谷賢。丁此滄海决，危苦欲陳言。重華不可遌，敷衽問九天。溟涬弟堯、舜，而不訾版泉。版泉竟何許？志違時亦遷。營營薦紳子，觀書窮天府。掉頭辭晏嬰，仰梁思賈舉。血書已羣飛，倘踵前王武。何不誦大明，爲君陳亥午。嗟嗞論甘生，聞辛先病舌。寧爲牛後生，毋爲雞口活。抱此忠義懷，揚靈盟白日。隼厲擊孤鸞，管高先鍛翮。鍛翮亦良已，畏此此訚多。舉頭望天畢，黯黯竟如何。濁流懷阿膠，誰能澄黄河？獨弦非可彈，臨風發商歌。既不遌重華，安事涕滂沱？蓬萊青未了，散髮將凌波。

此去秋將東渡臺灣作也。今中星一帀，復自江户西歸，書此不勝今昔之感。

---

① 據《臺灣日日新報》一八九九年十一月十九日。

西歸留别中東諸君子[①]

（一八九九年九月二十五日）

黄壚此摶摶，神州眇一粟。微命復何有？喪元亮同樂。蛣蜣思轉丸，茅鴟惟啖肉。新耶復舊耶？等此一邱貉。軼蕩開天門，封事苦僕遬。朝上更生疏，夕劾子堅獄。鯨魚血故暖，涼液幻殊族。球府集蒼蠅，一滴緇楚璞。潛翥豈齊性，縞玄竟誰覺？吾衰久矣夫，白日噎窮朔。仕宦爲金吾，蕭王志胡蹙。江海此分袂，涕流如雨雹。何以贈君子？舌噤不敢告。弓月保東海，岔冒起南嶽。

---

① 據《清議報》第二十八册，一八九九年九月二十五日（光緒二十五年八月二十一日）出版，署名“西狩”。

《翼教叢編》書後[1]

（一八九九年十月十四日）

是書駁康氏經説，未嘗不中竅要，而必牽涉政變以爲言，則自成其瘢痏而已。且中國學者之疑經，亦不始康氏也；非直不始康氏，亦不始東壁、申受、默深、于廷也。王充之《問孔》、劉知幾之《惑經》、程氏之顛倒《大學》、元晦之不信《孝經》、王柏之删《毛詩》、蔡沈之削《書序》，是皆漢唐所奉爲正經者，而捍然拉雜刊除之。其在後世，亦不饜人心。夫二王、劉、蔡無論矣，程、朱則以理學爲闔捭者，方俯首鞠躬之不暇，不罪程、朱，而獨罪康氏，其偏枯不已甚乎？

苟曰生心害政邪？以去歲變法諸條，使湘人平心處之，其果以爲變亂舊章，冒天下之不韙乎？抑不過盱衡厲色而詆之乎？且説經之是非，與其行事，固不必同。昔歐陽永叔痛詆河洛，韓魏公見之，未嘗與言《周易》。使魏公如湘中老儒之見，以説經行事同類而并譏之，則當早尸永叔于兩觀矣。雖然，詆其説經而并及其行事，此一孔之儒之迂論，猶可説也。乃必大書垂簾逐捕之詔以泄私憤，

① 據《五洲時事彙報》第三册，一八九九年十月十四日（光緒二十五年九月十日）出版。

則吾所不解也。明臣倪元璐《論三朝要案》曰：楊漣輩之爭三案，不必盡是；逆閹所引當時之與辯詰者，[1]亦不必盡非。顧其藉是以誣陷善類，則是非不足論也。今康氏經説諸書，誠往往有誤，其誤則等于楊漣爾。苟執是非以相爭，亦奚不可？而必藉權奸之僞詞以爲柄，則何異逆閹之陷東林乎？吾懼《翼教叢編》方爲《三朝要案》之續矣。

是書又引義烏朱侍御與康氏辯論經義諸札。侍御故金華學派，亦上窺兩漢古義，其説經誠與康氏絶異，乃其請誅嬖宦以罷官，則行事又未嘗不合也。元晦與水心平時論學則相攻，及讒臣以道學之名傾軋元晦，則水心又力救焉。使侍御在今日見康氏之遇禍，方流涕邑僾而道之，豈以其力庇賈、馬之見，轉用之以力庇權奸哉！

今之言君權者，則痛詆康氏之張民權；言婦道無成者，則痛詆康氏之主男女平等。清淡坐論，自以孟、荀不能絶也。及朝局一變，則幡然獻符命、舐癰痔，惟恐不亟，并其所謂君權、婦道者而亦忘之矣。夫康氏平日之言民權與男女平等，汲汲焉如鳴建鼓，以求亡子，至行事則惟崇乾斷、肅宫闈，雖不能自持其義，猶不失爲忠于所事。彼與康氏反唇者，其處心果何如耶？噫！使侍御有知，其必當以朱絲縈社而攻之也。

---

① “閹”，原作“閽”，據文義改。

藩鎮論[①]

（一八九九年十月十四日）

自封建之法不行於後世，於是策時事者每以藩鎮跋扈爲憂，是其言則孤秦陋宋之冢嗣也。苟徧歷九服，而觀夫旌節旄纛之所建，亦苦其不能跋扈耳。誠使跋扈，則姬漢舊邦之世胄，猶可倚以自保，而有造于齊州也多矣。

夫以陟罰爲不出於王室，下擅於諸侯，欲替其慶賞刑誅者，此三古立國之憲法，阿衡氏所以致太平也。化有進退，時有險易，其世既去，其法之善既設，而猶奉其法之弊而守之，則楚戊之所以譏城郢、而治羅馬學者之所以譏寡人政體。當其無事，微密獨斷，貞天下之動於一可也。若外患既至，國家之所以祈天永命，自保其杝落者，在此律令、符節、章服已乎。守其律令、符節、章服，使藩鎮一切不得便宜從事，苟此律令也，符節也，章服也，能爲吾執干櫓以禦外侮，若偶人之自踊者，亦何苦而不守之？吾獨惜夫分地以備戎者，必在方面；守方面者，必在勁兵；將勁兵者，必在其人，而非夫憑

① 據《五洲時事彙報》第三册，一八九九年十月十四日（光緒二十五年九月十日）出版。

藉天室之寵靈遂可以從事者也。失火之家，救者則不得先白丈人，非其臣妾臧獲之故爲跋扈也，不跋扈則不足以息火。苟爲之主者，以此督過其臣妾臧獲，而曰自門閾以内，吾甯一切焚爇以爲灺燼，其救者乃同于子盜父兵之戮，則今之爲支那謀者，所以詆諆其藩鎮近之矣。且今之藩鎮，能若救火之勿白者乎，其未能也。人之譁嚻以爲擁重柄者，特其外觀足以自壯爾。若夫植守令，布政教，理府庫，訓步騎，則一切上制于樞府，而下制于六部，一命之秩，不得專授，銖兩之饟，不得擅增。夫是故文吏則面從而背憎，爪牙騎士帕首伏謁于前，而涣德離心于後。使之治文書，剿寇盜，則可矣；將欲馳觀于域外，而扶義俶儻以行其意，則吏士有疾走弗顧耳。

若夫詔令既下而有所留阻弗行者，非特督撫之于主上也，雖守令於督撫亦然。苟盱衡厲色，朝夕而程督之，亦無弗疾行者。向背之勢，從其所好，不從其所令，上下一也。不然，少有不便，則遷延以緩其事，要其勿行也，特遷延則已耳。其駁議則未有也，其封還詔書則未有也，是何也？震于雷霆萬鈞之勢，雖陰墮其實，而勿敢公違其言。乃者李鴻章之在北洋，其權藉不爲輕矣，海軍方立，内府取其經費以治離宫，瞠目噤齒而勿敢諍，況其微者乎？非直無柄也，身之去留，亦惴惴不自保。不當于中樞猶可也，不當于便嬖外戚，朝自激昂，夕去其位矣；夕自激昂，朝去其位矣。故傴僂偵伺，輿金璧以登其門，然後可以數年而弗調。不然，則自破符以往，無異駒之横厲于郵傳也。

夫政不己操，而位不久假，其居官也，則無異于提舉祠廟，其勿能跋扈，甚明白矣。然猶賴有數鎮稍自奮厲，足以扶危而定傾。故戊戌八月之變，劉坤一正色而立于兩江，則桐宫之謀遂止，人比之甘露之難有劉從諫焉。雖然，如從諫之欲清君側，則弗敢訟言者，非其匡怯不欲抗志以從古人也。侊然而杖鉞于其鄰者，無不厥角稽首，以聆訓政之命。四封無援，介特自立，徒挾湘軍與自强軍舊部，而能方行如澤潞之師乎？嗚呼！觀于藩鎮之削，則中朝之取法于孤秦陋宋，而甘心于白種之蹂藉也可知已。且夫孤秦則猶有蒙恬以鎮邊塞也，陋宋則猶以劉、韓、張、吴諸子分鎮而禦女真也。敵國外患，日馮陵而無已。蓋雖猜忌如二代者，亦不得不分其大柄以歸將帥，如議者之見，以跋扈爲藩鎮罪，則趙高之殺蒙恬，秦檜之殺岳飛，其功乃與黄帝戮蚩尤等也。且古之聽任方面，憲令勿施，黜陟勿知，而與秦、宋相反以爲治者，則甯有如唐之叔世者乎？尾大不掉，父子相禪，干名號以取戾。故柳宗元則請封建于前，而趙普則陰廢軍使于易代之後。至于今，儒人之拳曲而擁腫者，遂無不奉之以爲黄帝之李法。其亦聞夫楊志誠之逐李載義于幽州，牛僧孺議之曰，是不足爲朝廷憂，第付以節，使扞奚、契丹，彼且自力，不足以逆順治也。夫失幽州于契丹，孰與失幽州于藩鎮？藉藩鎮之力而能使契丹不敢南向而牧馬，則衡量細微，而以逆順爲言者，雖不比于高、檜之奸諛，其爲國家害也則一而已矣。

向者支那藩鎮之盛，莫如曾、左。曾氏既夷粤寇，而勿能定九鼎于金陵。曩令知保種之大義，破僭妄之危言，則吴、楚賢士，雲合猋起而附其下，至今三十年，革政可成，何遽不如暹羅也？曾氏既歿，左氏横于赤縣者尚二十年。當是時，白人雖覬覦，猶歛戢勿敢大肆。其克新疆歸，有勸進者，長息曰："吾日莫塗遠，鬖然而齒墮矣。”嗟乎！有其時者無其志，有其志者阻其年，使支那無文武自將之主，而澌滅幾至于盡。及其偏裨代興，率不過局促文法，以守純臣之節，而敖者猶以跋扈議之，欲其蒲伏弁栗以爲順從，是直欲使十九行省盡淪没於醜虜而無孑遺也，豈不繆哉！

難者曰：東方之國，莫善於立憲政，孰有立憲政而使藩鎮得以自擅者乎？曰：向吾固云，化有進退，時有險易，其世不同者，其法未可以一也。物勢之相因若激湍，上薄而後下流於谿壑。板蕩之世，非得藩鎮以尊攘，則憲政不立。且今之斥擬藩鎮以爲跋扈者，其志果在憲政乎？抑他有所爲乎？夫削藩鎮以立憲政者，天下之至公也；削藩鎮以遂一二肺腑貴人之專欲者，天下之至私也。私之至者，不行媚白人，使膾牒中國以至於盡不已。今藩鎮雖離於至公，而猶未合於至私。若皇德貞觀，廓夷舊章，示民版法，陶冶天下，而歸之一憲，藩鎮將奔走趨令，如日本之薩、長二藩，始於建功，而終於納土，何患自擅？若猶是無憲也，方將倚依以爲屏輔，使内懾權要，而外保分地，跋扈之議，其未可宣也。善夫衡陽王公之言曰：“晉氏州牧分土，措施不拔，琅邪以延。六代文贏，漫不足紀，遺法餘力，僅支江介者二百七十年。使彼孱主孤邦，日斤斤焉以孤寡陵遲、倒柄藩牧爲慮，曾不足以建十年，而石、苻、拓跋已搴裳而絶安流矣。”“夫無百祀之憂，鮮九垓之辨，尊以其身於天下，憒盈儔侣，眕畔同氣，猜割牽役，弱靡中區，乃霍霍然保尊貴，偷豫尸功，患至而無以禦，物偪而無以固，子孫之所不能私，種類之所不能覆，葢王道泯絶，而《春秋》之所大憖也。”烏呼！吾讀《黄書》，至於《古儀》《原極》諸篇，涕潸然矣！

今古文辨義[1]

（一八九九年十二月二十五日）

自劉申受、宋于庭、魏默深、龔瑟人輩詆斥古文，學者更相放效，而近世井研廖季平始有專書，以發揮其義。大抵采摭四人，參以心得。四人者，于《毛詩》、《周禮》、《逸禮》、《古文尚書》、《左傳》，率攻擊如仇讎。廖氏則于四知皆加駁斥，而獨尊《左氏》，謂不傳《春秋》，正羣經之總傳，斯其異也。其《羣經凡例》、《經話》、《古學攷》等書，雖所見多偏戾激詭，亦由意有不了，迫于憤悱之餘，而以是爲强解，非夫故爲卻偃以衒新奇者。余是以因通人之蔽而爲剖釋焉。

綜廖氏諸説，一曰經皆完書無缺，以爲有缺者劉歆也；一曰六經皆孔子所撰，非當時語，亦非當時事，孔子搆造是事而加王心也；一曰四代皆亂世，堯、舜、湯、文之治皆無其事也；一曰《左氏》亦今學，其釋經亦自造事蹟，而借其語以加王心，故大旨與《公》、《穀》同，五十凡無一背《公》、《穀》也；一曰諸子九流皆宗孔子也。夫廖

① 據《亞東時報》第十八號，一八九九年十二月二十五日（光緒二十五年十一月二十三日）出版。

氏之意，特以宰予嘗言夫子賢過堯、舜，苟六經制作，不過祖述憲章，知堯、舜固爲作者之程，而孔子特爲述者之明，惡得以加于堯、舜之上哉。于此思之不通，則盡謂堯、舜事爲虚，而以歸之孔子，然後孔子爲生民所未有，而羣疑皆析矣。及後又得一證，觀春秋時公卿大夫烝報殘虐，降至而秦、漢以後，斯風漸熄，則意三代以上，其瀆亂無人理，必更甚于春秋，而堯、舜、湯、文，遂可一埽空之，至此則其守愈堅矣。古文逸經，多謂出於周公，是則六經爲周、孔並制，孔子又不得爲生民所未有也，于是謂逸經皆劉歆所僞撰，而孔子乃尊無二上矣。《左氏》述當時事，有極醜惡者，亦有極嘉美者，意春秋既爲亂世，則必不得有此美談，于是謂《左氏》亦自造事蹟，而非徵實之史。九流自儒家而外，八家所説古事，雖與經典不無齟齬，而大致三代以上，聖帝明王名臣才士亦略不異于羣經。且魄瑣小事，亦有與羣經合者。使其各爲一術，則孔子以前，墳典具在，孔子不能焚去其籍也。彼諸子者，何爲舍實事不言而同于孔子虚擬之事乎？于是詞窮，則不得不曰莊、墨、申、韓皆宗孔子也。至此則欲擯古文於經義之外，而反引珍説於經義之中；欲擯堯、舜、周公不得爲上聖，而反尊莊周、墨翟爲大師。則亦僅可鶻突其詞，敷衍其語，而於心終不能安，於理終不能晰矣。綜其弊端，不過欲特尊孔子，而彼此棖觸，疑義叢生，故不得不自開一径耳。

余則解之曰：孔子賢於堯、舜，自在性分，非專在制作也。昔人言禹入聖域而未優，斯禹不如堯、舜也；顔淵言欲從末由，斯顔不如孔也。此其比較，皆在性分之内，豈在制作哉！惟然，故惟宰我、子貢、有若輩親炙者知之，而孟氏則去聖已遠，未嘗親覩其氣象，故必引三子之言以爲證。若制作六經,則孟時全帙具在,以此證其優於堯、舜,自可言從己出,何必遠引三子哉?孟言伯夷、伊尹與孔子得百里之地而君之,皆能以朝諸侯,有天下,是則定太平、制禮樂,夷、尹與孔子同此能事矣,而又言二子不能與孔子相班,然則孔子之所以超越千古者,必不在制作可知也。堯、舜、周公適在前,而孔子適承其後,則不得不因其已成者以爲學,其後亦不得不據此删刊以爲羣經,此猶薑桂因地而生也,而其聖自過三人,此猶薑桂不因地而辛也。夫青勝於藍,冰寒於水,智過其師,亦何足怪?

然即以羣經制作言之,《春秋》自爲孔子筆削所成,其旨與先聖不同,即《詩》、《書》亦具録成、康後事,其意亦不必同於堯、舜、周公矣。惟《易》與《禮》、《樂》,多出文、周,然《易》在當時,爲卜筮所用,《禮》、《樂》亦爲祝史瞽矇之守,其辭與事,夫人而能言之行之也。仲尼贊《易》爲十翼,則意有出於爻象之外者。今七十子傳微言於後學,而爲之作記,則意有出於《禮》、《樂》本經之外者。注《禮運》、《禮器》、《仲尼燕居》、《三朝記》等篇,非《士禮》《周官》所能盡也。《樂》亦可知。至於《記》中制度有異二禮,則自爲孔子制作,兼用夏、殷,然不去二禮以存其異者,通三統也。夏、殷之禮不存者,文獻不足徵也。是故經皆孔子之經,而非堯、舜、周公所得據,然彼所以聖過數子者,當不在是。自唐以後,太學遂罷旦而記尼,①亦以孔子聖德,自可度越前哲耳。豈以爲《士禮》不出周公,而《周禮》又當擯絶哉?然則孔子自有獨至,不專在六經;六經自有高於前聖制作,而不得謂其中無前聖之成書,知此則諸疑

① “記”,疑當作“祀”。

冰釋，以下無庸再解矣。

然猶必解之者，則以世儒或不明廖氏本恉，而反取其支流以爲根據也。春秋時事，穢濁不忍聞，大半皆出君相，此事非秦、漢以後所無也。郡國守相，藩鎮將帥，亦與古諸侯同。特封建之世，國皆有史，故穢事流傳；郡縣之世，非天子不得有史，故其事隱祕。不然，齊文宣、隋煬帝、唐太宗、玄宗、梁太祖及元世諸主之淫昏烝報，[①]皆與春秋時事不殊，其君有之，而謂其將吏無之乎？封建變而爲縣，若弑君則秦漢以後，祇奉一共主，固宜其少。然郡則諸侯變而爲守令，殺守令亦猶弑君也。明亡以來，與春秋年數相當，歷數成案，戕官之事，何止弑君三十六乎？[②]而骨肉相殘，如兩江總督噶禮之謀酖其母者，更不足論也。要之，此在法令修明與否，而不專在教化。春秋時法令不如漢、唐、宋明盛脩明，故有此瀆亂事耳。若教化，固猶此教化也，有此教化，而上之人不能使昭明，斯法令不修之罪也。五帝四王在上，及幽、厲以前小康之世，固無此瀆亂矣。而據此逆推，謂三代皆無教化之亂世，何其誣也？

且廖氏又曰："《山海經》，真禹制也，而《禹貢》爲孔子之書；《穆天子傳》，真周事也，而本紀多弟子所傳。"夫如是，則《山經》、《穆傳》所載神仙妖鬼，乃真塙有其事矣。是願專□教，而反爲神仙妖鬼諸事立一實證，雖孔子亦無說以斥其誇誕也，則其說適爲淫詞助攻之柄而已矣。《左氏》借古義美詞以釋經，余亦嘗有是語。其言曰："陸元朗之敘《莊子》也，曰辭趣華深，正言若反；吕成公之論《史

---

① "烝"，原作"丞"，據文義改。

② "三"，原作"二"，據《史記》改。

記》也，曰文見於此，起義於彼。以此讀《左傳》，則大通矣。”然所謂古義美詞者，皆當世自有其言，特《左氏》綴集以釋經耳。其事本不爲經發，而《左氏》則借之以申經義，故常有文在彼傳，而實以申此經者。若使《左氏》自造，則不必爲此隱見回曲之辭，而不妨于本條之下直造斯語矣。且苟其古義美詞，皆非實有，則所謂烝報殘虐者，亦安足據哉！

大抵《左氏》以事託義，故説經之處，鮮下己意，而多借他處之義以釋之。故其意最爲難知，而其功亦如集腋𣪊材，非二百四十年之遺語，不足以回旋其意也。即孔子作《春秋》，何獨不然？苟曰撥亂世以成升平，由升平以成太平，則王者布政不過一世，而民已無不仁矣，何待二百四十年乎？惟《春秋》非二百四十年則行事不備，無以爲法戒，亦猶《左氏》非二百四十年則嘉語不備，無以相證解耳。然則孔子著經，亦若兼爲傳人地者，故曰經之與傳一體相成，共爲表裏也。若因服注“季札觀樂”事，云傳家據己定言之，遂謂《左氏》他事亦皆取六經微言大義以裁成之，是則單文孤證也已矣。《左氏》非剿襲國史，其筆削去取之功勤矣，于此偶從己定言之，此《左氏》之文，非國史原文可知，要非于國史之外自撰事實也。至三傳大旨，自有相同，而其異者終若瓜疇芋區之不可念。廖氏見近世治《公羊》者，皆明斥《左氏》，而不明斥《穀梁》，然《穀梁》之異於《公羊》不下《左氏》，而諸儒意見偏枯如此，則不如并《左氏》而進之，且均以爲今學也。此廖氏識見卓絶處，亦正其差池處。

葢同爲今學十四博士，其異同猶不可更僕，如韓太傅説《詩》，《藝文志》謂其與齊、魯間不同，此即其見端也。三傳同者自同，異者自異，穿穴鑿鑿以相比附，亦何不可？要之，離則雙美，合則兩傷，調人劉兆，甚無謂也。至於諸子分流，自出疇人散亂之後，家各承其舊學，更相衍説，以成一泒，與孔子何與？此不必辨者，廖氏亦不能求其安隱也。即如墨子專與仲尼立異，巧文醜詆，孟、荀皆欲放拒之，此必不能謂其宗孔也。其他雖褒貶互見，要亦如儒家之取老聃，非宗之也。宋世蘇氏，學最疏陋，以其牧豎兔園之見，謂莊周尊崇儒術。明世陋者，復揚其波，如《莊子雪》等書是矣，斯何足效乎？謂經皆完書者，以秦焚《詩》《書》，未及博士所藏耳，不知荀子言秦無儒矣。伏生適通《尚書》，其餘博士，非書通經術，①彼時固以博士備顧問，非如漢博士之爲經師也。古者書無雕本，非儒生獻書，其書無由入官。《周禮》之不傳於漢初，《禮經》之有逸篇三十九，正以秦無其儒，故博士無其書耳。且酇侯所收，止丞相御史府圖籍，此當時政書，與博士之《詩》《書》何涉？其後咸陽焚于項羽，則博士所藏，亦庸能傳布乎？以此末殺古文，未見其可也。

廖氏謂今文重師承，古文重訓詁。惟重師承，故不能自爲岐説；推重訓詁，故可以由己衍解，是亦大誤。大小夏侯同出兒寬，而彼此相非。王式《魯詩》，江公《穀梁》，皆近本申公，而醜詆狗曲。至《詩緯》本於《齊詩》，而言《詩》含六情五際，絶於申。申者，謂申公也，則齊、魯《詩》亦如仇敵矣。其相忌克如此，安能恪守師説乎？苟專以師承爲重，矩尺弗違，則五經衹應有五師耳，《易》本商瞿，何以分爲施、孟、梁邱？《詩》本子夏，何以分爲齊、魯、韓？此見其不守師承，故有爭端

① “書”，疑當作“盡”。

也。安得有十四博士乎？古文之訓詁，如《周禮》杜及大鄭等注，在今日視之爲平常，不知當時鑿山通道，正自不易。葢此諸家未言章句義理，惟求其字句之通，正如今日校勘家，彼此參稽以求通其所不可通。迨其左右采獲，徵結晝解，則豁然塙斯而不可變，非如今日專執小學以説經者，必欲皮傅形聲，舍其已通者而爲之别求新説也。此訓詁之所以是重，而非穿求崖穴者所可擬矣。近代訓詁家如惠、戴、段、王，皆得古人正脈，其後以小學説經者，則多穿求崖穴矣。訓詁既通，然後有求大義者，異義所載是也。然賈、馬、許、鄭皆古文，而説亦有異，比正與十四博士之異義相似。今古文皆然，何獨謂古文不重師承乎？

今觀廖氏所論，其於《公羊》，則不取劭公日月之説，即董生《繁露》，亦有不滿，且并王魯之説駁之，則大義亦與先師迴異，而猶謂今文重在師承，恐已於今文，已不能重師承矣。若曰吾所言者，與經悉合，經旨自如此，故不敢屈經以從先師也，則何責於古文家哉！若曰吾所言者，獨合於經，而古文家獨否，則深於古文者，亦正有辭以禦之耳。至不守先師微言大義之師承，而獨守經皆完書之師承，則仰粱自思，當亦覺其可哂矣。

總之，廖氏之見，欲極崇孔子，而不能批郤導窾，以有此弊。尋其自造六經之説，在彼固以爲宗仰素王無出是語，而不知踵其説者，并可曰孔子事亦後人所造也。噫嘻！槁骨不復起矣，欲出與今人駁難，自言實有其人實有其事，固不可得矣。則就廖氏之説以推之，安知孔子之言與事，非孟、荀、漢儒所造耶？孟、荀、漢儒書，非亦劉歆所造耶？鄧析之殺求屍者，其謀如此；及教得屍者，其謀如彼。智計之士，一身而備輸、墨攻守之具，若好奇愛博，則縱横錯出，自爲解駁可也。彼古文既爲劉歆所造，安知今文非亦劉歆所造以自矜其多能如鄧析之爲耶？而《移讓博士書》，安知非亦寓言耶？然則雖謂蘭臺歷史，無一語可以徵信，盡如蔚宗之傳王喬者亦可矣。而劉歆之有無，亦尚不可知也。烏虖！廖氏不言，後之人必有言之者，其機蓋已兆矣。若是，則欲以尊崇孔子而適爲絶滅儒術之漸，可不懼與？

觀廖氏書，自謂思而不學，又謂學問三年當一小變，十年當一大變，知其精勤虚受，非鹵莽狂仞者比。今於尊崇孔子一案，既爲解明如此，則諸論皆不必發。吾甚願廖氏之大變也。若夫經術文奸之士，藉攻擊廖士以攻擊政黨者，則埳井之鼃，吾弗敢知焉！

跋館森鴻《與人書》[1]

（一八九九年）

推重東原，與鄙意最合。明季社會之佻達，西河、竹垞之武斷，[2]望溪、海峰之迂闊，迭勝迭負，難爲雌雄。自東原出，而三種氣息，皆漸次肅清。即專以考證言，實事求是，亦一變至道矣。況其發明性善，實與路索自由之説，東西並峙耶？東原云："宋儒以理殺人，死矣，無可救矣。"驟觀幾爲吐舌，及細思之，所謂餓死事小，失節事大，及《離騷》不甚怨君等説，皆出自宋儒。大氐揭櫫三綱，使卑賤不得一豪自便者，實始於此，周、孔、孟、荀，未有斯義也。以此爲理，致人人失其自由，而禹域人心腐敗，遂至此極，所謂瘴氣性者非耶？東原主張性善，不免偏於尊孟，而欲彗掃瘴氣，則非此因不爲功。[3]噫！使東原之説早行，吾國亦當人人知自由矣。旻天不淑，斯編尚覆醬瓿，其亦如智井之心史哉！

---

① 據湯志鈞《乘桴新獲》。

② "垞"，原誤作"坨"。

③ "因"，疑當作"固"。

《照井氏遺書》序[①]

（一八九九年）

仲尼不死，荀卿不作。荀卿作，孟氏不得不斂衽。程、朱、陸、王之横出，推孟子祀之於明堂，而荀學不得不爲虚厲。顧、閻起於西，物太宰起於東，稍崇漢學，則心性始絀，然逡遁不敢背孟子，雖異宋儒，其害則入其楑柜之間者也。烏乎！照井全都者，其有憂患乎？著書山樊，獨弦哀歌，而人莫舉其名者。獨安井衡嘗一見之，曰：自毛、鄭之殂落，子無匹偶矣。卒立槁以死，而人復莫舉其名者。余友館森子漸始得其遺書，其《禮樂》、《湯武》、《封建》諸論，渠則荀子，最爲閎深，以是洞通古義，而挹注九家，以説《莊子》，以訓四書，不易其軌。盡自嬴吕以至於今，有照井全都，然後荀子由蘖於東海。或曰：四書者，宋、元諸儒所擅命也，全都奚取焉？曰：昔者荀子非十二子，而譏子思、孟軻之倡五行。五行之説，今見於康成《中庸注》。其言曰：木神則仁，火神則禮，土神則信，金神則義，水神則智。孟子和之，始悍然言性善。蜀之狡豎，洛之魁儒，或盜

---

① 據湯志鈞《乘桴新獲》。

焉,或守焉,内相鬩而外偕禦其侮。暨於明儒,尤併張自肆。良知興,無善無惡之性出,而六藝殆乎墜地。全都非訓釋二家,其足以見荀子之匡正乎? 雖同宋儒,其實則出其楏桓之外者也。

烏乎! 當西漢之朔,傳荀學者,獨伏、賈、董、韓諸明哲耳。其後若没若滅,陵夷至於宋、明,秏矣。日本之有文字,昉於應神,而當晉太康,是時荀學則已失其綱紀。全都生千四百紀以後,獨能高歷長駕,引其微論,鈎既沈之九鼎,而出之絶淵,其學術雖在伏、賈、董、韓間,其功則逾遠矣。

抑吾聞之,聖人之不當位者,必在林麓之間,非直無官禄也。十室以外,乃不能識其須麋。當明之季,有王夫之者,竄於衡山,而爲《黄書》、《噩夢》,幾矣。今全都又邁之。余東游暮,不得見全都,而識其弟子大田代恒德,其爲《荀子論》,亦卓犖絶流俗,然今幾七十矣,蓽處而鷇食,完髮以居,人亦無止其門者也。雖然,三統七始,仲尼、子弓之所遺者,昔在荀子,而今在全都之徒也,可以南面矣。

孔子二千四百五十年,支那章炳麟序。

題《封建》《禮樂》等四論之後[①]

（一八九九年）

太史列傳，孟、荀並稱，漢人亦多言之。自唐以來，蘭陵之學，漸爾墜地，雖有程、朱、陸、王之爭，漢學、宋學之辨，終不能出孟氏範圍。先生生二千年後，獨能抗希大儒，仔肩絶學，信秦、漢後一人哉！《封建》、《禮樂》等篇，力與唐儒相爭，其旨似近迂闊，而精微獨到，迥非韓、柳所能言。明季王船山始創崇重藩鎮之議，與先生説若合符節。《湯武》一篇，全取《荀子・正論》之意，而與黎洲《原君》篇，亦彼此神契。論《莊子》，尤能超出俗見。且論德非論道一語，郭子玄、成玄英皆不能發，蒙吏有知，其當張目於九泉矣。支那後學章炳麟識。

① 據湯志鈞《乘桴新獲》。

江建霞像贊[1]

（一八九九年）

東吴菰蘆，乃有江氏。誦數之賢，一二三四。雖未知時，主文善刺。雖未知人，好龍亦至。今也則亡，永塈永泗。

① 據《逸經》第二十二期。

感遇五首[①]

（一九〇〇年四月）

羽人仍懸囿，倒影臨黄埃。何意丹朱墓，今在蒼梧臺。青鳥東南飛，言从王母來。俄頃化金翅，察見淵魚荄。鈎餌豈不戒，戢鱗非予懷。一

惠、連故侏張，轅生亦狂者。峨峨汲長孺，抗音評天馬。人事有詭遷，王政在熔冶。何以振陵遲，喋血坌流赭。鯫生不知務，舂容陳大雅。二

夏啓棘賓商，登天聞九歌。馮珧射封豨，夷羿功爲多。機祥一倡教，亢龍持其柯。五德究終始，寶鼎安無吪。有扈信雄桀，揮此甘亭戈。三

大儒思操椎，小儒思壓顪。嗟嗞臚傳辭，朔南同一概。宣父爲法制，端門非百代。暖暖願執鞭，姝姝長守隘。不遇漢連敖，誰當羞伍、噲！四

① 據《宋恕集》。

鯤鵬貴善化，蟪蛄寧知時？叔旦賜冠帶，猿狖鬻且啼。吾昔亦咀公，修豪垂髽鬌。吹萬性不同，歧路各舛馳。金沈與羽浮，異質紛相蜡。烈缺震潛蟄，君平真吾師。五

和曲園先生《秋懷·傳家》[①]

（一九〇〇年十月一日）

復丁舊有賢孫子，老洫如緘愈善藏。
薄領漸疏思更寂，林簃無事樂渠央。
家書北海懷通德，院政東方感法皇。
《成相》一篇留譎諫，杜根何必困縑囊？

① 據《中國哲學》第九輯。

《拙存園叢稿》後序[①]

（一九〇一年三月）

八國討滿洲之歲，冬十二月，子漸出其文數十首，令余審定。

文勝爲史，而《七略》傳《太史公書》於《春秋》。然則本六藝以述紀傳，其餘緒爲文辭。篤學而不文，自賁也；尚辭而弱質，負乘也。自太史公、班孟堅，皆修經術。陳壽學於譙周，議禮鏗鏗。范曄之祖汪寧及泰，三世善鄭學。故四史爲尤卓。唐之修《隋書》，有顏榴、孔沖遠，然孔氏功爲多。故晉以後，《隋書》爲特卓。其後文士多規法史官。中唐之志狀，與後漢南北朝異矣。今夫徐、庾之文，不孤立，故一言則兩之，失其冗費。革於子昂，恢於蕭、李、獨孤，至韓愈大備，始體要也。然自兩宋至今，皆自謂宗祀韓氏。氣煩益嚻，宛轉而不盡，或一言則十之，其冗費乃甚徐、庾，是何故？不課史與六藝之學，則恃其外疆以取給者，惟患其無盈辭也。余少以小學治理，自漢儒及近世諸師之説，略茹飲之矣。卒治《左氏》，上規荀、賈。故言史則好《世本》、《七略》，雖鄭樵之志尚焉。嫉夫

① 據館森鴻《拙存園叢稿》，大正八年己未八月鉛字排印本。

言無檢格，橫流而不凝者。故言文辭，隆秦漢，則好韓愈及權德與、皇甫湜，爲其深深，不及流污，雖宋祁之列傳尚焉。自是有所作，則瑰於詞，鬱於氣，而方嚴於體。

祓三厲文①

（一九〇一年四月二十六日）

重光赤奮若之歲，三月甲戌，餘杭章炳麟謹以戈彗桃茢，祓故尚書徐公、故侍郎許公、故太常卿袁公之櫬曰：

烏虖哀哉！曲突徙薪，六烈峨峨。焦頭爛額，曾不足多。尚書莠言，廢帝立哥。侍郎太常，或寢或吪。首施觀望，唯之與阿。退則籥卷，進則媕婀。昌言勦寇，陰市于俄。金繒在前，遑恤菹蘸。

烏虖哀哉！南山剖竹，不足書罪。甏之蕭斧，孰云天醉。跖蹻自戕，焚身誰懟。緊古義烈，賢勞盡瘁。或盪彊胡，顱糜頂瓻。尸祝鬼雄，是曰無媿。今也不然，薰蕕易類。華衮所褒，汪黄與檜。

烏虖哀哉！王甫之屍，陽球是磔。趙倫之墓，閻纘是轢。聞爾櫬至，鮑魚一石。吴淞潑潑，餘臭上徹。我無金椎，椎爾血額。斫以赤刀，黄腸拱柏。願爾國殤，靈旗搏格。訟我天閶，來取我魄。烏虖哀哉！

① 據《清議報》第八十册，一九〇一年五月二十八日（光緒二十七年四月十一日）出版。

贈吴君遂詩並跋[①]

（一九〇一年四月）

漸識吴君遂，高情棄直廬。卜居梅福里，草上杜根書。域外㑊張楚，斯人願伏蒲。修門遺燼在，誰共弔三閭。

君遂刑部豔厲守正，有張廷尉風槩，以讞獄牾上官，投劾歸里，中更國變，嘉遯滬瀕，雖棲神家衖，未忘君國。己亥秋，草疏抗言國是，未及上。是時海外驁駿，奮議征誅，而君悱然冀靈修之一悟也。素善壽伯茀學士，庚子鞭墓之役，伯茀死難，君益無聊。余與君相識逾稔，嘉其懇欵，輒賦一律以尉聊寂云爾。辛丑三月章絳書。

---

① 據章士釗《孤桐雜記》，《甲寅》周刊第一卷第一號，一九二五年七月十八日出版。

與孫寶瑄戲以《石頭記》比擬當世人物[①]

（一九〇一年七月二十七日）

那拉，賈母；在田，寶玉；康有爲，林黛玉；梁啟超，紫鵑；榮禄、張之洞，王鳳姐；錢恂，平兒；樊增祥、梁鼎芬，襲人；汪穰卿，劉老老；張百熙，史湘雲；趙舒翹，趙姨娘；劉坤一，賈政；黄公度，賈赦；文廷式，賈瑞；楊崇伊，妙玉；大阿哥，薛蟠；瞿鴻禨，薛寶釵；蔣國亮，李紈；沈鵬、金梁、章炳麟，焦大。

---

① 據孫寶瑄《忘山廬日記》。

正仇滿論[①]

（一九〇一年八月十日）

梁子既主立憲政體，[②]又爲《積弱溯源論》，曰："真有愛國心而具特識者，未有仇視滿人者也。"嗚呼！梁子迫于忠愛之念，[③]不及擇音，而忘理勢之所趣，其説之偏宕也亦甚矣。夫今之人人切齒于滿洲，而思順天以革命者，非仇視之謂也。屠劊之慘，焚掠之酷，鉗束之工，聚斂之巧，往事已矣。其可以仇視者，[④]亦姑一切置之。而就觀今日之滿人，則固制漢不足，亡漢有餘，載其呰窳，無一事不足以喪吾大陸。今夫官吏之溺職者，則取而廢黜之，非有所仇視于官吏也。人民之殺人行劫者，則執而斷斬之，非有所仇于人民也。[⑤]今滿人之闒茸者，進不知政，退不知農商，睢盱榛狉，狀若鹿豕，惟賴宗禄甲米爲養，而一二桀黠者，則一切取吾漢人之善政而顛倒更張

① 據《國民報》第四册，一九〇一年八月十日（光緒二十七年六月二十六日）出版。又發表於《黄帝魂》。

② "梁子"，《黄帝魂》作"梁啓超"。

③ "梁"，原誤作"粱"。

④ "以"，《黄帝魂》無。

⑤ "仇"，《黄帝魂》作"仇視"。

之，一切取吾漢人之賢駿而芟薙鉏刈之。然則所謂溺職者，與所謂殺人行劫者，其今之滿人非耶？雖無入關以來屠劊、焚掠、鉗束、聚斂之事，而革命固不得不行，奈何徒以仇視之見，狹小漢人乎？觀梁子所論，以路易十四比乾隆，以擁護一姓私産而不爲國民全體罪曾、左諸公，其知滿洲全部之當去也明矣。所極不忘者，獨聖明之主耳。夫其所謂聖明之主者，果能定國是，厚民生，修内政，禦外侮，如梁子私意所料者耶？彼自乙未以後，長慮卻顧，坐席不煖者，獨太后之廢置我耳！①啟憂内結，智計外發，知非變法，無以交通外人，得其歡心；非交通外人，得其歡心，無以挾持重勢而排沮太后之權力。②故戊戌百日之新政，足以書于盤盂，勒于鍾鼎。其迹則公，而其心則祇以保吾權位也。曩令制度未定，太后夭殂，③南面聽治，知天下之莫予毒，則所謂新政者，亦任其遷延墮壞而已。何也？滿漢二族，固莫能兩大也。今以滿洲五百萬人臨制漢族四萬萬人而有餘者，獨以腐敗之成法，愚弄之、錮塞之耳。使漢人一日開通，則滿人固不能晏處于域内，如奥之撫匈牙利，土之馭東羅馬也。人情誰不愛其種類而懷其利禄？夫所謂聖明之主者，亦非遠于人情者也。果能敝屣其黄屋，而棄捐所有以利吾漢人耶？藉曰其出于至公，非有滿漢畛域之見，然而新法猶不能行也。何者？滿人雖頑頓無計，而其怵惕于漢人，知不可以重器假之，亦人人有是心矣。頑頓愈甚，團體愈結，五百萬人同德戮力，如生番之有社寮，是故漢人

①② “太后”，《黄帝魂》均作“那拉氏”。
③ “太后”，《黄帝魂》作“那拉”。

無民權，而滿洲有民權，且有貴族之權者也。雖無太后，①而掣肘者什伯于太后；②雖無榮禄，而掣肘者什伯于榮禄。今夫建立一政，登用一人，而肺腑暱近之地，羣相讙嘵，朋疑衆難，襍沓而至，自非雄桀獨斷，如俄之大彼得者，固勿能勝是也。共驩四子，于堯皆葭莩姻婭也。靖言庸回，而堯亦不得不任用之。今其所謂聖明之主者，其聰明文思，果有以愈于堯耶？其雄桀獨斷，果有以儕于俄之大彼得者耶？由是言之，彼其爲私，則不欲變法矣；彼其爲公，則亦不能變法矣。進退無所處，而猶隱愛于此一人，何也？

梁子又曰："今之民賊，其在漢人者往往而有，非獨滿人然也。"夫漢人之有民賊，固也。彼思今之漢人，判涣無羣，人自爲私，獨甚于漢、唐、宋、明之季者，誰致之而誰迫之耶？吾以爲今人雖不盡以逐滿爲職志，或有其志而不敢訟言于疇人，然其輕視韃靼以爲異種賤族者，此其種性根于二百年之遺傳，是固至今未去者也。往者，陳名夏、錢謙益輩，以北面降虜，貴至閣部，而未嘗建白一言，有所補助，如魏徵之於太宗，范質之於宋祖者，彼固曰異種賤族，非吾中夏神明之胄。所爲立于其朝者，特曰冠貂蟬襲青紫而已。其存聽之，其亡聽之，若曰爲之馳驅效用，而有所補助于其一姓之永存者，非吾之志也。理學諸儒，如熊賜履、魏象樞、陸隴其、朱軾輩，時有獻替，而所因革，未有關于至計者。雖曾、胡、左、李之所爲，亦曰建殊勛、博高爵耳，功成而後，于其政治之盛衰，宗稷之安危，未嘗有所籌畫焉。是并梁子所謂擁護一姓者，而亦非其志也。其他朝士，

①② "太后"，《黄帝魂》均作"那拉氏"。

入則彈劾權貴，出則搏擊豪彊，爲難能可貴矣。次即束身自好，優游卒歲，以自處于朝隱，而下之貪墨無藝怯懦忘恥者，所在皆是。三者雖殊科，要其大者不知會計之盈黜，小者不知斷獄之多寡，苟得稟禄，以全吾室家妻子，是其普通之術矣。無他，本陳名夏、錢謙益之心以爲心，固二百年而不變也。明之末世，五遭革命，一命之士，文學之儒，無不建義旗以抗仇敵者，下至販夫乞子，兒童走卒，亢志不屈，而仰藥剚刃以死者，不可勝條也。

今者北京之破，民則願爲外國之順民，官則願爲外國之總辦，食其俸禄，資其保護，盡順天一城之中，無不牽羊把茅甘爲貳臣者。[①]若其不事異姓，躬自引決，縉紳之士，殆無一人焉。無他，亦曰異種賤族，非吾中夏神明之胄，所爲立于其朝者，特曰冠貂蟬襲青紫而已。其爲滿洲之主則聽之，其爲歐美之主則聽之，本陳名夏、錢謙益之心以爲心者，亦二百年而不變也。然則滿洲弗逐，而欲士之爭自濯磨，民之敵愾效死，以期至乎獨立不羈之域，此必不可得之數也。浸微浸衰，亦終爲歐美之奴隸而已矣。非種不去，良種不滋；敗羣不除，善羣不殖。自非躬執大彗，以掃除其故家汗俗，[②]而望禹域之自完也，豈可得乎？

梁子又曰："歐洲列國，常有君統乏嗣，而迎立異國之公族以爲君者。故知中國積弱之源，非必由於滿人之君天下也。"夫歐洲各國，大抵出于日耳曼種，偷通賽而脱等，百種千名，所在殊狀，而其文明程度大略相等，且其迎立新君，往往出于婚媾之國，是非滿漢

---

① "羊"，《黄帝魂》作"牛"。

② "汗"，疑當作"汙"。

之可與並論者也。乏嗣而迎立新君，則其國家已定矣。若夫兩種襍居，獷者處上，束鉗縛制，使其一種欲爲牛馬臧獲則不可得，我欲以大度容人，而如人之不以大度容我何？則希臘、意大利之自立，有成事矣。梁子頌言歐洲迎君之美，而諱稱希臘、意大利自立之事，豈不持之有故，言之成理耶？抑何其偏宕而遠于事情也？嗚呼！梁子所悲痛者，革命耳；所悲痛於革命，而思以建立憲法易之者，爲其聖明之主耳。

夫所謂革命者，固非溷淆清濁，而一概誅夷之也。自渝關而外，東三省者，爲滿洲之分地；自渝關而内，十九行省者，爲漢人之分地。滿洲嘗盜吾漢土以爲己有，而吾漢人于滿洲之土，未嘗有所侵攘焉。今日逐滿，亦猶田園居宅爲他人所割據，而據舊時之契約、界碑，以收復吾所故有而已。而彼東三省者，猶得爲滿洲自治之地，故曰逐滿而不曰殲殺滿人。其地未割于俄羅斯歟，則彼猶得保其主權，而將率醜類以爲蠻夷之大長，尚不失其帝位也；其地果割于俄羅斯歟，東胡大地，曠蕩鮮人，水草猶多，牧馬猶殖，使夫五百萬人者，反其故土，林林而立，總總而居，亦猶是滿洲之舊俗也。夫苟奮然切齒于前日屠劊、焚掠、鉗束、聚斂之怨，則將犂其廷，埽其閭，鞭其墓，瀦其宫，積骴成阜，蹀血爲渠，如去歲西人之仇殺義和團者，比于揚州十日、嘉定三屠，尚爲末減而未有增也。此則合于九世復仇之義，夫誰得而非之？今一切不計，而徒曰逐滿而已，宅爾宅，畋爾田，各營生計，特不得以腥羶于吾漢土，是其待之也，亦可謂至公至仁矣。其尚得曰仇視歟？乃夫此一人者，誠使不失其聖明，而能與俄羅斯相安，則奴兒哈赤之帝號，固未替也。若其漸染華風，樂慕上國，如匈奴賢王之歸化者，則封以三恪，處以大第，入朝不趨，贊拜不名，所以酬其百日變政之功者，固自有道，寧有斬以輕吕懸以大白者乎？

嗚呼，爲説至此，而革命與梁子所謂保皇會者，抑可以無間矣。昔之保國者，曰保中國不保大清；今之革命而不廢保皇者，曰保生命不保權位。雖梁子躬自革命，而于其忠愛之念，猶若可以無憾。夫何姁姁慈愛以悲痛于此乎？若夫梁子所謂立憲者，吾又不知其何以能立也。凡一國專制之主，而欲立之權限，勿使自恣者，必有國會、議院以遏其雷霆萬鈞之勢者也。而是二者，皆起于民權，非一人之所能立。方今霾曀屯否之世，顧所謂民權者安在乎？其必睿聖仁彊之丈人，文能附衆，武能卻敵者，糾合志志，大鞣大搏，以與凶頑爭命，而後可以就事。事之既就，人心所歸，必在英桀，則此睿聖仁彊者雖欲不居帝位，而抑無所遁。苟曰使彼反其初服，而惟以舊日假號之帝王，爲吾共主，是則選立共主之法，不于賢否，而惟于成俗沿襲之虚名也。今夫中國非可以日本爲比例者也。彼以二千五百年之舊主，神器相傳，無有移易，則臣民之于舊主，亦既有其感情。故維新之始，雖以志士號呼搏擊，得奠大功，而卒以尊王爲成績，是豈處置異種者，所得援以爲例者哉？必使民權既成，而猶立憲以保此一人之位，何異漢高破秦而使之尊事懷王，明祖滅元而使之擁戴林兒？微特于義無取，亦事之必不可得者也。吾故曰梁子迫于忠愛而忘理勢之所趣也。

案梁子又言："日本異國，我猶以同種同文引而親之，何有于滿洲？"夫自族民言之，則滿日皆爲黄種，而日爲同族，滿非同族。載在歷史，粲然可知。自國民言之，則日本隔海相對，自然一土，而滿洲之在雞林靺鞨，亦本不與支那共治。且其文字風俗之同異，則日本先有漢字，而後制作和文，今雖襍用，漢字猶居大半。至滿洲則自有清書，形體絶異。若夫氈裘湩酪之俗，與日本之葛布魚壚，其去中國，孰遠孰近？然則日親滿疏斷可知矣。雖然，以獨立自主言，則雖以日本宰制吾土，而猶不欲降心相從，何有于滿洲？即此義既多知者，故今不辯，辯以理勢如此。

漫　興[1]

（一九〇一年十二月十一日）

花黯乾坤野馬飛，春江憑眺故依依。
天涯雷電驚朱雀，海國風塵化縞衣。
梅福上書仙宦薄，園公採藥素心違。
登臺欲望南屏翠，蒼水陵高蕨豆肥。

① 據《選報》第四期，一九〇一年十二月十一日（光緒二十七年十一月初一日）出版。

謝本師[①]

（一九〇一年）

余十六七歲始治經術，稍長，事德清俞先生，言稽古之學，未嘗問文辭詩賦。先生爲人豈弟，不好聲色，而余喜獨行赴淵之士。出入八年，相得也。頃之，以事游臺灣，臺灣則既隸日本。歸，復謁先生，先生遽曰："聞而游臺灣。爾好隱，不事科舉。好隱，則爲梁鴻、韓康可也。今入異域，背父母陵墓，不孝；訟言索虜之禍毒敷諸夏，與人書指斥乘輿，不忠。不孝不忠，非人類也。小子鳴鼓而攻之可也。"蓋先生與人交，辭氣陵厲，未有如此甚者！先生既治經，又素博覽，戎狄豺狼之説，豈其未喻，而以脣舌衛扞之？將以嘗仕索虜，食其廩禄耶？昔戴君與全紹衣並汙僞命，先生亦授職爲僞編修。非有土子民之吏，不爲謀主，與全、戴同。何恩於虜，而懇懇蔽遮其惡？如先生之棣通故訓，不改全、戴所操以誨承學，雖楊雄、孔穎達，何以加焉？

---

① 據《民報》第九號，一九〇六年十一月十五日（光緒三十二年九月二十九日）出版。

名學會攝影書後[1]

（一九〇二年四月八日）

流汗蒙頭愧黑辛，趙家熏腐足亡秦。[2]江湖滿地嗚呼派，衹逐山膏善詈人。[3]

天南餘燼思皇會，江左清談哲學家。地發殺機終爆裂，昭蘇萬蟄起龍蛇。

---

① 據《選報》第十二期，一九〇二年四月八日（光緒二十八年三月初一日）出版。又發表於《制言》第六十一期。

② “足”，《制言》作“解”。

③ “詈”，《制言》作“罵”。

《革命軍》序[①]

（一九〇三年六月）

蜀鄒容爲《革命軍》方二萬言，示余曰："欲以立懦夫，定民志，故辭多恣肆，無所回避，然得無惡其不文耶？"余曰："凡事之敗，在有其唱者而莫與爲相，其攻擊者且千百輩，故仇敵之空言，足以墮吾實事。"

夫中國吞噬於逆胡，二百六十年矣。宰割之酷，詐暴之工，人人所身受，當無不昌言革命。然自乾隆以往，尚有吕留良、曾静、齊周華等持正議以振聾俗，自爾遂寂泊無所聞。吾觀洪氏之舉義師，起而與爲敵者，曾、李則柔煦小人，左宗棠喜功名、樂戰事，徒欲爲人策使，顧勿問其韙非枉直，斯固無足論者。乃如羅、彭、邵、劉之倫，皆篤行有道士也。其所操持，不洛、閩而金谿、餘姚，衡陽之《黄書》，日在几閣，孝弟之行，華戎之辨，仇國之痛，作亂犯上之戒，宜一切習聞之。卒其行事，乃相紾戾如彼！材者張其角牙以覆宗國，其次即以身家殉滿洲，樂文采者，則相與鼓吹之。無佗，悖德逆倫，

① 據《蘇報》一九〇三年六月十日。

并爲一談，牢不可破。故雖有衡陽之書，而視之若無見也。然則洪氏之敗，不盡由計畫失所，正以空言足與爲難耳！

今者風俗臭味少變更矣，然其痛心疾首，懇懇必以逐滿爲職志者，慮不數人。數人者，文墨議論，又往往務爲温藉，不欲以跳踉搏躍言之，雖余亦不免是也。

嗟乎！世皆囂昧而不知話言，主文諷切，勿爲動容，不震以雷霆之聲，其能化者幾何？異時義師再舉，其必墮於衆口之不俚，既可知矣。今容爲是書，壹以叫咷恣言，發其慚恚，雖囂昧若羅、彭諸子，誦之猶當流汗祗悔，以是爲義師先聲，庶幾民無異志，而材士亦知所返乎！若夫屠沽負販之徒，利其徑直易知而能恢發智識，則其所化遠矣。藉非不文，何以致是也！抑吾聞之，同族相代，謂之革命；異族攘竊，謂之滅亡；改制同族，謂之革命；驅除異族，謂之光復。今中國既滅亡於逆胡，所當謀者光復也，非革命云爾。容之署斯名，何哉？諒以其所規畫，不驅除異族而已，雖政教學術、禮俗材性，猶有當革者焉，故大言之曰革命也。

共和二千七百四十四年四月。

駁《革命駁議》[①]

（一九〇三年六月十二日）

昨讀某報《革命駁議》，[②]自謂主張維新，而不主張革命，大致以今日革命之難，一在外界干涉，一在内容腐敗，故不如降心壹志，研究實學，以爲異日輔佐君國、興起宗邦之用。語多鶻突，未能分析明瞭，不知異日獲用，將以立憲政體輔佐君國、興起宗邦乎？抑將小小變法，補苴罅漏，而遂可以輔佐君國、興起宗邦乎？若僅變法而已，康有爲戊戌之事，成鑒未遠，誠使胡牝就戮，明辟當陽，百日新政延至百歲，而外人之侵犯國權，要求割地，果能御之與否？若言立憲，某報既知人心腐敗，[③]以鑿井耕田爲本分，輸租納税爲常職，初不知何者爲自由，何者爲不自由矣。而欲其決議税則，規復權利，此又必不可得之數也。夫小小變法，不過欺飾觀聽，而無救

---

① 據《蘇報》一九〇三年六月十二至十三日（光緒二十九年五月十七至十八日）出版，署"漢族之中一漢種"。又發表於《黄帝魂》。按：一説此文爲章太炎與柳亞子、蔡元培、鄒容等合撰，一説此文爲章士釗的文字。

② "昨讀某報《革命駁議》"，《黄帝魂》作"有著《革命駁議》者"。

③ "某報"，《黄帝魂》作"彼"。

於中國之亡，立憲足以救國之亡，[①]又非不知自由者所能就，然則研究實學，果安所用耶？然而維新之極點，則必以立憲爲歸矣。彼所以侈陳維新、諱言革命者，非謂革命之舉，必伏屍百萬，流血千里，大蹂大搏，以與凶頑爭命，[②]而維新可從容晏坐以得之耶？

夫各國新政，無不從革命而成。意大利、匈牙利之轟轟烈烈，百折不迴，放萬丈光芒於歷史者，無論矣。英倫三島，非以不成文憲章與憲政祖國之名，自豪於大地者乎？然一千二百十五年之革命何如？一千四百八十五年之革命何如？一千八百三十二年之革命又何如？使英人而不革命，則一土耳其耳！東睨日本，非以皇統綿綿，萬世一系，貢媚言於其君主者乎？然薩、長二藩，尊王覆幕之革命何如？西鄉、南洲、鹿兒島之革命又何如？使日本而不革命，則一朝鮮耳。然則革命與維新，又何擇焉？

某報言論，[③]洋灑萬千，而莠言熒聽，最足破衆庶之膽，而短英雄之氣者，則曰外人干涉而已。夫干涉亦何足懼？使革命思想能普及全國，人人挾一“不自由毋寧死”之主義，以自立於摶摶大地之上，與文明公敵相周旋，則炎黄之胄，冠帶之倫，遺裔猶多，雖舉揚州十日、嘉定萬家之慘劇，重演於二十世紀之舞臺，未必能盡殲我種族。不然，逆天演物競之風潮，處不適宜之位置，奴隸唯命，牛馬唯命，亦終蹈紅夷椶蠻之覆轍而已！菲律賓前事，尤吾黨所捶胸泣血、飲恨終夕者也。雖然，以阿圭拿度之英傑，菲國國民之義憤，今

---

① “國”，《黄帝魂》作“中國”。

② “大搏”，《黄帝魂》作“小搏”。

③ “某報”，《黄帝魂》作“且彼之”。

雖茹辛含苦，暫爲强敵所屈伏，而仰視天，俯視地，咄咄書空之情態，殆不可以一日已。黄河伏流，一瀉千里，大地風雲，朝不謀夕，吾敢昌言曰：十年以後，太平洋中，無復美利堅人之殖民政略矣。即不然，而當日義旗一指，千里從風，西班牙九世之仇，亦既掃蕩無餘，不猶愈於伈伈俔俔，長爲奴隸者乎？彼謂鄉村富户，值群盜在門之時，其主人與僕從，唯有齊心協力，抵禦外侮；若兩造同室操戈，先已筋疲力盡，迨至群盜破門而入，即更不復能抵禦，此固一定之理矣。吾不知彼之所謂主人與奴隸者，將何所指乎？夫中國國民，固爲全國之主人翁，若今之政府，不能盡公僕之天責，而反摧夷辱戮我民以爲快，直群盜之尤無賴者耳！内盜不去，盤堂踞奥，而嚣嚣然曰拒外盜拒外盜，縛手足與人鬭，烏可勝乎？

且彼既排革命而主張維新矣，而維新終未可從容晏坐以得之，則仍不得不望諸民黨之崛起。彼政府之仇視我也，見我民之稍有氣節、稍有舉動者，莫不欲得而甘心，又豈知革命與維新之有别哉！唐才常昌言勤王而伏屍鄂市，日本留學生以服從政府爲主義而下詔大索海内，況維新、革命，相去不能以寸乎？① 吾知一旦憲政黨出現於中國，而政府之追討，外人之干涉，猶如故也。

夫低首下心，以求所謂維新者而終不成，何如昌言革命，反有萬一之希冀哉！彼謂中國之民，未有怨政府之心，不可以言革命。夫我國民豈生而具奴隸之性質、牛馬之資格，②任政府之食吾毛、踐我土而不動於心哉？毋亦智識未開，浸淫於四千年來之邪説，而號

① “去”下，《黄帝魂》有“之”字。

② “具”，《黄帝魂》作“有”。

稱提倡民權如某報者，復從而益之，[①]上天下澤，名分等嚴，雖有怨尤，未如之何耳！使有人決此藩籬，昌明大義，二十世紀之中國，何詎不如十九世紀之歐洲乎？然則彼所謂明目張膽於稠人廣衆之中，公言不諱，并登諸報章，以期千人之共見者，正以中國國民未知革命，而求所以知之之道耳。

彼謂聯絡會黨，殊不足恃，而引拳匪爲鑒。夫拳匪之事，豈可與革命黨同日語哉！彼挾一"扶清滅洋"之宗旨，既可以皇漢之貴種，而靦然自稱大清之順民，帖耳俯首，受治異族，無復廉恥矣，又何不可以爲大英、大法、大日本之順民乎？能爲張氏奴，亦必能爲李氏奴，性質如此，無足怪者。而遽以區區少數，并多數之未必如是者，而同類並譏之，亦譸言而已。抑今日之主張革命者，雖詞嚴義正，不必如某報所謂彼亦一是非，[②]此亦一是非，而陽和之韻，不入里耳，逞臆爲談，猶多歧路。無已，請比較革命、立憲之難易，還以商榷之義，與海内外人士質之可乎？

革命之舉，雖事體重大，然誠得數千百錚錚之民黨，遍置中外，而有一聰明睿智之大人，率而用之，攘臂一呼，四海響應，推倒政府，驅除異族。及大功告成，天下已定，而後實行其共和主義之政策，恢復我完全無缺之金甌，則所革者政治之命耳，而社會之命，未始不隨之而革也。若夫維新，則必以立憲爲始基。立憲則必以人人能守自治之法律，[③]人人能有擔任憲政之資格，然後得以公布憲

① "而號稱提倡民權如某報者，復從而益之"，《黄帝魂》無。

② "不必如某報"，《黄帝魂》作"必不如彼"。

③ "以"，《黄帝魂》無。

法，爲舉國所同認。今以數千年遺下懦弱疲玩之社會性質，俯首屏息於專制政體之下，一旦欲其勃焉而興，胥人人而革之，以進於光明偉大立憲國之國民，吾恐遲之十年、數十年後，仍不能覩效於萬一，而中國之亡，已亟不能待，況滿清政府之初無立憲思想乎？

夫對此扞格不謀之敵體，出此迂遠無補之希望，如醉如痴，如夢如寐，外人乃朝换一約，暮索一款，伺我内情之懈弛，徐行其擴張權利之計，使我膏涸血竭，財窮智絀，徧國人無能爲抵禦之策，而彼乃印度我、[1]波蘭我，支那大陸，永永陸沈，吾不知行立憲主義者，尚足以救波蘭、印度之亡否耶？無奮雷之猛迅，則萬蟄不蘇；無蒲牢之怒吼，則晨夢不醒；無掀天揭地之革命軍，則民族主義不伸。民族主義不伸，而欲吾四萬萬同胞，一其耳目，齊其手足，群其心力，以與眈眈列强競爭於二十世紀之大舞臺，吾未聞舉國以從也。

彼又謂中國一隅之地，往往彼焉怨咨，此焉謳歌。至證以科舉之醜態，釐金畝捐之弊政，是真大惑不解者矣。科舉者，愚民之術，有志之士，不入其彀中。即以常人言之，獲者不過少數，而不獲者仍是多數，是固謳歌少而怨咨多也。釐金畝捐，鑿損元氣，舉國皆蒙其害，況於生物成物運物之農工商，隨在有密切之關係。吾未聞工商受釐金之酷虐，而農者謳歌於野；農者受畝捐之勒派，而工商謳歌於市。雖有謳歌，亦如哭泣痛苦之中暫而飲酒，以慰無聊而已！及其既醒，則怨咨如故也。此何足爲獨倡寡和，不能革命之證哉！

---

① “彼乃”，《黄帝魂》作“後”。

總之,國民與政府,立於對待之地者也。革命之權,國民操之,欲革命則竟革命。維新之權,非國民操之,不操其權,而强聒於政府,亦終難躐此革命之一大階級也。悲夫!放棄國民之天職,而率其四萬萬神明之同胞,以仰一異種胡兒之鼻息,是又昌言維新者所挾以自豪乎?① 無量頭顱無量血,即造成我新中國前途之資料。畏聞革命者,請先飲汝以一巵血酒,以壯君之膽,毋再饒舌,徒亂乃公意。

① “又”下,《黄帝魂》有“豈”字。

獄中答《新聞報》[1]

（一九〇三年七月六日）

讀《新聞報》《論革命黨》一篇，保皇、拒俄、阻法、義勇隊、國民會諸事，不知何人發端，而吾章炳麟未嘗與焉。自十六七歲時讀蔣氏《東華録》、《明季稗史》，見夫揚州、嘉定、戴名世、曾靜之事，仇滿之念固已勃然在胸。中歲主《時務報》，與康、梁諸子委蛇，亦嘗言及變法。當是時，固以爲民氣獲伸，則滿洲五百萬人必不能自立于漢土。其言雖與今異，其旨則與今同。昔爲間接之革命，今爲直接之革命，何有所謂始欲維新，終創革命者哉？

《訄書》之作，與康、梁保皇同時。巴縣鄒容肄業日本，元旦演説，已大倡排滿主義。此皆在拒俄、阻法、義勇隊、國民會之先，孰云始爲大清國民，無端而不認大清者？夫民族主義熾盛于二十世紀，逆胡羶虜，非我族類，不能變法當革，能變法亦當革；不能救民當革，能救民亦當革。吾之序《革命軍》，以爲革命、光復，名實大異。從俗言之，則曰革命；從吾輩之主觀言之，則曰光復。會朝清

① 據《蘇報》一九〇三年七月六日。

明，異於湯、武；攘除貴族，異於山嶽黨。其爲希臘、意大利之中興則是矣，其爲英、法之革命則猶有小差也。

逆胡挑釁，興此大獄，盗憎主人，固亦其所。吾輩書生，未有寸刃尺匕足與抗衡，相延入獄，志在流血，性分所定，上可以質皇天后土，下可以對四萬萬人矣。而租界權利爲外人所必爭，堅持此獄，不令陷入内地。此自各行其志，與吾輩宗旨不同。既以租界爲大羅，而欲軼出界外以求流血，此必不可得之數也。誰爲吾輩請律師、籌訟費者？下獄之日，神氣激揚，寧暇謀及此事！而以四萬萬人之公心，激于義憤，而相率奔走馳逐以圖之。吾以致命遂志爲心，彼以公理戰勝爲的，亦任其從旁規畫而已！愚者不察，輒以始勇終怯，妄相詆誚，豈非見夏峯之營救，而譏左、魏之貪生耶？且今日獄事起於滿洲政府，以滿洲政府與漢種四萬萬人搆此大訟，江督關道則滿洲政府之代表，吾輩數人則漢種四萬萬人之代表。爲四萬萬人者固欲本種之獲伸，而不欲其爲異種所勝，況乎滿漢爭訟，則裁判之權自非滿洲官吏所能有。以英、美諸國中立而判此獄，於法則宜，寧能聽其闌出租界，使裁判之權悉歸於訴訟人之手乎？此固四萬萬人之公心，而非吾輩所能阻止，亦非吾輩所當阻止者也。去矣，新聞記者！同是漢種，同是四萬萬人之一分子，亡國覆宗，祀逾二百，奴隸牛馬，躬受其辱。不思祀夏配天，光復舊物，而惟以維新革命，錙銖相較，大勇小怯，秒忽相衡，斥鷃井蛙，安足與知鯤鵬之志哉！

去矣，新聞記者！濁醪夕引，素琴晨張，鬱青霞之奇意，入修夜之不暘。天命方新，來復不遠，請看五十年後，銅像巍巍立於雲表者，爲我爲爾？坐以待之，無多聒聒可也。

獄中贈鄒容[①]

（一九〇三年七月二十二日）

鄒容吾小弟，被髮下瀛洲。
快翦刀除辮，乾牛肉作餱。
英雄一入獄，天地亦悲秋。
臨命須摻手，乾坤祇兩頭。

① 據《浙江潮》第七期，一九〇三年九月十一日（光緒二十九年七月二十日）出版。

獄中聞沈禹希見殺[1]

（一九〇三年八月四日）

不見沈生久，江湖知隱淪。

蕭蕭悲壯士，今在易京門。

螭魅羞爭焰，文章總斷魂。

中陰當待我，南北幾新墳！

① 據《浙江潮》第七期，一九〇三年九月十一日（光緒二十九年七月二十日）出版。

論承用維新二字之荒謬[1]

（一九〇三年八月九日）

科學興而界説嚴，凡夫名詞字義，遠因於古訓，近創於己見者，此必使名實相符，而後立言可免於紕繆。不然，觀其概義則通，而加以演繹，則必不可通；觀其固有名詞則通，而證以事實，則必不可通，此之謂不成文義而已矣。中國文辭，素無論理，新學迭起，更立名號，亦或上本經典，點竄《詩》、《書》，徒取其名義相似，而宗旨則一切不顧，欺飾觀聽，譸張爲幻。其最可嗤鄙者，則有“格致”二字。

格致者何，日本所謂物理學也。一孔之儒，見《禮記·大學》有“格物致知”一語，而鄭君舊注與温公、陽明諸説，皆素所未知，徒見元晦有云窮致事物之理者，以此妄學本義，固無足怪；[2]就如元晦所言，亦非以格竹爲格物。徒以名詞妄用，情僞緄殽，而繆者更支離皮傅，以爲西方聲光、電化、有機、無機諸學，皆中國昔時所固有，此以用名之誤，而貤繆及於實事者也。

---

① 據《國民日日報》一九〇三年八月九日。

② “以此妄學本義，固無足怪”，《國民日日報匯編》作“以此妄相附會，遂謂物理學爲格致，此其遠於《大學》本義，因無足怪”。

其較諸格致尤繆者，則有"維新"二字。維新之語，始見於《大雅》，再見於僞《古文尚書》。如《大雅》言"周雖舊邦，其命維新"，此謂以千數百年西岐之侯國，忽焉寵受帝眷，統一神州，而爲萬國之共主，是故謂之新命。若今之政府則帝制自爲也久矣，更安有所謂其命維新者？欲言維新，則惟有英雄崛起，歷數在躬，而後得副此稱爾。而妄者以維新爲變法，其謬一也。

僞《古文尚書》，雖出自東晉人，而采輯舊文，皆有來歷。況其書著録，迄今已有千四百餘年，雖不必以《尚書》尊之，而自可以東晉學者之言尊之。如彼所説"殲厥渠魁，脅從罔治，舊染污俗，咸與維新"，亦可見未有不先流血而能遽見維新者。特以神武不殺，哀者能勝，故無取乎漂櫓成渠耳！而欲洒此舊污，則獨夫元惡，本有不斬之輕吕懸之太白者，若并此而不殲，則維新必不可就。而妄者以維新爲温和主義，其繆二也。

且彼亦知新之爲義乎？衣之始裁爲之初，木之始伐謂之新。故衣一成後，不可復得初名；木一枯後，不可復得新名；猶人既老耄，無可以復得幼稚之名也。衣成矣，加以修飾，未嘗不燦然耀目，而可以謂之修飾，不可以謂之初。木枯矣，加以黝堊，未嘗不掩其朽腐，而可以謂之黝堊，不可以謂之新。新者，一人一代，不過一新而不可再。滿洲之新，在康熙、雍正二世；今之政府，腐敗蠹蝕，其材已不可復用，而欲責其再新，是何異責垂死之翁以呱啼哺乳也。

嗚呼！不正其名而言其實，紾戾不通，至於如是，使徒人害於名則已耳！乃至指鹿爲馬，認賊作子，一言之失，而荼毒被於天下，非言無論理，字無界説，有以致之乎？自茲以後，三段之文，五旍之教，願以是偏告全國八面論師新聞記者矣。

獄中聞湘人楊度被捕有感[①]

（一九〇三年八月十日）

神狐善埋搰，高鳥喜迴翔。保種平生願，徵科絶命方。馬肝原識味，牛鼎未忘香。千載《湘軍志》，浮名是鎖韁。

衡嶽無人地，吾師洪大全。中興沴諸將，永夜遂沈眠。長策惟干禄，微言是借權。藉君好頸子，來者一停鞭。

① 據《浙江潮》第七期，一九〇三年九月十一日（光緒二十九年七月二十日）出版。

《沈藎》序[①]

（一九〇三年九月）

沈藎之杖死於宛平也，余在獄震慟，因以思唐才常、林圭等皆樹勤王爲職志，以喪要領，而藎死獨異。藎之進化，速乎哉！當唐氏建國會時，藎與其議，余方以勤王、光復，議論不合，退而毁棄毛髮以自表。唐氏敗，藎則杖馬棰走天津，與聯軍諸將士往來，僞莊王、啓秀等，皆死其筆札間，其志將鋤滿人，使無遺育，以建設支那政府。功不卒就，其過勤王什伯。藎之進化，速乎哉！

勤王之黨，今猶未艾，不鏡於沈藎以自鞭策，是終身淪於幽谷，故余弟中黄輯其事狀，以諫往者，而告邦人士大夫伯叔弟兄。

共和二千七百四十四年，西狩序。

---

① 據“支那漢族黄中黄”（章士釗）所撰《沈藎》一書卷首。

《孫逸仙》題辭[①]

（一九〇三年）

索虜昌狂泯禹績，[②]有赤帝子斷其𢇍。[③]揜迹鄭洪爲民辟，四百兆人視兹册。[④]章炳麟序。

---

① 據白浪庵滔天（宫崎滔天）著，黄中黄（章士釗）譯編《孫逸仙》卷首，一九〇三年日本出版。又發表於《漢幟》第二號（一九〇七年一月二十五日出版）及《甲寅》周刊第一卷第二十三號（一九二五年十二月十九日出版）。

② “昌狂泯”，《甲寅》作“披昌亂”。

③ “𢇍”，《漢幟》作“臂”。

④ “人”，《甲寅》作“民”；“兹”，《甲寅》作“此”。

釋　真[①]

（一九〇三年）

《説文》:“眞,仙人變形而登天也。从𠤎从目从乚。丿丨,所乘載也。[illegible],古文眞。”案:古文下从[illegible],即从卯而合之,蓋多細胞生物必有死,而單細胞生物萬古不死。卯字作雙耳相背,象多細胞也。[illegible]字合而一之,則單細胞也。眞人不死,必化單細胞物,故从𠤎[illegible]也。

---

① 據《國粹學報》第一年第二號,一九〇五年三月二十五日(光緒三十一年二月二十日)出版。

刺慈禧太后生日聯[①]

（一九〇四年十月十六日）

今日到南苑，明日到北海，何日再到古長安？歎黎民膏血全枯，只爲一人歌慶有；

五十割琉球，六十割臺灣，而今又割東三省，痛赤縣邦垠日蹙，[②]每逢萬壽祝疆無。

① 據顧國華《文壇雜記》初編，上海書店出版社一九九九年版。

② “垠”，一作“圻”；“日”，一作“益”。

讀佛典雜記[①]

（一九〇五年四月二十四日）

亞歷斯陀德曰："何故快樂不得連續?"答曰："人之能力，不能連續行動，而快樂者即行動之結果。行動不能連續，故快樂不能連續也。人之愛快樂，即愛生活。故生活者，行動之一種。"日本森内政昌因之謂人愛活動，非愛快樂。雖然，活動之中兼有苦樂，活動而苦，亦愛之乎？森内未能自明。吾爲答曰：凡一切苦，皆因阻礙活動而起，譬如婦人分娩，其苦特甚，而外貌似活動，然兒體擾動，即礙己血氣之輪轉，是因阻礙活動以生苦痛，故不愛耳。若自由活動不被阻遏，斷無告感。故愛活動者，必不愛苦。

天下無純粹之自繇，亦無純粹之不自繇，何以言之？飢則必食，疲則必卧，迫於物理，無可奈何。雖昌言自繇者，於此亦不得已，故天下無純粹之自繇也。投灰於道，條狼所遮焉；便利於衢，警察將引焉。有法制在，而不得不率行之，則喜其自繇矣。雖然，苟欲自繇，任受苛罰，亦何不可？今自願其自繇，而率從於法律，即此

---

① 據《國粹學報》第一年第三號，一九〇五年四月二十四日（光緒三十一年三月二十日）出版。原題下小字注"擇録"。

自願，亦不得不謂之自繇。故曰天下無純粹之不自繇也。然則雖至住囚奴隸，其自繇亦無所失。所以者何？住囚奴隸，人所强迫也，而天下實無强迫之事。苟遇强迫，拒之以死，彼强迫亦無所用。今不願死，而願從其强迫，此於死及强迫二事，固任其取捨矣。任取其一而任捨其一，得不謂之自繇乎？

自利性與社會性，形式則殊，究極則一。離社會性即無自利，離自利性亦無社會。然則滿堂飲酒，有一人向隅而泣，則舉坐爲之不樂。此同類意識也。若問其何以不樂？則必曰悲痛之聲刺戟我故，以我被刺戟故而有不樂。斯豈非自利性耶？貢高傲物，視不己若者不比方人，此我慢意識也。若問其何以傲物，則必曰欲使疇輩之中以我爲最上故。假而耽志幽棲，則貢高之念亦不然，則名曰傲物，其實非社會性耶？愛子者爲社會性，戕人者爲自利性。若問愛子者何以愛子，則必曰以子爲我所遺體故。亦猶工文字者愛其篇章，善圖書者愛其手迹，篇章非即自我，以我所加行故，乃至山鷄之愛其羽，麝父之惜其香，非即當身，但是我所。然則名曰愛子，所愛乃我所遺耳，固亦自利性也。若問戕人者何以戕人，則必曰以被障礙我所欲故。然則非障礙者，固亦不戕，雖障礙者以欲除其障礙之事，而不得不戕其人，所戕者人，所欲戕者在事。是故事無障礙，則同類意識如故。巨盜入門，知主人無若我何，則未有傷害主人者。小盜竊鉤，慮主人之格逐，則始有傷害主人者。然則其所謂利，但在得藏，非在傷人，是亦無損於社會性也。

廣　告[①]

（一九〇六年七月二十五日）

接香港各報館暨厦門同志賀電，感愧無量，惟有矢信矢忠，竭力致死，以塞諸君之望，特此鳴謝！章炳麟頓首。

① 據《民報》第六號，一九〇六年七月二十五日（光緒三十二年六月初五日）出版。

咏南海康氏[1]

（一九〇六年九月三日）

北上金台望國氛，
對山救我帶猶存！
奪門偉績他年就，
專制依然屬愛新。

① 據《復報》第四號，中國開國紀元四千六百四年七月十五日（一九〇六年九月三日［光緒三十二年七月十五日］）出版，署名西狩。

雜　感[①]

（一九〇六年九月三日）

萬歲山邊老樹秋，瀛台今復見堯囚。群公辛苦懷忠憤，尚憶楊州十日不？

誰教雨犬競呀呀，貂尾方山總一家。恨少舞陽屠狗侶，掃除群吠在潼華。

① 據《復報》第四號，中國開國紀元四千六百四年七月十五日（一九〇六年九月三日[光緒三十二年七月十五日]）出版，署名西狩。

國學振起社廣告[1]

（一九〇六年十月八日）

本社爲振起國學，發揚國光而設，間月發行講義，全年六册。其内容共分六種：(一)諸子學，(二)文史學，(三)制度學，(四)内典學，(五)宋明理學，(六)中國歷史。每册售價四十錢。全年費先納者二圓二十錢。但十月二十日以前交費者特别減價貳圓。郵費每册四分，均須先期交納；自行來取者免收。第一期十一月十五日出版。

社　長　章炳麟

事務所　牛込區新小川町二丁目八番地　民報社

前已納費諸君如有需郵寄者，祈即將郵費先爲擲下，否則均作爲自取。

---

① 據《民報》第八號，一九〇六年十月八日(光緒三十二年八月二十一日)出版。

逐滿謌[①]

（一九〇六年十月十二日）

莫打鼓，莫打鑼，聽我唱這逐滿歌。如今皇帝非漢人，滿洲韃子老猢猻。辮子拖長尺八寸，猪尾摇來滿地滚。頭戴紅纓真狗帽，頂挂朝珠如鼠套。他的老祖奴爾哈，帶領兵丁到我家。龍虎將軍曾歸化，却被漢人騎胯下。後來叛逆稱皇帝，天命天聰放狗屁。他的孫子叫福臨，趁着狗運坐燕京。改元順治號世祖，攝政親王他叔父。嫂叔通奸娶太后，遍賜狗官嘗喜酒。可憐我等漢家人，却同羊猪進屠門。揚州屠城有十日，嘉定廣州都殺畢。福建又遇康親王，淫掠良家象宿娼。駐防韃子更無賴，不用耕田和種菜。菜來伸手飯張口，南糧甲米歸他有。漢人有時欺滿人，斬絞流徒任意行。滿人若把漢人欺，三次殺人方論抵。滑頭最是康熙皇，一條鞭法定錢糧。名爲永遠不加賦，平餘火耗仍無數。名爲永遠免丁徭，各項當差着力敲。開科誑騙念書人，更要開捐騙富民。人人多道做官好，早把仇讐忘記了。地獄沉沉二百年，忽遇天王洪秀全。滿人逃往

---

① 據《復報》第五期，一九〇六年十月十二日（光緒三十二年八月二十五日）出版，署名西狩。

熱河邊，曾國藩來做漢奸。洪家殺盡漢家亡，依舊猢猻作帝王。我今苦口勸兄弟，要把死讐心裡記。當初韃子破南京，爾父被殺母被淫。其破北京更可想而知矣。人人多説恨洋人，那曉滿人仇更深。兄弟你是漢家種，不殺仇人不算勇。莫聽康梁誑爾言，第一讐人在眼前，光緒皇帝名載恬。

爲《洞庭波》創刊題字[①]

（一九〇六年十月十八日）

朔風變楚。

① 據《洞庭波》創刊號，一九〇六年十月十八日（光緒三十二年九月初一日）日本出版，日本東京中國留學生會館發行。

陳春生《滿清二百年來失地記》序[1]

（一九〇六年十二月）

陳子，南方之革命者也，亦記滿清失地之事。夫滿洲起東北方，以封豕長蛇薦食上國，於是南覆臺灣，絶明氏之正朔。再世以後，蒙古入其版圖，天山南北，悉爲臣隸，武功之盛，匈奴、突厥所未有也。夷德好殺而不忍久，削平以後，政教不施，故蒙古無郡縣，而準、回諸部亦自近代始設流官，青海、西藏則絶焉。孟德斯鳩有言："專制之國，虛其邊疆以爲甌脱。"豈不信哉？及元凶既亡，子姓愚稚，騎射遊獵諸業漸以廢弛。鴉片之役，始開西釁，其後英法交攻，大猷奕詝跳走，朝湯以死，海上始騷然矣。越南陷於法，緬甸並于英，東三省制於俄，臺灣割于日本，其餘青島、旅順之屬，仍歲分裂，則中國益削，而孤僨之君亦自危於上矣。迹其喪師蹙國之故，豈徒

---

① 據中國國民黨黨史館藏陳春生抄件，檔案號：二四〇至四一三。陳春生在爲此抄件所加的按語稱："春生於清季曾撰《滿清二百年來失地記》一書，記述頗詳，並由章太炎先生（炳麟）所撰之序交刊録於後。此書係當時革命黨人宣傳滿清罪惡之一種印刷品，而太炎先生之文章又雄奇渾厚，亦應有流傳價值者也。"陳氏《滿清二百年來失地記》曾於一九〇八年由神州復社刊行。

以外交不善與兵力之薄弱耶？東部酋長，未離於鼶鼠白兔，忽而入關而爲大陸之主，其始願固不及此，一旦邊幅附庸之地爲他人守，無害于其富有尊巖，斯棄之如敝屣焉。且以爲威福玉食者，百姓群藩所當進獻於我，我至尊也，故無庇民之責。師或輿屍，將帥之咎也；疆域失主，邊鎮之責也。若是而欲宰割諸華，蔽遮强敵，豈可得耶？抑自榆關以南，漢家舊土，滿洲以侵略得之，其失陷固不甚惜。獨怪東三省者，其祖宗發祥之地，一彼一此，亦泊然無所愛，豈神鳥朱菓弗能庇其子孫，抑方略之不遠乎？日本有賀長雄從軍遼東，歎滿洲政府之無遠猷，而録其私意於書曰："今欲保全東三省者，惟歸滿洲皇帝于奉天。一意辦此，或可以濟。顧彼族無此英斷矣。"若如有賀氏者言，則吾黨之事業，非獨便於斯言漢族，亦滿洲之利也。如陳子者，或有感於斯言。丙午十一月，章炳麟序。

《洪秀全演義》序[①]

（一九〇六年）

演義之萌芽，蓋遠起於戰國。今觀晚周諸子説上世故事，多根本經典，而以己意飾增，或言或事，率多數倍。若《六韜》之託於太公，則演其事者也；若《素問》之託於岐伯，則演其言者也。演言者，宋明諸儒因之爲《大學衍義》；演事者，則小説家之能事，根據舊史，觀其會通，察其僞情，推己意以明古人之用心，而附之以街談巷語，亦使田家婦子知有秦漢至今帝王師相之業。不然，則中夏齊民之不知國故，將與印度同列。然則演事者雖多皮傅，而存古之功亦大矣。禺山世次郎作《洪秀全演義》，蓋比物斯志者也。

余惟滿洲入據中國全土，且三百年，自鄭氏亡而僞業定，其閒非無故家遺民推刃致果，然不能聲罪以章討伐，虜未大創，旋踵即仆，微洪王，則三才毁而九法斁。洪王起於三七之際，建旗金田，入定南都，握圖籍十二年，旂旄所至，執訊獲醜，十有六省，功雖不就，亦雁行於明祖。其時朝政雖粗畧未具，而人物方略，多可觀者。若

① 據黄世仲（禺山世次郎）《洪秀全演義》卷首，香港中國日報社一九〇六年出版。

石達開、林啟榮、李秀成之徒，方之徐達、常遇春，當有過之。虜廷官書雖載，既非翔實，盜憎主人，[1]又時以惡言相抵。

近時始有蒐集故事，爲《太平天國戰史》者，文辭駿驟，庶足以發潛德之幽光，然非里巷細人所識。夫家國種姓之事，聞者愈多，則興起者愈廣。諸葛武侯、岳鄂王事，牧豬奴皆知之，正賴演義爲之宣昭令聞。次郎爲此，其遺事既得之故老，文亦適俗。自兹以往，余知尊念洪王者，當與尊念葛、岳二公相等。昔人有言:“舜何人也? 予何人也?”洪王朽矣，亦思復有洪王作也。丙午九月，章炳麟序。

① “憎”，原作“增”，據文義改。

題《革命評論》詩[①]

（一九〇六年秋至一九〇七年一月二十五日之間）

獨獨鹿鹿，水深泥濁。泥濁尚可，水深殺我。雝雝雙雁，游戲田畔。我欲躲雁，念子孤楸。翩翩浮萍，得風摇輕。我心何合，與之同并。空林低幃，誰知無人。夜衣錦繡，誰别仿真。刀鳴鞘中，倚牀無施。父冤不報，欲諝何爲。《革命評論》社屬書，炳麟。

① 據《檔案與史學》一九九七年第一期。按：湯志鈞《章太炎年譜長編》記，這幅書曾以《失題詩》發表於《革命評論》第八號，一九〇七年一月二十五日出版。

《漢幟》發刊序[①]

（一九〇七年一月二十五日）

日本以太陽得名，中國以天漢立偁，信哉，壘球世界，非我漢人不能撫而有也。原漢建號之始，肇於劉氏，而戎狄以此爲塼奉大國之名。夫漢水東來，至於夏日，實爲神州中央之地。夏本民族之稱，則別稱爲漢，宜矣。索虜入關以來，漢乃日失其序，然名號猶與所謂滿者相對。一二豪俊得依之以生起光復之念，而後乃今將樹漢幟焉。頃者，漢族同志實基於此義，創一報，以發揚大漢之國徽，推倒滿旗之色線，於是以《漢幟》定名。推斯志也，受小球大球，爲大國綴旒可也。漢人開國之四千六百五年一月十有九日，章炳麟序。

① 據《漢幟》創刊號，一九〇七年一月二十五日出版。

《亡國慘記》題辭①

（一九〇七年一月二十五日）

霑袵何所爲，
悵然懷古意。
秦俗猶未平，
漢道將何冀！

① 據《漢幟》第二期，一九〇七年一月二十五日（光緒三十二年十二月十二日）出版。

《敢死論》按語[①]

（一九〇七年一月二十五日）

記者按：發憤自戕，誠屬無謂，然天下必多此輩，而後臨事不懼。何者？無名譽之死，尚優爲之，況復見危授命，爲舉世所尊崇耶？若必選擇死所，而謂鴻毛、泰山，輕重有異，則雖值當死之事，恐亦不能死矣。羅馬人之敢死，即被斯多牙派之遺風，是則無事而能自戕者，有事則未有不奮身搏戰者也。凡事取法乎上，所成不過中流。自戕之風，當開之，不當戒之。太炎附識。

① 據《民報》第十一號，一九〇七年一月二十五日（光緒三十二年十二月十二日）出版。

與權藤成卿、武田範之筆談記録[①]

（一九〇七年一月）

一

章：館森鴻爲人穩而輕利，有文無詩。昔居臺灣，館森常請余修改文字，屢欲爲余弟子，拒之，而以兄弟相待。數年間迭寄文章，且余身陷囹圄時亦然。惟近半年音訊不通，務請探問寓所，如何？

權藤：余與館森雖不識面，然知其名，係好學且與吾等同調者。據云其爲兒玉將軍摯友，將軍已故，而將軍弟兒玉文太郎乃余親友，俟有聞，當告知。

章：若知其踪迹，不勝感激。

二

章：聞公以英雄而爲出世人，故來瞻仰。僕亦非和尚也，而又

① 原載《日本歷史》一九八一年八月號第三三九號，此據湯志鈞《乘桴新獲——從戊戌到辛亥》。

似乎和尚。

武田：儒而非儒，僧而非僧，我黨士不合時宜，與天下奇傑士肝膽相照，痛議時事，是快事也。

權藤：社會主義所云，有佛教平等普度之旨。其戒律曰勿盜，惟今日掌權者皆“盜”，故以盜攻盜，不得謂盜。盜國者王，古已如此，至今亦然。

章：佛教云“以細楔出粗楔”，吾輩亦以細盜攻大盜。盜人道者曰學，盜人財者曰盜，故盜似有兩義。吾輩不問其名何如，惟䰍反吾輩者。君於朝鮮如手刃閔妃等英雄業績，能示一二否？

武田：殺人必見血，此乃英雄手段。因係尋常小事，不值一談。英雄欲鼓舞天下，惟恐民心不動。聞湖南匪徒出，英雄之士亦乘機而起，天下事尚可圖。

章：古代中國人心與日本有異。蓋以匪徒暴動爲理所當然，故響應者雖多，而大率烏合之衆，不慣紀律，極礙舉事。幸民智漸開，今湖南諸黨已摒棄排外仇教之舉。

權藤：漢高祖亦僅爲匪徒之酋長。雖目前匪徒之暴動，似不屑一談，然匪徒中非無奇偉倜儻之士。嘗以爲中國之興起，有賴百戰而非平和，尊意何如？

章：誠如君所云，今日正如痈疽甚大，決非普通藥劑可治愈，除手術、猛藥治療外，別無他法。

權藤：滔天兄近與梁啓超會面否？

章：能勸其來否？頗思晤見，無惡意也。

權藤：尚未遇見，彼確居横濱。

三

權藤:森槐南少即能詩,惟阿諛權貴,有如伊藤博文之使女。且詩句瑣碎,匠氣十足。

章:此人詩,於穩當中似有情致,惟若剪紙作彩,少奇拔之氣。

權藤:批評甚對。然所云有情,惟其本人應無冷漠;而見其詩句有情,何也?僕難分辨。

章:本人雖無情,作詩恰有情。昔者,宋之問有"桃花紅依綬"句,人即譏其無時不思利彩,槐南亦有其病。彼從伊藤來華而所作七律四首,首句"笑拂宮袍走九州",與"桃花紅依綬"同。

權藤:高見。槐南難免爲衆人所唾棄也。

章:宋之問作詩乃自腹中捻出,而槐南則搜索於《佩文韵府》,兩者相去何止三千里焉。桂湖村、國分青崖若何?

權藤:湖村雖非明慧,而以好學之士而見其可愛。青崖爲人奇拔,乃日人中酷愛詩者。此等士亦僅三四人而已,皆有可取之處。欲欣賞青崖之詩否?

章:以吾所見,兩人之詩優於槐南。格調瀟灑而無出格之處,因其情非僅依田園,此乃優之所在。

權藤:余亦有同感。惟所云"有情而倚",恐未達到。

四

章:館森好媚上,係小吏行徑。此人今居何處?

權藤：爲臺灣總督府書記官。

章：重野成齋？

權藤：雖詳國史，惟爲人愚蠢。

五

章：去“五二共進會”游覽，見衆多字畫，其中幾幅特好，故記下作者姓氏。曾識精於此道者否？

權藤：均知悉。惟大多畫失於巧，近畫匠氣，不屑一顧。縱然配色尚好，難登大雅之堂。

章：先生批評甚對，可曰法鋰。

權藤：近日我國繪畫水平甚低，一味熱衷於西洋風格。

章：放棄國粹，盲目崇洋，余不贊成。

權藤：非繪畫如此，我國自明治初年以來，文物制度大抵取法西洋，有傷國體。貴國吸取新學，當詳加審察。

六

權藤：除夕，自舊友處得盆栽梅花一株。元旦，對梅少韵，賦七言八句。請教正。

章：字句古煉，韵亦好，敬服猶恐不及，怎敢妄加删改。

權藤：昨日，一遵新年慣例。余不懂漢詩叶韵，能指教否？

章：古音古節，大多盛唐風格。

權藤：請勿客氣，如蒙指正，三生有幸。先生於協律之説過獎也，吾輩尚不懂舍棄劣作。

章：叶韵調合，一談及此，於人生則感慨萬千矣。

七

章：我所希望的是在亞洲各國凡有政府者同時革命，被征服者同時獨立。宫崎君説中國革命一旦成功，日本也將帶來變化。但我以爲日本革命並非當務之急。我很希望讓安南、印度、緬甸等地，從現在的悲慘境地中解脱出來。

慰田桐家人[①]

（一九〇七年二月）

世間多少殺頭鬼，
豈是炳生獨殺頭。
田家不哭劉家哭，
畢竟田家略勝劉。

① 據田桓《謦欬小識》，《制言》第二十五期。

題《獵胡圖》[1]

（一九〇七年四月二十五日）

東方豸種，爲貉爲胡，射火既開，載鬼一車。

① 據《民報》臨時增刊《天討》，一九〇七年四月二十五日（光緒三十三年三月十三日）出版。

題《岳鄂王游池州翠微亭圖》[①]

（一九〇七年四月二十五日）

《岳鄂王游池州翠微亭》:經年塵土滿征衣,特特尋芳上翠微。好水好山看不足,馬蹄趁催月明歸。

鄂王詩如此,古人善用兵者,亦多喜歌詠。劉、項、魏武皆是,不獨鄂王一人也。作饒歌以厲士卒,將待後賢。太炎。

① 據《民報》臨時增刊《天討》。

題《徐中山王莫愁湖泛舟圖》[1]

（一九〇七年四月二十五日）

徐中山功成以後，汎舟莫愁湖。蓋有留侯辟穀、鄂公導氣之意。太炎。

---

① 據《民報》臨時增刊《天討》。

題《陳元孝題奇石壁圖》[①]

（一九〇七年四月二十五日）

山木蕭蕭風更吹，兩崖雲雨至今悲。一聲杜宇啼荒殿，十載愁人拜古祠。海水有門分上下，江山無地限華夷。停舟我亦艱難日，愧向蒼苔讀舊碑。

陳元孝舟泊厓山而作此詩，其言碑者，即張弘範滅宋紀功碑也。書之有感。太炎。

① 據《民報》臨時增刊《天討》。

題《太平天國翼王夜嘯圖》[1]

（一九〇七年四月二十五日）

力拔山兮氣蓋世，時不利兮騅不逝。蜀道之難難於上青天，使人聽此彫朱顔。太炎。

① 據《民報》臨時增刊《天討》。

亞洲和親會約章[①]

（一九〇七年四月）

公元一九〇七年四月，成立於日本之東京。

亞洲諸國，印度有釋加商羯羅之教；支那有孔、墨、老、莊、楊子之學；延及波剌斯國，猶有尊事光明，如闍邏斯托邏者：種族自尊，無或陵犯。南方諸島，悉被梵風；東海蒼生，慮餐華教。侵略之事既少，惟被服仁義者尊焉。

百餘年頃，歐人東漸，亞洲之勢日微，非獨政權兵力，浸見縮朒，其人種亦稍稍自卑。學術既衰，惟功利是務。印度先亡；支那遂淪於滿洲；馬來群族，薦爲白人所有；越南、緬甸，繼遭蠶食；菲律賓始制於西班牙，中雖獨立，亦爲美人并兼；獨有暹羅、波剌斯財得支柱，亦陵夷衰微甚矣。悲夫！

曩者天山三十六國，自遭突厥回鶻之亂，種類殲亡，異日支那、印度、越南、緬甸、菲律賓輩，寧知不爲三十六國繼也。僕等鑒是，

① 據湯志鈞《乘桴新獲》。

則建“亞洲和親會”以反對帝國主義而自保其邦族。他日攘斥異種，森然自舉，東南群輔，勢若束蘆，集庶姓之宗盟，修闊絶之舊好。用振我婆羅門、喬答摩、孔、老諸教，務爲慈悲惻怛，以排擯西方旃陀羅之僞道德。令阿黎耶之稱，不奪於皙種，無分别之學，不屈於有形。凡我肺腑，族類繁多，既未盡集，先以印度、支那二國組織成會，亦謂東土舊邦，二國爲大，幸得獨立，則足以爲亞洲屏蔽，十數鄰封，因是得無受陵暴，故建立莫先焉。一切亞洲民族，有抱獨立主義者，願步玉趾，共結誓盟，則馨香禱祝以迎之也。

定　名

一、本會名“亞洲和親會”。

宗　旨

一、本會宗旨，在反抗帝國主義，期使亞洲已失主權之民族，各得獨立。

會　員

一、凡亞洲人，除主張侵略主義者，無論“民族主義”“共和主義”“社會主義”“無政府主義”，皆得入會。

義　務

一、亞洲諸國,或爲外人侵食之魚肉,或爲異族支配之傭奴,其陵夷悲慘已甚。故本會義務,當以互相扶持,使各得獨立自由爲旨。

二、亞洲諸國,若一國有革命事,餘國同會者應互相協助,不論直接間接,總以功能所及爲限。

三、凡會員均須捐棄前嫌,不時通信,互相愛睦,期於感情益厚,相知益深,各盡其心,共襄會務。且各當視爲一己義務,以引導能助本會及表同情者使之入會;並以能力所及,建立分會於世界各國。

組　織

一、凡會員,須每月聚會一次。

二、各會員須存一全體會員名簿、住址簿;

開會時記入新會員於名簿,並介紹之於各會友;

發表會務報告書;

宣讀在各國會員所致之報告函件等,並報告於各處分會;集收會費若干,以充臨時費用,但其額則以能支紙筆郵費爲限。

三、會中無會長、幹事之職,各會員皆有平均利權,故各宜以親睦平權之精神,盡相等之能力,以應本會宗旨;

無論來自何國之會員,均以平權親睦爲主;

現設總部於東京、支那、孟買、朝鮮、菲律賓、安南、美國等處,俾收發函件皆得定處,既便交通,且使散處之各會員,均得易悉會中事務。

《曼殊畫譜》序[①]

（一九〇七年八月十日）

昔佛爲難陀石上畫孫陀羅事，遂禁比丘作畫，然十二緣生輪，則常令弟子作之。又聞舍利弗、目犍連二師，前生皆工繢畫，互相角勝，於《根本説一切有部毗奈耶藥事》第十六見之。佛告苾芻：“乃往古昔，於中天國，有一畫師。其人因事，往詣余國，至已，還向畫師家停。然而主人作一轉關木女，彩色莊嚴，令其供給看侍，[②]對前而往。客以手挽，其索即斷，身手俱散。極生羞恥，便作是念：‘今者被其私里辱我，我應對衆而爲耻辱。’斯人即於當門墻上，畫自己身，猶如自絞，入門扇後，隱身而住。主人怪晚，日高不起，即往看之，開門乃見自絞而死，急告王曰：‘願王檢看。’王即勅使往看，使者告曰：‘汝且斫索令斷，然後檢看。’是時主人即以斧斫，唯刀斫壁。客便告曰：‘爲死活耶?’既對王臣，深懷愧耻。爾時畫師者，即舍利弗是；作機關木女者，即大目犍連是。昔中天竺有一巧人，善解牙作；遂持象牙，刻爲粳米一斗，往波斯國，詣一巧師家中。

---

① 據《蘇曼殊全集》。

② “令”，原誤作“今”。

斯人不在，但有其妻，報言：‘將此一斗白粳米，爲我作飯。’柴薪俱盡，米仍不熟。夫主來至家中，看米知是象牙，夫以誑心告曰：‘此水爲有灰，故米不能熟。汝用淨甜水煮，米當即熟。’即豫畫作水池，於其池中，畫作一死狗，其形脹爛。其留米人持瓶取水，至彼池已，乃見一狗，一手掩鼻，一手下瓶，以眼視狗，遂打瓶破。瓶既破已，便自羞耻。作象牙米者，大目犍連是；畫作水池者，舍利弗是。”此雖游戲角勝之事，善謔而不爲虐矣。

今者曼殊上人善作山水，其弟子何震，集其畫稿，付之印人。余願上人他日證無生果，亦如舍利、目連二師，則是畫亦一緣起已。震旦鄔波索迦章炳麟序。

秋女士遺詩序[①]

（一九〇七年八月十日）

山陰爲少康枝子之地，箕帚作而婦道成，曹娥以死其父，未足以多，最後有秋瑾，變古易常爲刺客。將其德合於乾元，剛健中正，純粹精也；六爻發揮，旁通情也；時乘六龍，以御天也；雲行雨施，天下平也。瑾素自豪，語言無簡擇，嘗稱其鄉人某爲已死士，聞者銜之次骨。

徐錫麟既誅恩銘，黨禍浸尋及紹興，遂牽連以告有司而賊之。

瑾死，傳其詩詞百餘首，都爲一集。余視其語婉瘱，若不稱其情性者。人之志行，或深固不見於詩，然瑾卒以漏言自隕，悲夫！

余聞古之善劍術者，内實精神，外示安儀，則喋喋騰口者寡。讀《吴越春秋》，有袁公越女之事，惜乎瑾之不志此也。定、哀之世，於是乎有微言。丁未七月，章炳麟序。

---

① 據《天義報》第五册，一九〇七年八月十日（光緒三十三年七月初三日）出版。

在豫晉秦隴協會發起的留學界全體大會上的演講[①]

（一九〇七年十一月十七日）

恐嚇主義無用，所主張者，積極的則□工，消極的則斷路。

① 據《神州日報》第一百四十六號，一九〇七年十二月四號。

題所撰初本《新方言》予黄侃[①]

（一九〇七年底或一九〇八年初）

《新方言》三百七十事，贈黄季剛。季剛昔爲我次蘄州語及諸詞氣，復以新所診發者弟爲十篇，[②]都八百二十餘事。余奰愚無所任，齒歷漸衰。念今小學訓詁浸益放失，不量其孱，欲自儋何，以告邦人諸友。讒慝宏多，終已不得反鄉里，上先人冢墓。其它云云，復何所豓？季剛年方盛壯，學術能爲愚心稠適，[③]又寂泊願握苦節，此八百事，賴季剛桄大之。[④]余自分問學不逮子雲踰遠，身爲皇漢之逸民，差無符命投閣之恥，念欲自擬幼安嗣宗，[⑤]又劣弱不勝也。保氏舊文，危若引髮。絶續之際，願季剛亹亹而已。

---

① 據《雅言》第六期，一九一四年四月十日出版。據《黄侃日記》，黄侃在章太炎所贈《新方言》封面題有"戊申正月，自日本歸華域，臨行章先生所賜。弟子黄侃謹記"。由此知章氏此段題辭作於一九〇七年底或一九〇八年初。

② "者"，《黄侃日記》無。

③ "爲"，《黄侃日記》作"與"。

④ "桄大"，《黄侃日記》作"大桄"。

⑤ "嗣"，《黄侃日記》作"次"。

龍樹菩薩生滅年月考①

（一九〇八年二月二十五日）

印度史學甚微，故所記年月，往往互有牴牾。佛入涅槃之歲，遠近相較，或逾千載，此真可怪者也。

馬格斯牟剌定佛入涅槃之歲，在耶蘇紀元前四百七十七年，今且姑從其說。然與阿輸迦王去佛百年之説，猶不相會。至於馬鳴、龍樹，年代尤難了悉。以馬鳴世友脇尊者迦膩色迦王時代相推，則馬鳴之生，亦在西歷紀元一世紀前，而弘教則在一世紀中，唯龍樹藐焉難測。

《摩耶經》謂“佛滅後六百年有馬鳴，七百年有龍樹”。姊崎正治據之，謂龍樹弘教，在三世紀之前半，而入寂在三世紀末。按《大般若經》，脇尊者雖已聞其名，今者所傳六百卷文，則龍樹所結集。據梁《高僧傳》，《道行般若經》爲支婁迦讖所譯。釋道安云：“外國高士，鈔九十章，爲《道行品》。”則知道行鈔時，必在本經結集以後也。又佛印《三昧經》，爲安世高所譯，其中屢稱《摩訶般若波羅蜜

① 據《民報》第一九號，一九〇八年二月二十五日（光緒三十四年正月二十四日）出版。

經》，是亦在《般若經》結集以後也。然則知安世高、支婁迦讖之世，即可得龍樹弘教之年。梁《高僧傳》云："安世高以漢桓之初，始到中夏。至止未久，即通習華言，於是宣譯衆經，改胡爲漢，譯《道安經餘》云。安世高以漢桓帝建和二年至靈帝建寧中二十餘年，譯出三十餘部經。"又云："支婁迦讖，漢靈帝時遊于雒陽，以光和中平之間，傳議梵文，出《般若道行》、《般舟》、《首楞嚴》等三經。又有《阿闍世王》、《寶積》等十餘部經。歲久無録，安公校定古今，精尋文體，云似讖所出。"夫桓帝初年丁亥，即西歷紀元一百四十八年。而安世高所擕之經，既述《摩訶般若波羅密經》名號；靈帝光和戊午，即西歷紀元一百七十九年，而支婁迦讖已譯《道行般若》，則知龍樹弘教，必在西歷二世紀中半以前。姊崎所計，相去百年，甚不合矣。彼所據者，兼有錫蘭載籍，以提婆在三世紀之前半，而爲龍樹門人，故疑龍樹弘教，必在是時。然以此爲據，則安世高、支婁迦讖譯經之時，皆未至三世紀，此何説也？或疑羅什在五世紀初，而言"龍樹死後，不過百年"，則其死必在三世紀末。

按：印度歷史甚疏，既無編年之録，奢言虚指，往往離於事實。且如中國有司馬遷，其作年表，至爲精審。然其自序舉太初元年之語曰"孔子卒後至於今五百歲"，其實按年表計之，自孔子卒壬戌之歲至於太初元年丁丑之歲，財三百七十五年耳。盡漢武世，去孔子卒未四百年也。夫以身撰通史專精年表之人，而奢闊指年，猶相去闊遠如此，況本無歷史之國乎？要之，以安世高譯經之年計之，則龍樹弘道，必在二世紀之前半，其生當在一世紀末。至提婆在三世紀前半，而得與龍樹相接者，則印度傳説，龍樹之壽逾二百歲，或非盡屬神話。人生固有二百歲者，漢初竇公，上逮魏文侯時，至孝文世，年百八十歲，則二百歲未足多怪。《西域記》云："龍猛菩薩善閑藥術，餐餌養生，壽年數百，志貌不衰。"卷五。蓋實事也。

特别廣告[①]

（一九〇八年六月十日）

僕于陽歷五月二十四日赴雲南獨立大會，時本社人員亦俱往赴。僕歸後即不見印章一方，篆書“章炳麟印”，知是偵探乘間竊去。以後得僕書者，當審視筆迹，方可作準。其印章“章”字上畫闕者，可信爲真，完具者即非真印也。章炳麟白。

再，近有人散布匿名揭帖，僞造僕與錫良之電報。又有人冒名作信，在上海《神州日報》登《炳麟啓事》一則。其散布匿名揭帖者，查得是山西寧武府人；其冒名告白，尚待調查。合併聲明。

① 據《民報》第二十一號，一九〇八年六月十日（光緒三十四年五月十二日）出版。

博徵海内方言告白[①]

（一九〇八年六月十日）

中國方言，傳承自古，其間古文古義，含藴甚多，而世人不知雙聲相轉、疊韻互變之法，至有其語而不能舉其字。通行文字，形體不過二千，其伏在殊言絶語中者，自昔無人過問。近世有文言一致之説，實乃遏絶方言，以就陋儒之筆札，因訛就簡，而妄人之漢字統一會作矣。果欲文言合一，當先博考方言，尋其語根，得其本字，然後編爲典語，旁行通國，斯爲得之。僕前撰《新方言》一册，略得三百七十餘條，近復展轉鈎考，又發見百餘事。一人耳治，勢不能周，願海内知言之選，各舉鄉土殊言以告，上書今語，下解義訓，旁註某省某府某縣，以便訂實。函件寄牛込區新小川町二丁目八番地《民報》社可也。章炳麟白。

① 據《民報》第二十一號。

哀陸軍學生[1]

（一九〇八年七月十日）

捐妻子，違井里，去神州之絶島，奴虜其身，駿雄其魄，以立功名，非乎？以博尊官厚禄，非乎？俄而練兵處下令曰："陸軍學生，來，當與爾輩出身地，高者守備，次即千總，最下乃把總耳！不來者，斷汝脛矣。"然諸考試留學生事，月有見告，陸軍學生則怒曰："爾曹習法政，空言無實，上選者得編修，次乃進士；學工者纔比匠師，亦列位貢舉間；最無俚者，鑿齒而補以金，猶不失爲牙科舉人。吾輩辛苦三數歲，入戲下爲厮役，講習戎事，幸而成就，乃反得最劣者。守備、千總、把總，老革朽鈍者所爲，箠楚塵埃之間，猥賤無與比，而以辱我英駿諸生。叱嗟！練兵處大臣，而母婢也。吾不來，汝斷吾脛；吾來者，亦啑汝腦矣。"

章炳麟聞之曰：學校之禍人，如是哉！原中國初設學校也，在貴族封建時代，其學非以求是，惟致用是務，出身事主爲尤急，當其入學，而所志固在升斗矣。後有鄉舉里選之法，所選不盡士人，人

① 據《民報》第二十二號，一九〇八年七月十日（光緒三十四年六月十二日）出版。

至魏晉，[①]又歸重于門地，隋世乃不得不用科舉。唐宋諸科，惟進士爲華辭，不關學術；秀才則以待閎博多能之士，卒無人能應舉者；經、法、書、算，是固一技之長，賢於進士之浮虚也。王安石始合學校、科舉爲一，科舉愈彫敝不如舊制，學校所務，亦捨科舉無他事，兩爲學者所鄙夷，則始有講學者出，自名其家，以與學校、科舉相攻。比明世，復以其學合之學校、科舉，故陳獻章、王守仁輩，各往往變更舊術，傳之其人。東林之興，爲學士叢藪，然急功干禄之念，浸益染汙，名爲講學，實以自植政黨。夸者黄宗羲作《明夷待訪録》，以爲鄉校當聞國政，滿洲猾夏，其説卒擯不行。求利禄者，獨俛首科舉下，腐朽日甚，而倜儻異材，乃以六書、九數名其學，既不習制舉事，又異東林之徒裨販洛、閩以求聞達者，深固伏蟄，且二百歲。夸者魏源，始以經世之術求用。至近世乃設學校，選高材游學異國，上之所望于學生，非爲求是，爲致用也；下之所以自處，非爲求是，爲出身事主也。然則學校在官，其汙垢與科舉等。講武之術，爲國干城，其效用爲尤急，與封建時代之學校同流，一墮網中，處處羈絆，立功之念，過于求學；封侯之念，過于立功。蓋淪浹精髓，浸淫肝鬲久矣。

往者學陸軍得士官，歸即被任爲標統，不乃處帷幄爲畫策士，猶未厭足；乍聞守備、千總、把總之命，精魄頽喪，怏怏觖望不已，是亦學生之素情也。嗚呼！凡有血氣，誰不自尊貴者？誰不愛其天屬之親者？今者棄捐鄉里，履波濤而之絶域，情欲已失半矣。習法

① “人”字疑衍。

政、工商事，休沐燕游，猶足以談笑自樂。今直爲戲下臺隸，一人聯隊，囚虜之食，不比于人，麥飯半菽，腸胃爲焦，老兵視新進者，有若僕圉，引重則使之，上食則使之，拭衣則使之，膏履則使之，所以凾糞土之中而不辭者，曰他日得爲無上軍官以自酬故。今則已矣，在外爲徒隸，歸亦爲徒隸矣；在外受罰，無過幽閉暗室以自省過，歸且不保其尻脊矣；額手以見貴人，其辱猶小，歸且跪道周而迎先馬矣。悲夫！悲夫！天無私覆，地無私載，日月無私照，獨薄于陸軍學生耶？其父母之生我者，獨使我爲守備、千總、把總耶？抑禄命使然耶？若素知此，胡不爲法政學生，棄軍國民之名而收大政黨之實？軒車駁馬，馳騁畿甸間，一日得與王侯貴人過從，椎牛炮羔，恣所啖食，黄貂狐白，無價寶珠以爲瓔珞，猶足以自焜燿也。不然，則習築路視礦之技，亦猶爲駔儈尊崇也；不然，雖習馬醫，尚以一藝自給，未至爲他人臧獲也。置此不習，乃冒昧趣陸軍。嗚呼！不可怨天，不可尤父母，亦不可咎禄命也，直齰舌自悔耳！欲少逼留，公使之命，厲若雷霆，敦迫上船，若引重囚以趨市肆，縱傲狠違節制，淹滯旅館，非有宿舂之糧，猶是生命，獨能忍餓死乎？欲遂歸國，以赴期會，協統、標統，若天之不可階而升。藉有善營求工側媚者，十中財得一二，餘復何望？當其營求，而先進之陸軍學生，既被任爲協統、標統者，復忌刻之。寤寐而思，聚處而議，曰吾輩已得玉案之食矣，勿令後人至，攘吾輩權利也。故雖有軼倫絶羣之材，爲人齮齕，終不得起。其欲得上遂者，先爲徒隸於異國，當復吮癰舐痔，以事先進，然後得循資除授。以若所爲，得若所欲，軍國民之榮名，竟安在耶？幸而得之，一朝被嫌疑，稱革命黨，投置閒散，復與湘軍提鎮歸爲傭工者等，槁項鄉里，賣孔雀翎以續衣食，猝遇典禮，則頭戴松枝以出耳！嗚呼！誰造此軍國民之名者，如狐如祟，惑我神志，使我困苦無告至于此極也。

側聞鐵良規設模範師團于順天，以維縶陸軍學生，勿令散處。得一高官，縱受維縶，比于乘軒之鶴亦已矣，何復污以守備、千總、把總之名也？嗚呼！不可怨天，不可尤父母，不可咎禄命，亦不可自艾也。尋忿於鐵良耶？死生亦大矣，孰不自愛其首領者？迫而爲此，亦不可咎鐵良也。

維我天公，何不簡擇，而生徐錫麟于中國。爾爲陸軍學生，爾爲道員，縱不竭忠事主，爲國家作保障，當念道員與陸軍學生，固同類也，何因攻難冒死，注鉛丸於爾大帥，身既不保，屠腸決肺，陳於市朝，卒無補益，徒以暗殺之名表爾墓道，爾享其譽，人受其疑。爲道員者，以爾徐錫麟故，悉墮讒謗，蔡鈞被編管，以憂憤死，高爾嘉衣赭關木，雷電擊之。爲陸軍學生者，以爾徐錫麟故，沈淪不起，降在伍伯輿臺之賤。嗟兹天公，胡生是子，以禍我道員、陸軍學生也？

道員者，皆千金子也，當治一太牢具，上禱昊天，下禜泰社，中告公旦、鄭侯之靈曰：自今以後，願爲道員者，毋若徐錫麟矣。陸軍學生，往往多藍縷子，亦操一豚蹄，上禱昊天，下禜泰社，中告蚩尤、穰苴之靈曰：自今以後，願爲陸軍學生者，毋若徐錫麟矣。嗚呼！禱耳禜耳，盡乃心耳，高高穹蒼，能下聽乎？澮澮黄泉，能仰受乎？茫茫鬼伯，能與人類通薰蒿之氣乎？祠祀無益，祝由不效，其抑者表石于徐錫麟之里曰：爾以暗殺荼毒我曹，屠腸決肺其宜矣，當爾受刑時，吾恨不得分一杯羹，吾猶有尺八匕首，今生活既無賴，寧自引決，與爾格鬭于羑道中。不知錫麟之鬼，有所懲創否也？懼格鬭而不勝，則徒死亦無補。嗚呼！不可怨天，不可尤父母，不可咎禄命，不可自艾，不可忿鐵良，亦不可追怨徐錫麟也。

昔爾女媧，摶土爲人，青泥白壤，尨奇不純，既造貉子，復作漢民，將特爲此殊形異類以相軋轢耶？其亦于沈醉茗艼之間失念而爲此耶？藉令漢人悉變化爲滿洲種類，陸軍學生則猶是八旗貴胄，何所岐異，而當疑爲刺客革命黨人？然則取珊瑚頂、獲麒麟師子之繡服，猶拾芥也。今也則亡，受命不遷，生死南國。女媧禍若於前，軒轅、嫘祖禍若於後，塊然七尺，終已不得謚爲滿人。其上書願著旗籍耶？偷取官位，何以上對祖宗丘墓。其自承爲漢人耶？牙旗羽節，於我絶分，空受數歲之勞，而不可得豪釐之酬報。進退道窮，羝羊絓棘，人生不天，未有如陸軍學生之甚者也。

嗚呼哀哉！逢逢白雲，一東一西，一南一北，朝出軍幕之上，夕在戎旃之下，快哉雲耶，寧知陸軍學生之苦？明月案户，海水上潮，方舟回復，喧闐海隅，宇宙雖樂，又焉知陸軍學生悲也？勃鳩晨鳴，乾鵲嘯羣，蝯猱跳梁，牛羊下括，鳥獸雖頑，猶有樂事，如我陸軍學生何？相彼唐園，林木氾移，梧桐竹柏，鬱青自喜，爾曹無情感，如我陸軍學生何？伊威在室，蠨蛸在户，瓜葛蔓生，野馬動擾，有知無知，亦各有以自得，如我陸軍學生何？北山蒿里，積尸在泉，冥卧千載，不知歲月，爾曹能長往，終無哀樂，如我陸軍學生何？上山采蘗而得黄連，下澤求蔬乃獲瓜蔕，其味已苦，曰不如我陸軍學生苦。昨者江户之濱，雨雹如雞子大，其以陸軍學生之怒，致此震動。東風爲陸軍學生吟，浮雲爲陸軍學生陰。嗚笳以送陸軍學生，陸軍學生涕泗隨之；舉觴以餞陸軍學生，陸軍學生曰：吾自有淚飲之，不煩設醴酒也。學生有馬，號曰的盧，以主人將就道，嘶而送之，不悟主人嗌先嗄矣。嗚呼！聞斯語者，雖形如槁木，心如死灰，其烏能無惻隱之情哉！抑吾聞之，往者不可諫，來者猶可追也。

革命軍約法問荅[①]

（一九〇八年七月十日）

公是先生曰:“雲南革命軍,自河口至蒙自、江那,市井不驚,民安其業,庶幾孟津觀兵,前歌後舞。雖然,尋其約法,亦有至不平者:殺外人焚教堂者必誅,而殺漢人者皆從輕比,其餘民間公産,毁破者無所問,是諸約法,姚冶喜新之士,亦恬視以爲當然矣。不知言民族主義者,亦拳拳奉此耶?同氣之生命何其賤?外人之生命何其尊?漢族之財産何其輕?晳種之財産何其重?滿洲異族,惟知俛首摇尾以媚泰西,而視皇漢之裔如草芥。吾黨杖義興師,爲民請命,亦有所軒輊如是乎?漢人與外人,良莠皆錯雜而處,[②]外人之良者,當力與保護;漢人之良者,不當力與保護,此何説也?借云漢人之莠者,殺之則罪輕,然革命軍之起,非爲刻捕盜賊、懲治奸宄而起也,則良莠當等視,若其不等,外人之莠者,固多於漢人,而教堂當任人焚爇矣。新舊二教諸僧,其傳教于中土也,名爲以善道化人,而深研神學者寡,大率款啓寡聞之民,欲爲父師于其宗國而不

① 據《民報》第二十二號。

② “莠”,原作“秀”,據文義改。

可得,乃借漢土爲蛇龍菹焉。其間容有善士,淡泊寧靜,以道得民,藐焉若稗中之一黍粒;自餘多爲權利來者,所至陵轢鄉愚,干預辭訟,藏姦納垢,無所不爲;其彰彰有名聞者,且與京邑鉅公相結納,藉其權威,以脅制州縣長吏,舉措越法,無敢訶問;斯實彼教之罪人,其爲蟊賊,孰甚于是?吾民忍辱三數歲,衆怒憤盈,陰血周作,以與大巫爭命,此與抗官吏誅警察者何異?革命軍人,于此方贊助之不暇,而又何誅焉?若曰此平民事,軍人則不得爲此。然則會館、善堂、社會、書院、寺觀、神叢之屬,亦豈革命軍所反對者?容有伏藏姦蠹,慮不如彼甚也。于彼而毁破之,則曰軍人不得爲此,於此而毁破之,則不曰軍人不得爲此,又何説也?夫教堂則其小焉者也,西來商旅,本以貿易爲名,租地置廛則可矣。今則市役之局,徧於口岸,巡警之卒,横於商埸,越其通商互市之權而奸政事,彼商之視吾漢種,不犬豕若也。一滿政府不足,又於商埸置十數歐美政府以蹂躪吾漢人,此非獨平民所當誅,雖革命黨人,當恝然置是乎?若曰傳教通商,當與保護,實條約之明文,不可違倍。爲問此條約者,漢政府與外人訂之耶?抑滿政府與外人訂之耶?吾黨革命諸公,仞滿政府爲中國政府耶?抑不仞滿政府爲中國政府耶?若不仞滿政府爲中國政府者,即亦不當仞此條約。夫以條約爲口實者,乃滿政府所以鈐制漢人。今以漢人排滿政府,而復藉滿政府所訂條約,轉以自制漢人,雖巧言如簧,何以解此?蓋吾黨之革命者,與他國異。他國革命,政治之以;吾黨之革命者,先爲種族,次爲政治。自他國革命家觀之,則以革命覆此政府,非曰從本以來不仞爲己國政府也。自吾國革命家觀之,則本不仞爲己國政府,革命者,所以表彰不仞之心，非曰未有革命軍時彼政府即吾政府也。在他國者，猶以長吏殘賊其民，民之仇其長吏者，起而戕之。在中國者，猶以盜賊自稱長吏，民之起而誅之者，非以爲長吏當誅，以爲盜賊自稱長吏故當誅。是故内之湯、武，外之那破崙、華盛頓輩，皆不足爲吾黨例。昔之已成者有伊大利，今之未成者有印度、越南，庶幾同其轍迹焉。夫素仞爲己國政府者，雖欲誅其君相，更其法度，於對外之條約，則不得不仞也。素不仞爲己國政府者，雖對外之條約，可復仞乎？浸假非洲之黑人與美洲之赤人訂約曰：爾得在漢土傳教通商，吾漢人其仞此否耶？雖然，吾揣諸公之意，以爲吾黨雖不仞，而歐美人固仞之，爲此屈抑主觀以勉就客觀云爾。夫勢所陵迫，因以枉其初心，雖囊括六合之英，莫能自主，吾何敢苛責於諸公？抑傳教通商，則條約所許矣；僧侶之干預詞訟，亦條約所許乎？間田公地，廢廟荒山，僧侶或私據而有之，以爲寺産，亦條約所許乎？商人擅設市役局，驅漢人爲警察，由是擅設科條，罔民陷罪；又置團練，以賊土著，偶有小警，發銃擊人，無罪死者，轉徙溝壑；或且擅設監獄，以閉漢人，亦條約所許乎？租界左右，地非宿賃，因緣細故，以布其警察之權，亦條約所許乎？夫彼以不法來，而此必以循法應，是猶舞干羽以化有苗也。法所許者，傳教通商，即彼傳教通商之人而有違法之事，是則殺之者，非殺僧侶也；非殺商人也，殺其違法之僧侶、商人也。于此必設之厲禁，是以外人之禍吾民爲當，即無以服滿人之心矣。若曰凡事綱擧則目自張，是故排滿爲先務，于西人則姑置爲後圖，斯亦可也，何取嚴設科條，以禁其殺外人、焚教堂爲？縱令禁之，則殺漢人與毁民間公産者，亦當同得斷頭之罪，今於此則附輕比，於彼則附重比，懼徒襲表面之文明，而於民族主義相違背，亦未得云真人道也。”

章炳麟荅曰：公是先生之説，至謬厲矣。言種族革命，則滿人爲巨敵，而歐美少輕，以異族之攘吾政府者，在彼不在此也。若就政治、社會計之，則西人之禍吾族，其烈千萬倍于滿洲。僧侶之禍，吾弗深知；商人之禍，吾深知之矣。嘗繫租界獄三年，問同繫之偷兒曰：“爾曹亦嘗入上海縣獄及自新遷善諸局所，視此奚若？”則對曰：“上海縣獄及自新遷善諸局所，至寬厚也。食得飽，衣得煖，卧得熟睡，囚人相對得語言，獄卒亦不甚厲，獨室稍湫隘耳！”貧民所居，故非華屋，以茅茨采椽易此，何損焉？今西人所設獄，外觀甚潔清，而食不足以充腹，且無鹽豉，衣又至單寒，卧不得安眠，聞鈴即起，囚人相對，不得發一言，言即被棒，此直地獄耳！人生至此，無寧踣尸于市也。五百囚人，一歲而死者一百六十有奇；中土囹圄雖昏暗，未至若是。世人徒以桎梏有無、卧處垢淨爲比，卒其成效，乃大相反。余在獄時，亦廩廩有戒心。夫以市井賤商，推其大駔以爲渠帥，而造作非法，使漢人服城旦鬼薪之役以自肥，斯可憝矣。若乃陽作賓萌，陰爲敵國，遽數之不能終其物也。漢人思此，能無生敵愾之心乎？昔巴枯寧有言：“不能破一名都，亦當破一牢獄。”今者獄主非他，則外來之商旅，余所爲日夜切齒腐心者，亦惟斯豎，幸而授首，是爲中國翦一長蛇，豈以爲病？然以利害相校，則革命軍不得不姑示寬容，無使清人、白人協以謀我，軍中約法，半爲利害，不盡爲是非也。昔岳飛之御軍也，士有取人一雞，輒斬以狥，取雞之罪，常法未至殊死，然所以斷斬無赦者，懼其滋蔓，則市人皆與爲敵耳！今之約法，意亦如是，葢公是先生所知也。雖然，業已保護外人，則保護同族，必當同等。昔左宗棠、彭玉麟輩，爲虜將兵，以敵洪氏，士卒有創傷平民者，必誅無貸。彼直虜之豢豕耳，猶知保乂烝黎，勿令失所，況於光復之師，爲我邦人兄弟請命者哉！

頃者軍興二十餘日，過師衽席，視民如傷，雖約法有偏重輕，而于里巷齊民，秋豪無所騷擾，則知草澤健兒，已明種族相親之義，後有繼者，庶幾救民水火，其則不遠。惜乎吾黨之士，既其實未既其文，約法之書，辭氣不能無畸輕重，是亦千慮之失也。抑商人之稔惡也，吾固謂其浮于僧侶。僧侶傳教，其務在於羑民爲善，縱名實不相應，喪德作姦，所在皆是，彼實孤露乞食之徒，貧無以生，則裨販上神以餬口於漢土，稍益陵厲，猶貧而爲暴客與爲舞文之訟師耳。暴客、訟師，吾將憐閔之。若夫赤心悃愊，殷殷以化民成俗爲念者，亦百有一二矣。不務聲華，僻在下邑，故名不聞於當世。彼教堂所以有特别保護者，亦不盡爲利害也。夫然，則漢土之方聞大儒，猶得數四；而孝弟力田、公廉絜行之夫，萬室之邑，必有二三，其所以膏沐生民者大矣。故國者，非喬木足以蔭之，舊聞使民不背其宗，長德使民不偷其俗。自東胡猾夏，歐梟美蜮，交相熒眩，吾民之猶有耻心，不欲終爲左衽者，誰之力也？於此而不爲之特别保護，則是輕鄉邦之耆德，重異域之賓師，以云紹隆漢族，倜乎遠矣。僧侶無賢不肖，一切皆與特别保護，則漢土之學者，雖豪横如王先謙，矯飾如夏振武，跅弛如王闓運，漢宋舊學，薪火相傳，數子猶能保其餘燼，宣揚國光，終勝神道，亦猶愈于新學鄙生，獨不當特别保護耶？若夫新莽之臣，猶有卓茂，羿浞之國，必有武羅。如高密鄭文焯，舊着滿籍，而忽奮自脱離，以復七百年之舊族，其學術文采，亦斐然有可觀者。式閭表邑，猶懼其晚，況當侵暴之爲。爲目前計，保護僧侣，無過表示文明，趣以集事；爲久遠計，黎儀舊德，維國之楨，與之特别保護，則光復家之分所應爲者。邇來規摹未遠，鞅掌於咫尺之間，無多怪也。軍威既盛，略地既遠，斯時當念吾言。

臺灣人與《新世紀》記者[①]

（一九〇八年七月十日）

臺灣人賴雨若，游學東京，丁戊之間，走訪余于《民報》社。余問賴氏："公等來此，覽皇都之鉅麗，以爲宗族交游光寵耶？抑求學也？"答曰："在中央大學學法政耳。"余曰："學術多門，切于民用者，莫農工醫方，若公捨此不學而學法政，所希望者云何？"答曰："吾向在臺灣爲裁判所作繙譯，冗員薄宦，吾不足也。故自奮學法政，冀得大官。"余曰："公良苦遠涉波濤，期他日富貴。雖然，大官不可得也，亦自下等繙譯遷高等繙譯耳。公良苦，希望終不得遂。"答曰："我日本帝國人，賢愚有分，非若爾清國人，以吾所學，得此報酬，亦足矣。安敢有餘望？"蓋清國者，外人以滿洲賤族盜據此土而爲之名。然彼云清國人者，即中國人之異名，非指滿洲爲言。以"爾清國人"對于"我日本帝國人"，其安於歸化明矣。余因問曰："日本政府在臺灣，立學幾何？行政足以佐百姓否？"答曰："學校數十百區，皆一意習東語；行政最整飭，盜賊屏迹，終歲無雞鳴狗吠之警，非若

① 據《民報》第二十二號。

囊日清國人之治臺灣也。”余曰：“公欺我哉？今在東京，白晝盜人之革履者，遍於市閭。臺灣僻左，其治乃勝東京耶？”雖然，以臺灣人盜臺灣人，囊漏褚中又何怨？自兹以後，臺灣人不復盜臺灣人矣。即有盜臺灣人者，慮非臺灣人矣。

吾復問公：“臺灣租税，視日本本部輕重云何？臺灣人亦得舉議員否？”荅曰：“出租税以佐國家者，民之分也。議員之不得選，非有偏頗，顧聽度不相逮耳。”臺灣人呼程爲聽，故曰聽度。余曰：“聽度不相逮云何？今兹選舉議員者，非以學術智能，乃視貲財爲準。臺灣人厚藏百萬貫者多矣，聽度不相逮云何？”荅曰：“他且勿論，説日本語聽度，已不逮日本本部人，演説之才既短，何因得選議員？”余曰：“公言學校十百區，皆教授日本語者，日本得臺灣十三年矣，視美人得非律賓猶早，非律賓人多能作美語，而臺灣人不能作日本語乎？美人于非律賓刻限選舉，而臺灣獨不可得此刻限乎？吾見留學于日本者，四五年，文學語言皆就，今割讓已十三年，此才不可得，吾不信。”賴雨若者，充繙譯于裁判所，自謂日本語第一者也，因荅曰：“公弗謂學日本語易，必無四五年成就者。公言有此人，願公亟以此人示我。”時，社員張繼適至，因與作日本語，賴氏慴服。社員有少年者，亦從旁儳一二語。賴氏驚曰：“子亦能作日本語耶？”荅曰：“略解耳。”賴氏則曰：“子真慧了絶人，吾見童子多矣，未有慧了如子者。”既退，社員少年者怒作色曰：“叱嗟，天下乃有此厚顔者，不曰爾清國人，則曰我日本帝國人。天下乃有此厚顔者。”余念臺灣，固東南海中絶島，冠帶之民，未蹈斯土。巢居窟處者，獨有生番耳。明之末葉，閩廣人多耕作其間，日本人亦稍稍奔赴，最後乃爲荷蘭所得，置副王焉。鄭成功驅荷蘭人，存明祚于斯島，二十除歲，叛將倒戈，效忠異族，臺灣乃復爲滿洲政府所領，而朱一貴、林爽文之徒，蹶起島中，以彈丸黑子之地，與胡人抗，其風烈至今未艾。乙未割讓以還，簡大獅輩復起與日本抵拒。夫其地既爲生蕃所夙有，漢人得之，滿人得之，日本人得之，非有曲直于其間也。然本爲漢人者，縱視此地爲何國地，不應自視爲何國人。曩令生番有政府在，漢人往者必不自視爲番人，明矣。如向之言此者，肺腸獨異，豈文化未加，民忘種性故耶？轉而問諸韓人，則其語與臺灣人絶異。蓋韓人者，學術未衰，歷史猶在，斯所以没齒不忘也。

臺灣人無足道，今見《新世紀》報亦有自嘲邦族，而呼之爲"貴國"者，此曹學述，非臺灣人之儕，何識見乃適與臺灣人等？抑此曹所主持者，無政府主義也。既持無政府主義，則己亦不仞爲何國人。而對于他國，亦不得仞爲有國。若夫"貴國"之名，則國與國相對待之名也。自呼其國曰"貴國"，則必有所謂"敝國"者。若是則非無政府主義，乃歸化于法蘭西國之主義矣。

臺灣人者，素不嫺歷史，問學復淺，無以振其知恥之心。况現所宅處者，在日本政府轄下，智識未伸，形勢又屈，局促而爲此語，將可宥也；《新世紀》記者，非盲聾傖陋之人，其處境又不與臺灣人等，作此鄙言，抑何心乎？復觀其所持論，以漢人在故土者，比之伏蟄之洞蠻，而自謂己等方行洲海，乃爲都會巨人。吾固未知在海在山者，盈絀何似。海有鯢鰌，山有狐兔，蓋惷愚亦相等。若以曠觀之士與窶處之人相校，因以自矜，則猶歌妓與田舍婦人之比也。田舍婦人雖窶處，貞固樸堅，足以自方；坤媪歌妓雖曠觀，有狐媚貴游宕而失性焉爾。《新世紀》記者陽託名於無政府而陰羡西方琛麗，一覩其士女、車馬、宫室、衣裳之好，魂精泄横，懼不得當，欲爲順民，復懼人之我誚，乃時吐譎觚之語，以震盪人。猶女子之無行者，陽言不嫁，乃無往不遂其私。老聃云："三十輻共一轂，當其無，有車之用；挻埴以爲器，當其無，有器之用；鑿户牖以爲室，當其無，有室之用。故有之以爲利，無之以爲用。"彼陽言無政府者，其深契此耶？吾向以爲頑鈍無恥者，獨立憲黨人耳。由今觀之，此曹無恥，復倍蓰於立憲黨人。立憲黨人，猶息嬀之事楚王，雖委身於掠我者，而不願楚王以外更有他人繼而掠我。陽言無政府者，猶檳榔嶼之少女，聚歌沙丘，以求新牡。昨日方爲甲者所掠，而有今日復願爲乙者、丙者所掠，而有每下愈况，其是之謂哉？

抑人有恒言曰："十室之邑，必有忠信。"賴雨若者，蓋不足以概臺灣人。今歲四月，雲南人開獨立會于錦輝館，將以内拒胡清，外抗皙種。一弱女方十歲，抵余前，致楮幣十圓，以助獨立者，主幹問其姓氏，曰臺灣人也。此非弱女所能爲，蓋其父兄屬以授受者，即明臺灣雖裂，猶有不忘故國之心。于是知種性之不可芟夷也。其在巴黎，亦有著急救中國策者，則以維持祖國獨立共和爲歸趣。嗚呼！臺灣之土著，巴黎之旅人，紫色哇聲，日不絶于耳目，遺此一介，亦碩果之未剥者，願臺灣、巴黎諸漢種，以是二人爲法矣。

滿洲總督侵吞賑欵狀[①]

（一九〇八年七月十日）

陽歷六月，有自號中國國民中一分子者，移書本社，道清兩江總督滿洲人端方侵吞賑欵事，其人或有所忌諱，故不直舉姓名。今録如下：

頃有友人自金陵來函云："去歲按：去歲當是前歲之誤。江北賑款，上下湊集約五百萬，災民實受惠僅二百餘萬，餘盡被貪吏所侵蝕。官場密傳云：某方伯以此款絲豪未得，一日對某督作譏刺語。某督云：爾不必如此，晚上定有一杯茶敬奉上。至夜果送庫平銀一萬兩至藩署，某方伯始欲受之，而恐招禍，繼欲卻之，又恐觸怒而加害，衹得蒙籠以公項收之。至今此款尚存於江藩庫中，不過以事涉某督，現在人不敢言耳！"余乍聞之，不勝駭異。夫去年江北之災，亦吾國近年之巨災也，不獨本國慈善家捐助巨款救濟同胞，即旅滬之外國慈善家，亦概捐金錢救援災區，吾國官吏雖不肖，何至喪心病狂若是？故余對

① 據《民報》第二十二號。

於此事，不能無疑，然徵之咸同之間，豫省一災，官吏以吞賑款興大獄，昭昭在人耳目。嗟嗟！吾國官吏，固素以漁賑款爲常例者也。事關重大，言非無因，敢祈貴報館確實探訪，登諸報端，以告我國人，此亦貴報館之天職也。如畏勢不敢昌言，則余亦不欲與貴報館言也。即頌著祉。[①]中國國民中一分子上言。

按原書，有方伯、豫省諸語，詞氣凡俗，此爲曾入仕塗者之口吻；不然，則亦幕僚之屬，故其診察内情，十得八九。據稱侵吞賑款，爲官吏常事，而引河南吞賑之獄爲徵。夫以吞賑興獄，則法律猶未弛，視民亦未至竟如草芥也。往者，西北四省，歲遭大康，易子而食，譚鍾麟、曾國荃輩，非甚廉潔守法者，然猶戮一二吞賑之州縣以謝飢民，其有侵蝕，亦十取一耳。今據來書，以五百萬之賑款，而侵蝕至三百萬，蓋昔時所未有。端方曾遣軍隊以彈壓饑民，不令爲變，若賑款果爲民用，亦安有擾亂事？如曰有革命黨交搆其間，則應防者不止飢民而已。然則所爲彈壓饑民者，非畏革命黨之煽亂，畏知其隱情者之煽亂耳。

雖然，此未足爲端方咎，其咎則在以滿洲人建立政府。滿人貪冒，本十倍于漢人，如彼康熙、乾隆二朝，名爲法令修明之世，而黷貨者猶徧於朝列，漢、唐、宋、明盛時，有此穢亂事耶？自滿人以黷貨著，漢人之仕宦者，知廉潔不足以博榮名，而反被嗤爲拙鈍，于是載其腥德，貪狼滿郊，此固自然之勢也。不然，宋明季世，亂政滋

① “著”，原作“着”。

章，亦有一二權姦侵牟于上，而朝士與封疆之吏，猶有清德可稱者，豈其法令善哉，正由貪竇未開，人猶知恥耳！獨此滿洲政府，自邊外馬賊組織成之，摸金發丘，是其天性，餘波所衍，安得不至是乎？欲使官常整飭，視民如傷，必非滿洲政府所能爲也。或議吾輩所持，偏在種族革命，而政治革命之説，一切委棄不談。不悟法制臧否，因時而施，非今日所能懸擬；所可懸擬者，惟共和政體之空名，其間細碎典章，安得豫爲籌畫也？

且今所惡于滿洲政府者，非在制度不良，在所好與所令異。若就其法令成文以斷今之政事，則一命以上，比屋可誅，亦非清律所能容矣。而所以不可禁者，肉食之性，天縱貪饕，務在上下容隱，比周爲奸，久之則反以簡易寬容爲長德。故滿洲之亂政，非自其法令成，自其天性與習慣成。若一日覆滿洲政府，縱令制度粗疏，日不暇給，而貪叨之習，必就廓清，此又無待豫爲籌畫者也。

或曰四省大康之歲，侵蝕賑款者，尚不如今時爲甚，彼其時，獨非滿洲政府主之耶？荅曰：今之亂政，滿洲政府爲根株，而立憲變法諸家爲之加厲，何也？今之言立憲變法者，非爲内治而起，乃爲外交而起，寢食不忘，①惟斂財治兵是務，而官常清濁，民生疾苦，非其口所欲説、耳所欲聞者。方略重而文法輕，策士尊而循吏絀，其弊不至此不止。彼袁世凱、端方者，縱横之士，擁戴以爲憲政巨公者也。既爲憲政巨公矣，雖有黷貨殃民之事，而朝士視之，以爲分所應爲。且謂小節出入，無傷大體，故侵蝕至三百萬，其事未嘗見

① “寢”，原作“寑”，據文義改。

于彈章。雖民閒清議，亦相與優容之，此則立憲變法之說，所以縱端方而使無忌者也。

往者，四省大康之歲，莠言未作，朝士之于政事，猶務在簿書期會，不爲高掌遠蹠之談，外吏揣朝士意，逆知侵款過多，則不免于彈劾；彈劾既行，則不免于罷黜，故猶顧其後耳。雖然，立憲變法之說，非滿洲政府據其上，則無由生。尚方略，尊策士，惟斂財治兵之務，而不問吏治如何，此滿洲二百六十年之國是也。故立憲變法之說，惟爲外交、不爲内治者，得以中之。然則謂端方之侵賑款爲滿洲政府必生之果可也。

越南設法倀議員[1]

（一九〇八年七月十日）

越南之設議員也，起于民間抗税。法豎欲以越人制越人，乃舉各省中强有力者，命之曰會同員，亦曰豪傑員。有增税事，總督下其議，議員有從命，無駁斥者。由是號于民，曰："會同員允增税矣，豪傑員允增税矣。"越南之議員，非越南之議員，法豎之倀也。循是以推中國之議員，非中國之議員，滿豎之倀也。

大抵立憲政治，雖云惡劣，而自下起者，猶愈于自上起者。爲庇民而設者，猶愈于爲斂財而設者。苟爲斂財而設，則其害彌甚于專制。今清豎規設國會，期以十年，其意云何？楊度所謂"金鐵主義"盡之矣。然法豎果于設會同員，而清豎不果於開國會者，非清豎之智短于法豎。法豎之力，自分足以制越南人。清豎之力，自分不足以制漢人，正懼國會朝開，而攻擊政府之聲夕起耳。易地而居，則淹速之度相貿矣。

彼二狡虜，曩日皆肉食諸夏。越南亦漢種。殺戮不辜則相等，至

① 據《民報》第二十二號。

其禁令苛碎，使民舉手投足，皆絓荆棘，索然喪其有生之樂者，則清暨不如法暨爲甚。一朝開國會，其厲民亦或少減于彼。然以今昔相衡，立憲必毒於專制，比例一也。

綜觀亞洲諸國，爲他人有者，中國、印度、越南、朝鮮，其最著矣。法于越南，最狼戾無人道；英于印度，重税以浚其生，而縱民外出，不爲禁遮，則少寬于法；日本于朝鮮又次之；滿洲于中國又次之。故言政治者，輒爲滿洲辯護，謂其罪當從末減，比憲政既成，藉衆議以課重税，縱未至如法之待越南，其不爲英之待印度者，幾希。

王夫之從祀與楊度參機要[①]

（一九〇八年七月十日）

滿洲政府以顧炎武、王夫之、黄宗羲爲漢土學者所宗，奉其主，納之兩廡，爲收拾人心計，亦猶使衍聖公爲山東學務總稽查也。公不省學，藉巡視以狎娼優，徒爲士民笑悼。三老之入兩廡，駁議囂然。

原夫成均釋菜，所以崇禮先師，使民則效，然徒典禮虚文，于教化非有補益。郡縣祀孔子，自許敬宗、李林甫始。劉禹錫嘗駁之曰："凡學官春秋釋奠於先師，斯止辟雍泮宫，非及天下。今州縣咸以春秋上丁有事孔子廟，其禮不應古，甚非孔子意。傳曰'祭不欲數'。又曰'祭神如神在'。與其煩於薦饗，孰若行其教。今教積靡，而以非禮之祀媚之，儒者所宜疾。竊觀歷代，無有是事。武德初，詔國學立周公、孔子廟，四時祭。貞觀中，詔修孔子廟兗州，後許敬宗等奏天下州縣置三獻官，其他如立社。玄宗與群臣議罷釋奠牲牢，薦酒脯，時王孫林甫爲宰相，不涉學，使御史中丞王敬從以

① 據《民報》第二十二號。

明衣牲牢，著爲令，遂無有非之者。”不知今之尊孔廟爲大祀者，其奸諛視許敬宗、李林甫何如耶？兩廡從祀之典，自明季至今日，浸益爲學者所輕；淫昏如歐陽修，尚得血食，其他何譏焉？故世之視從祀，亦若鄉里祭社公而已，此寧足以示民趣向哉？

雖然，量彼佞臣媚子之用心，則以爲使民鄉方，莫兩廡祀典若也。乃滿洲貴胄，無所惡于衡陽王氏，而懇懇欲黜餘姚，漢人之處樞密者，則願爲餘姚藩蔽，斯可怪矣。衡陽者，民族主義之師；餘姚者，立憲政體之師。觀《明夷待訪録》所持重人民、輕君主，固無可非議也；至其言有治法無治人者，無過欺世之談，誠使專重法律，足以爲治，既有典常，率履不越，如商君、武侯之政亦可矣，何因偏隆學校，使諸生得出位而干政治，因以夸世取榮？此則過任治人，不任治法，狐埋之而狐掘之，何其自語相違也？餘姚少時，本東林、復社浮競之徒，知爲政之賴法制，而又不甘寂寞，欲弄技術以自焜耀。今之言立憲者，左持法規之明文，右操運動之秘術，正與餘姚異世同奸矣。滿人方主立憲，而竭其脣吻之力以斥餘姚，此可異也。將以蔑視君主爲嫌耶？蔑視君主之爲憂，未若攘斥胡虜之爲憂。衡陽所著，則有《黄書》、《噩夢》，其尊漢族而拒羯夷，成文具在，斯正虜所深惎，當痛心蹙頞以攻之者也。今于衡陽反無一言，豈彼滿洲貴胄者，未覩衡陽之書耶？抑自知東胡穢貉，荐食神州，罪在不赦，故不敢公吐盜言以憎主人也？若是，則彼滿洲人者，亦以漢人排滿爲當然耶？

昔曾國藩身爲漢奸，獮薙同種，而衡陽遺書數十種，素未現世，實國藩爲之刊行，湘人父老相傳，以爲國藩悔過之舉也。然則尊祀衡陽，默無非議者，其亦滿人悔過之舉耶？

雖然，神道設教，末也。徵之行事，則滿洲政府之用楊度，亦有一二可怪者。楊度本愛國協會員，與徐錫麟、黃興、劉揆一，蓋嘗歃血涖盟，誓滅建夷而後朝食者也。愛國協會者，以士人無徒黨，不可奮起草澤間，故所趣在暗殺。楊度亦嘗爲刺客，將素非學陸軍者，故得自掩。其後侵尋言立憲，漢人之處樞密者，援以爲重，猶其藩蔽餘姚之志，而滿洲人亦尊寵之，忘其疇昔，則未知其與尊祀衡陽之心一耶異耶？又未知此楊度者，將終爲餘姚之事耶？抑將返爲衡陽之事耶？

夫衡陽者，九泉下之積屍，慮不足爲滿洲患，有與衡陽生同鄉里，而夙所行事復與衡陽同軌者，今一旦背衡陽之學而效餘姚，人猶疑之，曰名爲立憲，實則革命也。既不能剖腹以明心迹，盍亦排擯衡陽，罷其從祀，使皇天后土，鑒其竭忠新主之情矣。

馬良請速開國會[1]

（一九〇八年八月十日）

政聞社法部主事陳景仁既奏請速開國會，同時馬良復電致憲政編查館云：

憲政編查館王爺、中堂、軍機大人鈞鑒：開設國會一事，天下觀瞻所繫，即中國存亡所關，非宣布最近年限，無以消弭禍亂，維繫人心。且事必實行，則改良易；空言預備，則成功難。凡事如斯，豈惟國會？近聞有主張十年、二十年者，灰愛國者之心，長揭竿者之氣。需將賊事，時不我留，乞速宣布期限，以三年召集國會，宗社幸甚，生靈幸甚。政聞社總務員馬良等謹叩。

案馬良本羅馬教神父，身有祖禰且不祀，何有於他人之宗廟？家有五祀且不奉，何有於他人之社稷？易牙蒸子，開方棄父，而云爲其主效忠，此識者所以致惑。良且不顧馬氏之宗社，乃爲政府言曰“宗社幸甚”。此違心之言耶？抑已願背其上帝耶？

① 據《民報》第二十三號，一九〇八年八月十日（光緒三十四年七月十四日）出版。

向見基督教徒，聞入仕爲印官，則將拜謁孔子，輒頻蹙。今乃有言“宗社幸甚”者，有向王大臣而言“謹叩”者，然後知利禄所在，雖破門以崇他教，伏地以謁貴人，有所不憚。而向之不願拜謁孔子者，由其資望之不足以拜謁，非得拜謁而不欲也。

良之言曰“時不我留”，此義云何？以爲老夫僻處，馬牛羊齒已長矣，復待十年，則將上賓於帝，以享天宫之樂，遂不獲享上議院之樂也。縱獲再生，惟得爲天使，猶不得爲人間之議長也。蓋聞東方學生之言開國會者，期以三年，滿洲政府之言開國會者，期以十年；西方學生之言開國會者，期以二十年。淹速之度，相去絶遠，何也？東方學生，以爲吾習法政既成，暖暖姝姝，足以自喜，他日習者猥衆，則其賤與帖括房行無異，乘其未集，以高材捷足掩襲得之，猶可以取富貴；西方學生，以爲吾習法政未成，今富貴爲東方學生襲取，吾輩歸國以後，特循資除授耳，未能據要津也，故力遏其流，以待明王之夢。一則曰開國會過遲，時不我留；一則曰開國會過速，時不我待。所持不同，其爲利禄則一也。馬良者，介在東西之間，視蔭已不能待五稔，其弁急甚於恒人，宜矣。人雖厚貌，眸子不能掩其中情。于式枚老於事，逆知憲政黨人鼠竊狗偷，所志不過升斗，故以“中國自有憲法”折之。雖附會，足令夸夫奪氣。陳景仁忿戾爭之，遂被編管。良不遇譴，亦幸矣！

吾所爲良憂者，七十歲老禿翁，危如朝露，旦夕將入天宫，若無上帝耶，一瞑不視，亦已矣；若有上帝耶，見其“宗社幸甚”之言，懼將斥之爲老魔，責之爲背叛正教。不蒙譴於生前，而或蒙譴於死後，則上議院之樂未得，而又喪其天宫之樂也。悲夫！

劉道一傳[1]

（一九〇八年八月二十五日）

劉道一，字炳生，湖南衡山人。少端慧，五六歲時讀《孟子》，能成誦。稍長，志益厲。時海内外多故，道一年少氣盛，[2]所思輒軼常軌。讀《漢書・朱虚傳》，至非其種者鋤而去之，遂自署“鋤非”。[3]

是時美人凌霄志設校湘潭，[4]道一從受學三歲。[5]學既通，英語尤習。以鄉里無良師，游湖北，不合，去之日本。

道一聰聽而有口，所至數月，輒能效其方俗語言，至湖北即爲湖北語，至上海即爲上海語。聲氣密合，莫審其何所人。

與兄揆一，密謀光復事，道一始與會黨馬福益相知，引兄與立盟誓。甲辰冬，馬福益起兵瀏陽，事敗，揆一乘間走日本。時道一已前至，而父以馬福益事繫獄，求揆一益急。揆一既不得歸理父事，乃遣道一返。比至長沙，獄事解。道一侍親凡五月，復東渡。

---

① 據《復報》第十一號，一九〇八年八月二十五日出版及《衡山正氣集》。

② “盛”，《衡山正氣集》作“壯”。

③ “署‘鋤非’”，《衡山正氣集》作“署曰鉏非”。

④ “霄志”，《衡山正氣集》作“志霄”。

⑤ “歲”，《衡山正氣集》作“年”。

念其父素多疾，無奉養者，丙午春，道一復歸國，欲迎居上海，得就近省問。留數月，父病偏枯甚，遂趨赴家。十月初七日抵長沙，鄉里無賴，疑爲揆一，欲呵取金錢，不與，乃致之有司。有司亦不省，呼以揆一。後知其非是，無以罪也。欲藉虚言，羅織其事，以刑具示之。道一呼曰："士可殺不可辱。"乃罷。獄中與人書，曰："道一必不忍父母所受之軀爲毒刑所壞，彼若刑訊，吾則自承爲劉揆一，以死代兄，吾志決矣。"

有司既得道一事，視其所佩印文曰"鋤非"，遂以定獄。十一月十六日獄吏呼道一，瀏陽會黨有引者，令傳至瀏陽質之。以竹轎輿道一，出長沙東南瀏陽門渡隍，遂曳以下，倉卒未反縛，魁劊舉刀斫之，四擊乃斷其頭。道一死時，年二十二矣。明年春，其父亦死。

章炳麟曰：道一兄弟皆醇厚，其數歸鄉里，垂餌虎口，終以致戮者，爲其父耳。余見世之言革命者多矣，各偷薄，寡孝友之誼。或有言當蹴踐二親者，聞道一之風可愧也。

規《新世紀》[1]

哲學及語言文字二事

（一九〇八年十月十日）

本報前有《排滿平議》及《駁中國用萬國新語説》，《新世紀》各爲書後，因論及哲學、語言文字二事。

《排滿平議》言："人有恒言，曰玉卮無當，雖寶非用，凡哲學之深密者類之矣。無政府主義者，與中國情狀不相應，是亦無當者也。其持論淺率不周，復不可比於哲學。蓋非玉卮，又適爲牛角杯也。"《新世紀》評之曰："作者目哲學爲無當之玉卮，大約指浮泛之周秦諸子及迷謬之佛經，與縣想之西儒，皆不合於科學之定理者而言。世界之物，惟適用則可寶。至于非用，直捷爽快，所謂廢物是矣。自應受天然之陶汰，何寶之有？廢物者，必先失其深密，大約以晦拙之形爲深，糾紛之狀爲密，故遭廢耳。否則益深益密，爲進化之順序，無當必至於有當，何至常以無當見廢？然哲學爲言道之通名，如作者意中之哲學，同人實以無當玉卮之評，歎爲精當。至

---

① 據《民報》第二十四號，一九〇八年十月十日（光緒三十四年九月十六日）出版。

於作者意外之哲學，則有如無政府之類者，同人願應之曰：作者評爲牛角杯，雖較無當之玉卮適用矣，然作者尚有泛取貴料不適應用之誤。今正告之，無政府主義者，譬之飲湯，乃一横當之瓷杯；譬之飲水，乃一直脚之頗黎杯。以世俗金錢之價值而論，固較玉卮爲賤，亦較牛角杯爲賤，惟合于物理之應用，則萬倍有加。”

今案：哲學者，一渾淪無圻堮之名，以通言、别言之異，而袤延之度亦殊。上世哲學爲通言，治此者亦或闡明算術，推尋物理，乃至政治、社會、道德倫理諸言，亦一二陳其綱紀。此土與印度、希臘皆然。是一切可稱哲學者，由其科目未分。歐洲中世，漸有形上、形下二塗，而政事、法律，亦不可比于形下。近人或以文學、質學爲區，卒之説原理者爲一族，治物質者爲一族，極人事者爲一族。若夫萬類散殊，淋離無紀，而爲之躡尋元始，舉羣醜以歸于一，則哲學所以得名，乃如道德倫理之説，特人類所以相齒。而近世往往附着哲學之林，此則失諸糅雜。然法律、政治語，猶未遽闌入也。如無政府主義者，亦略據哲學爲根，此如言法律者，推及人權，未始不鉤探哲理。要之，歸異出同，肥之類也，固不容率情溷合，並爲一渠。故今所謂哲學者，從别言不從通言，此亦世儒常語，非故爲鋠析也。《新世紀》謂三種哲學，皆於科學不相比合，因以浮泛迷謬縣想詆之。夫科學之名亦汎矣。彼所謂科學者，則診察物形加以齊一而施統系之謂，抑萬狀之紛賑，固非科學所能盡理，有牢籠科學以究萬事者，若斯賓塞爾之從赫爾圖門謂之萬有科學，而不與之哲學之名。往世經驗不周，物情未效，中外諸聖哲，所説誠有粗疏者，於大體固無害。

今夫迷謬云者，謂本非而强執爲是，如名家言白狗黑犬可以爲羊是也。若云本無其實，烏覩其名，謂犬爲羊固不可，雖謂之犬亦不可。謂白爲黑固不可，雖謂之白亦不可。何者？犬羊白黑，本由感覺分别而後成名。然感覺亦無以自證其必是，神亂而見魌頭魃服者，少選念之，則自以爲目眩。故知感覺非實，則犬羊白黑之號都亡。若是者，即不容謂之迷謬矣。縣想云者，謂本無而强施爲有，如佛藏稱極樂國土，柏拉圖稱觀念世界是也。若不於本無者説之爲有，而反於現有者説之爲無。如云空間、時間本非有，故頓置於空間、流注於時間者亦非有。若是者，即不容謂之縣想矣。且“是非有無”諸名字，非於物上示此形相，乃於識中具此範疇。而範疇實識中之炎翳，則是非有無當泯絶，此本非科學所能證明。科學者，特以此是非有無之範疇應用之於名相，如法律既定，而當官執事者守之。其法律所由生，不暇問也。分際既殊，事守亦異，則有别爲兩塗而已矣。

且即科學所指陳者，亦何往無縣想？例如物有原子，創自希臘人跌莫克黎陀，於印度亦有吠世史迦學派，説此爲鉢羅摩怒，是皆理化諸家所承用。原子既無形，非若分子之可以實證，物在五根感覺以外，雖儀器且無自窺知，何所經驗而説爲有？易原子爲電子者亦同。乃佛家則既破原子之説矣，光色所由生者，歸之伊太；説真空不空者，歸之伊柰盧雞。是諸物質，皆超絶經驗界，獨以意想推校得之，顧獨非縣想耶？又科學亦自有迷謬者，例如生物學家説人生之單位，達爾文立“戒彌盧”説，猶有體質，可求自是，推校益精，則言微蟲分體而生，子似其母，所以能似者，由其有擔生物，名之爲波泛盧。又言細胞結合以成官體，官體有筋骨、血肉、膚髮、根竅之殊。所以能殊者，由有物曰決定分位，名之爲地曇彌能提。次有先祖質位于其上，名之爲伊難迫來斯摩。然此諸物，非即細胞，非細胞核，非核中所有染色物非染色物，但可知其名號，不可示其儀形，此則與稱道靈魂者，曾無毛氂之異。而言生物者方推是説爲至精，顧獨非迷謬耶？及如赫格爾所著《宇宙之謎》，[①]則言空中有無數地球，無一刹那無新地球出生者，亦無一刹那無舊地球壞滅者。是乃純無質驗之言。赫格爾氏非終日方行宙合，亦非窮盡歲月，以儀器徧診空間，徒以流星隕裂强爲比附，而流星果爲他方地球崩壞與否，尚不可知。至新生則益無徵驗，徒凴匈臆而筆之書，其爲迷謬縣想復甚於前此數家矣。是故毛舉細故，則科學之詭誕者正多，寧獨哲學？要使大揚搉之，皆有獨至而已。何事切切以求合耶？其以應務哲學者有"學"而無"術"，故可以求是，不可以致用。科學之始，亦純爲物理學耳。久之其"術"漸開，則始有應用者。然無用者猶衆，例如天文一科，表經緯以代準望，浮海者得其用。今乃有推步彗星當于某時拂地者，亦有言行星當於某時突過地球者。博士數十輩，言之皆無效驗。斯固疏于求是，雖效矣，終無他術得前事而豫防之，則猶之無用也。

然治科學者本以求是，雖無用亦推之。治哲學者準是，其或凴虚而遠事情，則猶測彗星之不密。要之，密者固多數，若天文學者，自測彗星而外，其佗皆近合密度矣。乃其無用，則有"學"無"術"之

① "著"，原作"着"。

故，誰云失其深密者？然此但以哲學、科學比校言也。無政府主義者，其歸趣在人事，雖或借科學以成其説，要之，比類相明，異於覩物而知情者。且人事本由情智接構以成，形能轉變，不可豫規，非如動植物之任其本能，無生物之動由機制。夫未來既不可知，過去又少成例，乃借他物異事以相比況，其差跌當不止千萬。然則無政府主義，本與科學異流，亦與哲學異流，不容假借其名以自尊寵。綜觀遠西諸學説，數學、力學堅定不可磨已，施於無生物之學，其次也；施於動植物之學，又其次也；施於心理、生理之學，又其次也；施於社交之學，殆十得三四耳。蓋愈遠于人事者，經驗既多，其規則又無變，而治之者本無愛憎之念存其間，故所説多能密合。愈近於人事者，經驗既少，其規則復難齊一，而治之者加以愛憎之見，則密術寡而罅漏多。例之以生理學，東人有言，曰“歐美人謂襍婚者其子健全，不襍婚者其子愚弱”。此特以己國多襍婚，作此辯護。日本人離婚至少，而民種皆健全，未嘗愚弱也。乃襍婚所生子女，則多形態譎觚神經詭異者，知其説與事實不相應。例之以社會學，社會學起自殑德，殑德疾吼模、康德諸哲理，名之爲虛靈學。其言曰“草昧世惟有宗教，次有虛靈學，次有質學”。然後人駁之，曰“希臘盛時，既有質學，而婞志虛靈者，乃在文學復古以後”。是殑德之説已先與社會成迹不符，其後治社會學者雖衆，大氐互相攻伐，不如理學之極成，固由例證稀疏，亦以豫蓄愛憎之見能蔽其聰明耳。然則論人事者，不能與他種科學比肩可知也。

若局就應用計，無政府主義之在西方，則豕零與桔梗，是時爲帝，雖然可用與可實故殊，溷實與用而一之者，衹功利學派之偏見，非一切人情皆爾。吾云哲學之深密者,雖竇非用,顧未嘗以其無用賤之。縱無政府主義在西方爲適用,亦不以其有用貴之,喻如制幣用金銀銅,又簡則用紙,金剛石與東珠如雞卵者,則不與制幣數,是無用者,莫東珠、金剛石若,而有用者亦莫紙幣若。然可寶者卒在彼不在此。東珠、金剛石性自貴,雖異國異代則珍之。紙幣者,由人强作,作之者在則用存,作之者喪則用去,故越境而紙幣不可行矣,國亡而紙幣亦不可行矣。由斯校量,凡可寶者,以其材質爲準;凡可用者,以其流行爲準。材質在自,而流行在他。故寶與用則非一事。金銀銅者,寶不如東珠、金剛石,用不如紙,而寶與用各據其一端,故眩惑者每以寶用同論,彼哲學雖無用,亦東珠、金剛石已。科學乃比於金銀銅,諸課人事者謂之紙幣。而無政府説之在西方,則爲紙幣在其國者,在東方則爲紙幣出其國者,在漢土則爲紙幣之國已亡者,紙幣失流行時,用既絶而材質亦無可寶,則猶不逮東珠、金剛石爾。曩者以玉卮無當爲喻,謂哲學之深密者寶與用一有一亡,又以牛角杯喻無政府主義,復誚以無當者,以爲此在西方,則有當之牛角杯;此在東方,則無當之牛角杯也。雖民族主義者,其材質亦不足比于球圖重器,獨於漢土有用,則牛角杯而猶有當者。

《新世紀》又評之曰:“作者以民族主義爲向下,可曰中國之革命黨所抱即向下主義乎?”夫向下亦何足諱?顧視其情勢何如。夫厭菜食者則有肉羹主義,苦槁餓者則有稻粱主義,患臚脹者則有便利主義。便利主義於三者爲最下,然當其臚脹時,可得有他念哉?且上下固無定衡,民族主義視要求立憲側媚異族爲高。然視獨活主義則向下,視無生主義則愈向下,以其深根寧極,淖入於中國人心，而又適爲切用，故鼓舞欲遂成之，非曰一切主義莫如我高也。

所謂“現有其事，故以此主義對治之”者，《新世紀》亦評之曰：“此乃作用，非主義也。”不悟主義之與作用，旋轉亦無定準，向于此爲作用者，即向于彼而爲主義。例如有全生主義者，必求飲食。全生爲主義，則飲食爲作用也。雖然，飲食可猝致耶？以求食故，必先耕稼，是又以飲食爲主義，而耕稼爲作用矣。耕稼不可以徒手成，由是必先治農器，則耕稼又爲主義，而治器乃爲作用。故方其爲作用者，晷景少移，即又成爲主義。民族主義亦無由出是例。假令漢族秉弧矢之威，乘雷霆之勢，無有他族起而犯我，則民族之主義，可以終古不生。若世界惟一漢族，更無他族與爭明者，則雖民族之觀念，亦可以終古不生。爾時所存，惟同種之感情，自相煦嫗而已。以漢族外復有異族，而民族觀念應之起，以異族之陵轢漢族，而民族主義應之起。有此觀念謂之對揚，有此主義謂之對治。卒之求脱羈縻爲主義，而民族主義爲作用。然此民族主義者，非能自遂必集合種種事情爲之輔成，故對於其從屬之事，而此又稱主義矣。亦如言無政府者，本以自由平等爲主義，而無政府主義特爲作用。然此無政府主義者，非能自遂，必集合種種事狀爲之輔成，故亦對于其從屬之事而稱主義矣。

本報《駁中國用萬國新語説》，尤爲《新世紀》所反脣。蓋彼所汲汲表揚在是，以是爲郵表綴，以是爲印上虎紐，以是爲門户金鋪首，重之、神之、把之、握之，惟恐失之，其實爲樞落者張氣。始租界市井之學，漸染海濱士人若顔介所謂彈琵琶學鮮卑語者，入腹地則被姗笑。海濱人奮欲報仇，猶不得便，及僮僕學校既立，偏延宇内，以爻法遠西爲寵，學子益墮廢國粹。三年至穀，褎然出身爲教授，故有宣講歷史者，問范增則不識姓氏，問李斯則疑古無其人。兒童本不説學，務偷陋易習而謀哺啜之用多，往往姚佚自喜。有教師課歷史，言教科書荒陋，願爾曹參考紀事本末。學童太譁，以其師爲義和團。然則故事短書，猶憚尋究，況乎正名百物，所以爲問學之本株哉？夫自守偷陋可也，遇中原諸學者猶被笑，所在報章雖小腆，尚往往嘲弄之，欲爲僮僕新黨雪恥，獨有排擯國文，令他人無所藉口。蓋斯賓塞爾不識希臘、羅甸書，則訟言希臘、羅甸書無用，不可用於學官。彼欲以萬國新語剿絶國文者猶是，況挾其功利之心，歆羨紛華，每懷靡及，恨軒轅、厲山爲黄人，令己一朝墮藩溷，不得蜕化爲大秦晳白文明之族。其欲以中國爲遠西藩地者久，《新世紀》叢書有云：“爲公益計，則爲革命。即使果有瓜分之事，亦必革命。因今政府之害民尤甚於瓜分之禍故也。吾何畏瓜分乎？畏失吾自由與平等而已。請觀他國與吾政府之專制孰爲甚耶？”此數語雖似贊成革命，其實願爲白人奴隸。紫色哇聲，近朱亂雅，本報所以辭而闢之。若革命黨濡染此種見解，則猶不如望立憲者。所謂息嬀之事楚王，賢於蕩婦之求新牡也。則欲絶其文字，杜其語言，令歷史不燔燒而自斷滅，斯民無感懷邦族之心亦宜。烏虖！莊舄顯而越吟，鍾儀幽而楚奏，民性所同，獨《新世紀》記者乃異此耶？其自謂合於科學，故神經囟門之質異耶？其陳義鄙倍不待駁，然彼報亦自附革命之林，其説常足以撓觀聽，故不憚繁辭以相曉告。

萬國新語者，本以歐洲爲準，于他洲無所取。前所論撰有云：“大地富媪博厚矣，殊色異居，非白人所獨有，明其語不足以方行世界，故命爲萬國新語，不如命爲‘歐洲新語’。其亞細亞人學之以爲驛傳，取便交通，亦可也，則不若命爲“外交新語”。正名爲“外交新語”，則不以亂土風，猶近世學歐洲文字者，歸而動齒牙把刀筆自若也。若夫民族區分，捨語言則無以自見，一昔棄捐其固有，而執鸜鵒狌狌之業，無往而可。且歐洲之面積，視中國全部尚不足。以方全亞，財九分居二，合歐美乃適與亞洲面積等，計丁口則合中國、印度、安南、日本、暹羅、朝鮮，已當全球之半，何有於歐美？其語言文字除去簡單者弗論，足以表彰學術孳乳浸多者，漢文爲一種，梵文爲一種，波斯文爲一種，亞拉伯文爲一種。自波斯破滅，種人分散，保於印度，而驢脣之字亦絶。今所有者凡三種。三種異源，而各有其特性，不容剗削以就一類。若欲今亞洲人言語交通，亦可自編新語，爲會同郵傳之言，當名爲“邦交新語”，以别于“外交新語”，猶不得自廢故書，惟新語之爲務。若謂歐洲殊語，悉自希臘、羅甸蝡生，故整齊之則有術，亞洲三種文字，源流各别，故無齊一之方者，亦推擇一種以爲符號耳。夫强效萬國新語者，本非亞洲故有之言，則同一亞洲人而以此國效彼國者，其難易亦相等。紐之繁莫如印度，韵之繁莫如支那，此二國者，執天均以比其音，雖有少缺，而較他方爲完備矣。語言本所以爲别，音愈繁則愈分，爾後造亞洲新語者，當舉是爲原素，鎔冶之，導擇之，滌蕩邪穢，斟酌飽滿，令交通於東土。若彼歐洲新語者，則徒以是交通白種而已。妄庸子不惠於東人，不念邦族，不度地邑民居多少，惟欲改易舊言，用相彈切，斯之謂西方牛馬走，若其難易之數，前者所舉已多矣。且如械器有無，東西殊貫，食有竹箸，賭有圍棋，樂器有簫管笙磬之殊形，衣服有袍袿衫襦之異用，若此類者百數，無容皮傅爲名。彼報則曰“可以隨便比附意義，予以一名”。斯正稱帽爲冠，以盤爲案之例也。黄人謂白人爲夷則慕之，白人謂黄人爲蒙古種則跪拜以誦之，比附相同，而喜怒爲用，凡下齎劣根者多如是。提其耳曼，不足以發聾，導其督脈，不足以變志，此何足與計事？直正名者，不當如是耳。

且本無者固難附會，而本有者亦有名言具闕之殊，如前所謂用於屈伸取捨者，某宣教師之言，勿論爲譽爲嘲。要之，本有其事，而彼不能分别爲名，則不得稱言語完具。又如親屬相呼，本有殊號。其始徒以昭穆行列相附，自母系進爲父系，而内外之號以分。今之用父系者，歐亞所同也。顧語言分合則有異，且如母之兄弟曰舅，父之兄弟曰伯父、叔父，歐洲語不能分也。兄弟之子曰從子，姊妹之子曰外甥，歐洲語不能分也。同族之親曰兄弟，異族之親曰外兄弟，今語則曰中表兄弟，歐洲語不能分也。兄之妻曰嫂，妻之姊妹曰姨，歐洲語不能分也。伯父、叔父之妻曰伯母、叔母，父之姊妹曰姑，母之姊妹曰從母，舅之妻曰妗，此語雖起宋代，本是舅之音轉。今南北稱此者較稱舅母爲多。異姓不得有母稱，故呼妗者較呼舅母爲正。古語但曰舅妻，猶姑夫、姊夫等語，爲質直之名。歐洲語不能分也。若謂尊長者爲一等，比肩者爲一等，卑幼者爲一等，略分大齊，無必繁碎爲名，則婦之父母名不同於伯叔，而子壻之稱亦不同於從子，此又非其類例。夫本無其事，而不與之專名宜也。藩人謂夫之兄弟皆曰夫，謂婦之姊妹皆曰婦，應其社會情事，無足讁矣。本有其事，而名號不能爲别，則爲言語文字之不具。此與日本故言有日而不能與之名，呼之曰希，同名於火，有鹽而不能與之名，呼之曰囂，同名於潮，有天而不能與之名，呼之曰阿摩，同名於雨者何異？夫實不中其聲者謂之窾,聲不中其實者謂之窽。本無鬼神而有鬼神之名,斯謂窾言。本有親屬衰次而無親屬衰次之名,斯謂窽語。萬國新語者,出於人爲,異於天然鷇語,故文法排列爲齊媜,然名號之故闕者,終勿能爲之補苴。而或具或闕,類例自相抵梧者,亦無由爲之齊一。此則中國所不適用明矣。張無政府者,必謂婚姻之道既廢,人人以瞬息之愛相交,則親屬本無可别其然,則父子、兄弟之名亦當廢。不知萬國新語中猶有父子、兄弟之名乎? 若絶無則已矣。一有一亡,則不得逆探後事以爲辯護。藉令如無政府家所説,則萬國新語者,衹無政府時代所適用。今東方尚不能無政府,則是語之不適用益明。況本有其事而語闕於西土者,非徒親族衰次之名,則雖地球棍一以後,猶不能以歐洲新語爲世界新語也。

難者曰:“漢土語言文字,有實而闕其名者亦衆矣。何以尚於彼?”應之曰:漢土所闕者在術語,至於恒言則完。歐洲所完者在術語,至於恒言則闕。語言文字者,其職在於宣情應務,非專爲學術計。且漢文既有孳乳漸多之用,術語雖闕,得絣集數字以成名,無所爲病。若令恒言不具,則其語無自孳生,斯朝夕不周於事已。荀子曰:“名聞而實喻,名之用也。絫而成文,名之麗也。用麗俱得,謂之知名。”今漢字於恒言則得用,於術語則得麗。歐洲之文,術語不待麗誠善,而恒言不給用,則不可以是更我。章炳麟曰:洋洋美德乎,頡、籀、斯、邈之文,踦形孑義,秒忽判殊,屬辭比類,子母鉤帶,散而爲塵不患多,集而成器不患乏,錯綜九千字至於百十萬名,魏然弗可尚已。

《新世紀》又云:“科學中之理數,向之不齊一,今以兆分一秒之一億分一秒之一,假定一數,强稱齊一,爲便於學理及民用者,其繁嘖萬萬,有過作者所舉。聲紐之粗簡,尚能理而董之,何況語言文字?止爲理道之荃蹏,象數之符號乎?”夫科學固不能齊萬有,而創造文字,復與科學異撰。萬物之受人宰制者,縱爲科學所能齊,至於文字者,語言之符。語言者,心思之幟。雖天然言語,亦非宇宙間素有此物,其發端尚在人爲,故大體以人事爲準。人事有不齊,故言語文字亦不可齊。昔者卜商、叔孫通、梁文、張揖諸君,蓋知此意,論撰雅故以釋詁、釋言、釋訓爲先,所舉者多抽象普徧之名詞與形容詞、動詞耳。次有釋親,釋親亦人類所以交際。其物之受裁於人者,有釋宫、釋器、釋樂。次之其物之未受裁於人與不可受裁於人者,有釋天、釋地、釋丘、釋山、釋水、釋草、釋木、釋蟲、釋魚、釋鳥、釋獸、釋畜。次之觀其第録而察其用心,以爲釋詁、釋言、釋訓者,則思慮志念之提封,有時鄰音相轉,彖語相交,得以曼衍滋長,而不容以他方言語亂之。親屬衰次之名,亦惟漢土爲翔實,又不容以他方語義相亂也。下至器物,固有此土所無而彼土所有者,則比字屬名以定其號,終不可題。號者無妨從其主稱,其下萬類芸芸,各於其黨,盈耗視土宜,幽明從地勢,則雖受成于彼可也。是故蒲陶、目宿,昔皆漢土所無,則直譯其音以成語。壁琊、珂珬,昔皆漢土所無,則審聽其語以著文。且品物者大下所公,社會者自人而作,以自人而作故,其語言各含國性以成名,故約定俗成則不易。今語雖多異古,求之《爾雅》、《方言》、《説文》,必有其字,故漢語最純潔不雜。其有雜者,如呼不好爲歹,字非漢字,言非漢言,鄭思肖明其出于蒙古。此則當絶。若夫呼頭爲腦袋,呼鼠爲耗子,語皆鄙倍,而猶有義可稽,非自他方傳入。然此種語究未偏行。今語言頭言鼠者，尚居多數，待正則之語言統一，則鄙言自廢矣。今顧函胡其語，以科學牢絡萬端，謂事事皆可齊一，譬猶獻芥而及齏也。且所以齊一之者，彼亦未有其術，徒以大言自任。又不專心揖志以求其是，而謂假定一數，强稱齊一，足以便民用。夫徒爲便用計，至於假定强稱，是奚足言科學？抑《新世紀》記者之科學歟？

若局就紐韻計者，音繁即繁，音簡即簡，有繁音而强削之以就簡，是强人語爲鼓造鳴。北人有言，中國語最難發音者，莫如"二"字，嬰兒不能，濁音者不能，不分四聲者不能。今用《新世紀》之科學裁之，是將使人終古不能説"二"字也。蓋聲韻之不齊，猶人有長短黑白。治科學者能捨異種雜生之術，而使黑人皆白皙乎？日本人有惡其鼻之陷者，懼不得當西人，則剜髀肉以補鼻上，名之曰"隆準術"，是亦强不齊以使齊，是亦可曰科學矣。夫形貌不可齊，齊之惟有桃梗像人，聲音不可齊，齊之惟有琴弦準器。《新世紀》記者，將比人以留聲器耶？其不然也。

《新世紀》復云："中國文字與萬國新語優劣之比較，不必深言之。即以印刷一端論，中國文字之排印機械，如何製造能簡易乎？"按機械當作字粒，彼報有誤。是則應之曰：歐洲語之字句冗長，立談數語，使人曠日廢功，其音當如何裁減？一音而合也，每一名而合數音，視漢土以一字成名者，章草書之，孰遲孰速？以此使人疲精損腕，其名字當如何節約？句繁語重，將盈簡紙，不得不削小其形，以此使人勞目失精，其形體當如何廓大？鐵擿作書，獨宜厚牒，以此使牛馬流汗，負擔勞形，雖劉覽者手挾一經猶患重，其權量當如何減輕？夫以一便易四不便，可謂至無算者。抑字粒簡易，則排印速而成書多，字粒重難，則排印遲而成書寡，利害獨在此耳。然以晬時刻期成就者，獨有新聞，中國亦未嘗延緩。自餘典籍，期會稍寬矣。日本人用和漢雜文，其字粒略與中國等。一歲成書，幾二十萬種，此不可謂重難者。

吾謂排印固不求過速，漢土雕木術未興時，傳書難，則苟且著書者寡。漢唐舊籍，多有可觀。徒以展轉迻書，譌誤多而校讎困，由是雕木術興，而利害亦相半。何者？傳書徑易，則苟媮著述者多。自宋訖明，其圖籍足以充塞庭廡，而可觀者殊寡。自顧炎武綜覈名實以來，①更三百歲，著書者多有發明，則呰窳浮淫之書，稍益減退。然全數計之，苟偷者猶十五六。今者活字排印之術盛行，急躁者愈以率情奮筆。借觀日本歲出二十萬種書，其發舒心得者幾何？無慮翦截成文，顛倒首尾以成篇籍，其有深造自得者，歲不過百餘種。要之，排印過速，必不能多得良書。徒令欲速者得易以成編，裨販者得因以牟利，空費榖楮而災桑竹，爲淺者開其衒鬻之塗，卒於社會無補。然則以漢字排印，雖少重難，亦足矣。更務趣速，則益滋浮文妨要之書，救文弊者正當知其節度，何侈張之急乎？且記者但知製造字粒之難，未知檢字之易也。漢字文各異形，而歐文特以數十字母交叉陳列。檢字時若漢文難歐文易者，其實相反。漢文以一字成名，檢之雖難得，而祇一次。歐文以數母成音，數音成字，檢之雖易得，而當有五六次。故檢字之難，歐且倍漢，吾見日本排字者，皆識歐文，而排印歐文其時期，加排印漢文以倍。記者

① “綜”，原作“宗”。

所言，亦祇得半耳。

《新世紀》又云："學問者，世界之公物。外國人所未有者，自亦許外國人之傳習。"彼報固以高文典册，比甘蕭之餘滓矣。外人求此滓何爲者，若夫現行事狀，如政治、風土諸書，其文辭既非深邃，則假道于舌人亦易。且一國之有語言，固以自爲，非爲他人。爲他人者，特餘波所及耳。夫日本人於漢學，所得至淺末，然猶不欲墮廢漢文。羅馬字代假名之説，無過崇拜勢力與輕剽好異者爲之，深思者無不與反對。况吾土舊有之文，所以旃表國民之性情節族者乎？且以日本之和漢雜文，令西方人習之，其難當倍漢字，然日本人不以惠教外人之故，而自變也。其欲習外學者，兼明歐洲一種書，歸而譯録亦得矣。以漢土文法排列順序，而發音又清眇，習歐文則宜易於日本。徒以荒廢國學，故譯文亦無術，其咨安在？彼徒知以變語求新學，令文化得交相灌輸，而不悟本實已先撥，豈必如露人之迫波蘭，英人之迫杜蘭斯瓦，使捨其國語而從新主，縱漢人自廢之自用之，其禍已不可噬齊矣。

蓋改從他方言語而無害者，獨在草昧初開之族，符號簡單，則更之不爲病，其間有强迫者，若亞拉伯文之用于馬來是也。有非强迫者，若波黎語之用于吐番是也。以其國素無歷史文學，一朝改從異語，於故有者未虧，而采穫新知無量，斯倪矣。不然，以冠帶之民，撥棄雅素，舉文史學術之章章者悉委而從他族，皮之不存，毛將焉附？彼自貴以無政府主義者，不恩民族，不賴國家，興替存亡無所問，效雉鳴以求新牡，其無所顧惜也則宜。且無政府家如苦魯巴特金壹意尊其國粹，而此土言無政府者反是，忖度其心，亦曰彼文明之白人，當尊國粹。此野蠻之黄人，不當尊國粹耳。烏虖！我邦人諸友伯叔兄弟雖以賓萠處西土，慮非如甘英所聞度海而心憒亂者，頃顱之圜則如故，瞳子之黑則如故，膚理之黄則如故，髟鬢之玄則如故，何其蔑侮邦人，且忿疾其語言文字至於衘骨也？學子百餘人寧無刻苦忍形者，欲就乃平等自由主義，巴黎則和合爆丸之林，印度人就學者以百數，英人側目而視印度人，謂足以供世界革命者之需求，我邦人諸友伯叔兄弟胡不自勉，研精化學以備實用，而空爲跌蕩之言，墮我民德，其真欲臣妾於歐洲耶？其真謂英人之遇印度，法人之遇安南，寬厚過滿洲政府，且過於方來之漢族政府耶？不然者，語言文字亡，而性情節族滅，九服崩離，長爲臧獲，何遠之有？吾且謂自改舊文者，其禍尤厲于强迫。强迫者有面從而無誠服，家人父子莫夜造膝之間，猶私習故言以抒憤懣。故露人偵伺雖嚴，而波蘭語猶至今在，其民亦忼慨有獨立心，後之光復尚可驗也。至於自改舊文者，不終於塗炭不止。若一部改之，而一部有未改，改者又且挾白人以陵同類，我邦人諸友伯叔兄弟，會將剖爲二族，終則挾白人者必勝，而抗白人者常衄，姬漢遺民其無噍類。若不信者，且以學習歐文之士觀之。今以歐文致高官厚禄者無慮數十，其人素未習國學，爲兒嬉戲，常游泳白人間，迮而仕宦，多懷市井猥鄙之心，而賣國養交者常在此。江浙、廣東多白種通商地，風氣早開，其學歐文者衆，則媚外者亦衆。夫怠國故而習殊語，其禍已不可收，況並廢其語言文字哉？訟此者或以日本成事相擬，不悟日本承封建末流，其尊種愛國之心堅不可壞，故習學歐文無所損。且其人皆素知和漢文言，亦無或昧於東方歷史，終不以歐化易其肺腸，故少弊耳。漢土人心故涣散，主之者又適爲異族政府，令民志不輻湊於區中，輓以國文，猶懼不莀，又隨而芟夷之，民棄國語，不膏沐於舊德，則和悦不通，解澤不流，忘往日之感情，亦愈殺。其種族自尊之念，焉得不比暱？白人而樂爲其廝養耶？

又，《駁中國用萬國新語説》中，窮極其弊，謂將杜絶文學，歸於樸僿，《新世紀》則自救言："異日民思細密，當别成美富種性，豈野蠻簡單之篇章所足動其情感，故無論擺倫之詩、漢土之文，不在摧燒之列，即爲送入博物院之料。"甚哉其善於欺謾也。未至異日，而豫定異日之民，當别成美富性，空言無徵，恣情武斷如彼，抑何不曰異日民體發達，當如龍伯大人耶？彼報每至詞窮，輙矯借科學之名以自文，若狡兔有窟穴然，不審絶無經驗而妄言者，於科學何當也？藉令異日民情别懷美富於今日，固未有此種性。捨今日之急圖，責方來之空券，非愚則誣。且曷不曰今日歐洲之樓臺苑囿麗廔而精妍者，一切當摧燒使無餘燼，以待美富種性之後人建築其黄金世界乎？土木之美則靳之，文學之美則棄之，不圖市儈屠沽之見，猶在斯人也。

《新世紀》又云："中國古代文字，有爲歷史比校之要材，有能潛心於此，固求有其人而不得。若以爲此我之門户所在也，我之聲譽所在也，必欲强世界爲之倒行，則謚其名曰野蠻，晉其號曰頑固，亦誰曰不宜?"是則可爲大笑解頤者。"野蠻"之名，本市井鄙倍語，吾匈中素不諳識此，"頑固"則自署徽號久矣。不爲頑民，將爲順民，故寧自坎廩以就此。抑漢土之語言文字，傳之四千歲，服習之者四萬萬人，非吾所擅而有，其蕃衍而爲國學者，自先正道其源，竝世亦時有二三鉅子。吾在皇漢黔首之間財比稊米，以彼鉅物，馮翼惟象，不歸之億兆而九錫於我。曩者嘗以國粹歸張之洞，今又移贈於斯一老。其猶張之洞以平等自由之説專委諸康、梁耶？夫以民德之所斡維，種性之所隱據，卒然有妄庸子攘臂欲撥去之，萬衆未袪，睢睢盱盱，塊余走卒，寧得不爲權首以相扞衛？斯門户者，漢種之門户；斯聲譽者，諸華之聲譽。於吾身何有焉？

假全露西亞人欲盡改其言爲萬國新語，吾素不以一語相遮，所遮者獨在漢土。而云欲强世界倒行，又何其誣妄也？迮而儗人不倫，比以劉錫鴻之沮鐵道，吾方欲宣究中國語言，令無隔閡，豈自阻漢族之交通者？正恐《新世紀》記者於劉錫鴻適成正負，汲汲然割讓鐵道之權於他人耳。至於新定紐韵諸文，彼報所稱爲迂拙進行者，用篆籀箋注，爲其不掍正文，按聲等規圈，爲其音有清濁，此義至卓約易知，雖沈没歐化之鄙淺人，猶當不惑。不識彼報何以昧是也？

近聞仁和勞乃宣方造簡字，又且以是上滿洲政府而頒諸僮僕學校。勞乃宣者，則勞權、勞格之子姓，宜略識文字訓詁。然中歲染新黨風，頗與陶模輩鼠竊狗偷，不能無曲學譁世。若其所造簡字，不直以代正文，惟爲反語，箋識字旁，而分紐分韵，又能上稽《唐韵》，下合宇内之正音，完具有法，不從鄉曲，不從首都。按：漢字以《唐韵》爲正音。其有上合古韵及《經典釋文》所舉六朝舊音者，皆可采擇。若韵不違旁轉對轉，紐不違外侈内斂旁迤之例者，亦可因仍無改。至於譌音謬語，則不容羼入。蓋漢字以形爲主，于形中著定諧聲之法。雖象形、指事、會意諸文，亦皆有正音在，非如歐洲文字，以音從語不以語從音，故可强取首都爲定也。英用英格蘭語,德、奥用日耳曼語,法用法蘭西語,而一切方國之言,悉從删汰。由其語本無正音,有語而後以字著之,非有字而必以語合之,故歐洲語發音非有定律,惟强是從,惟用是便。中國語發音則有定律,不爲便用而屈求是。昔陸法言作《切韵》,《唐韵》承之,皆采合州國殊言,從其至當,不一以隋京爲準,故縣諸日月而不刊。中唐有《韵英》、《考聲》諸書,惟以秦音爲主,慧琳依之以作《衆經音義》,稽以《説文》諧聲之則,遠不如《唐韵》密近,故《韵英》、《考聲》廢而《唐韵》遵用至今。《新世紀》記者未知中西文字源流各别,至日本則音訓分歧,全無規則,皆不容互相擬議,乃云"談學理者祇知爲繁蕪之就删",不悟學理爲求是,非爲便用。在歐洲本無定是,故雖强從都會,未爲倍于學理。在中國既有定是,若屈其定是而從首都,則違于學理甚矣。要之歐洲定語言,猶之行政,但問方略;中國定語言,猶之司法,必依準律令行之。此定語者所當知。若云語言初起,惟是觸口成音,有何正則而當執守? 此則荀子有云,"約定俗成"。異於約則謂之不宜。如牛馬不可互稱,水火不能易號,皆從其定約成俗耳。惟音亦然,上世固多流變,《唐韵》既著,斯有定音,猶可通以轉音之例,惟違例妄呼者,乃爲譌音謬語。今宛平語,不如江寧審正多矣,而江寧復不逮武昌審正,然武昌亦有一二華離,故余謂當旁采州國以補武昌之闕。此非專就韵紐爲言,名詞雅俗亦當雜采殊方。夫政令不可以王者專制,言語獨可以首都專制耶? 必欲專制,則明太祖作《洪武正韵》,殽亂聲音,清仁帝作《康熙字典》,詭更點畫。誰其信之? 非奴隸莫與也。惟一意求是者,余亦將表儀之。若其直代正文,自以爲新蒼頡,或所定紐韵奇觚非法,殉用而不求是,是則析辭擅名,以亂正則,其罪猶爲符節度量之罪也,當戾其舌櫪其指而已。廣悦此事,遽數之不能終其物。以彼報文句多有詰詘難通者,而助詞亦或不中律令。梗槩既具,瑣細者不煩一二斥之。彼報每好言"合於科學",其文法句度之異人,或亦合於科學者也?

清美同盟之利病[①]

（一九〇八年十月十日）

清美同盟，是不啻中美同盟也。清政府内不懌於日本，而主之者爲袁世凱，袁世凱所任者爲唐紹儀，欲藉極東之美以掣日本。美人亦惎日本，久期相掎角，以撓其權。卒之斡旋樞紐爲原動力者，尚非清政府，而爲朝鮮太上皇。朝鮮太上皇自比威廉，世人皆悼笑以爲愚妄，其實不然。太上皇與美國教師密謀，求爲游説列强，認朝鮮爲自主國，議雖無效，然美國人常陰助朝鮮，其志士違難者，多以極東爲逋逃藪。陳義伉慨，貞固不撓，悲歌喝狼，弧蝕精誠，極白虹生，雖殊色者，亦撫劍相與和。故美人排日本人而不排朝鮮人，至斯的温被殺事，又且挺緩其獄，數月不決，是可謂有提攜寡弱之盛心者。

然人心公私白黑常參半，而持國論者彌甚。以助朝鮮排日本之心，與爲白種排黄人之心，盤互錯褋其間。黄人惟日本最盛，中國與朝鮮則無賴，故所排常在盛强之國。其陽與中國交歡者，外以

---

① 據《民報》第二十四號。

維持東亞爲名，而陰謀黯默，與日本亦相等。夫朝鮮太上皇一動而使日露戰，再動而使清美盟，東方變故，常自朝鮮太上皇制之，其自比威廉，不誣也。今以利害相校，則朝鮮之引美自救爲無害，而中國之與美同盟爲有害。朝鮮者，地處東北，介日露之間，縱美人有野心，以其齒牙交捽，或未至爲非律賓。藉爲非律賓，亦與今日等耳。

且夫堂上不糞，則郊草不芸；鹿之將死，不擇美蔭；事處危急，不可以待五稔。非引美自救則無術，而中國有異是。日本之驕矜自肆，非吾良友也。其在亞洲，東則蔽遮美氛，西使歐洲羣醜欲有所搏噬于東方者，不得不稍制斂，若楹之支屋也，雖惡之而知其不可去，歐美所以深惎日本在是，亞洲所以猶賴日本在是。今者中美同盟，美之兵力，尚弗能與日本雁行，清政府則益不相值，誠不足以撓日本。然日本與極北戰爭而後，民貧財匱久矣，所藉以灌輸者惟商販，其品物亦裁輸及漢土，適會廣東有抵制東貨事，美人間之，欲利用其角目相視之情，使美之商品益流衍，而日本之貿易以衰，所以制日本者，獨在此耳。

日本絀則民益不聊其生，而軍實無所取，白人乃得回旋馳騁於亞洲。故中美同盟，非美一國之便，而爲白種所同便。其使美人獨爲權首者，以素未蠶食中國尺寸地，及聯軍攻破北京之役，且返其歲幣以示親暱，故感情爲易動。其術正而譎，其情豈弟而傾險，其形勢若刓鈍而有鑱芒。蓋中國與日本交，既鮮利矣。交美則漢人亦害，滿人亦害，而亞洲悉有害。然則漢人固排滿也，都計之，滿人與白人孰遠近？亞洲人固忌日本之驕矜也，都計之，日本人與白人孰親疏？令諸亡國各得保其種姓，自植政府，分區有截，則漢之視滿州猶鄰好，亞洲諸國之視日本猶肺府，固遠非白人比。今縱未能，滿之制漢，日本之制全亞，力固不任，令白人橫於東土，則亞洲悉爲烏萇之續耳。烏萇者，西域國名，舊爲王者苑囿，以是得名烏萇。烏萇譯言苑也。或曰中美盟，則華僑入境之禁可解；日本盛，則將爲英人鎮制印度；是爲亞洲與中國計，其利害在彼不在此。應之曰：美，分治之國也，聯邦與中央政府不相比，縱中央政府壹意與中國交歡，濱太平洋諸州，其閉距華工尚自若，何禁之可解？日本與英訂攻守同盟之約，涉及印度、西藏間事，是時印度人未倡義，英人所以期望日本者，固不爲印度内變，特以掌拒露人耳。乃者梵土英靈，扶義俶儻而起，英政益棼。日本報章或論之，曰"我日本不可不爲同盟鎮制叛人"。是特夸者孟浪之言，未嘗尋其中央。若印度人與英人鏖戰，英勢未去，固不容假力于日本，藉日本以平領土之内亂，其辱國則已甚。若印度人果勝英人，長幼既定，日本雖欲爲英援手，非空國出師不可。夫民貧財匱既如彼，縱今日復欲與露人戰，民且弗順，況爲英人驅除哉？曏日與露西亞戰事，本乎士民之敵愾心，且名義既近正，戰而勝又斥土至廣，爲國家利，故民皆韝臂陌頭而作，事定已，不能無怨讟矣。今爲英人鎮制印度人，其名義至不正也，民又素無恨於印度，事定又不足以取利，而空費財暴骨，爲白人張其朋勢。問上，上亦勿爲；問下，下亦勿願；其不能見諸行事至明也。然則交歡美人無益，不撓日本無損，亦明也。

抑吾又於社會文化之事，而得其利害之率焉。今清政府與美人同盟，不自知爲白種作機關木人，而反以爲得計；同盟果就，則醉心于美洲文化愈甚，其資遣學子將愈多。吾觀盛年之士，贏糧而趣日本，學少就，則言革命者參居一，其庳者或迷眩于君主憲政，以藩王室、尊貴族爲的，其猥賤甚；轉而趣美，或以伸張民權爲幟，精氣入而矗穢除，庶將廓然寤曉，而革命之風愈傹，未可知也。

雖然，察其因果，校其情僞，于期望則不相應，于利害則不足以相庚償。何者？日本蔬食紵衣之國耳。風俗樸質，使人無歆羨于目前，故就學日本者，雖下之至於營求立憲，以佞東胡，而市權媚外之子，卒不出於其間，又且未忘國學，種性未弛，堅貞有爲之材，往往間出，以趣光復軍之戲下。今美則膏粱國也，其社會趣於拜金，皮相其政治則最優，深察其風教則最劣。游學者，血氣未定，覩其姣好，則熒魂爲之震盪；儀其富厚，而精魄爲之變移；欲令神襟明悟，以就學業，固已難矣。藉或成就，如曾國藩所遣游學美洲者，耽樂於黄金藏，忘其故土，就室家長子孫者相繼也。藉或成而歸國，久濡染於垢俗，懷齷齪嗜利之心，以入官則貪且鄙。蓋美之官僚臧穢甚，清之官僚亦臧穢甚，兩臧穢相得則愈熾。向者營境外之交，計道路、籍地藏而授券於外人者，率在此曹，其病國莫與二焉。知識又不與東方比。往時伍廷芳在律例館，欲盡改清律如美律，日本法家被傭爲顧問者笑之。其造商律，令合資有限公司，借本無限，破産有限，以獎勵詎豫之徒，中外皆大譁。以專習法律者定律，純與人情違戾，以中國人視中國情狀，其知識又尚在日本人下。容閎嘗以同知充公使，既歸，曾國藩欲授以蘇松太道，閎曰："公使者代表全國，吾嘗充公使，肯左遷爲蘇松太道耶?"蓋猶不知道與同知之尊卑也。及參唐才常軍事，或言會黨不可恃，閎曰："會黨皆尊尚自由,非端人孰爲此?”其人退而笑曰:“吾即會黨爾,知其情深,柰何以空言相抵。”其闇于中國事情如此。今之遊學者,出身漢土,其昏暗或不如閎、廷芳甚。要之,學識素短,無慮憲比校者。學于一國,則惟一國爲是,未嘗持脈察病,揣色寫聲,而以一方處治者,所在皆然。

夫專誤政治則已矣,縱不入官,其持論率僻違無類,挾大同博愛之浮言,以亂名實,使人爲倡婦,使人爲賈豎,卑諂營利,膜拜外人,不憚於屈身辱國,實自此始。葢外人所惎者,莫黄人自覺若,而欲絶其種性,必先廢其國學,是乃所危心疾首、寤寐反側以求之者也。始宣教師咻之,猶不見聽,適會遊學西方之士中其莠言,藉科學不如西方之名以爲閒,謂一切禮俗文史皆可廢,一夫狂舞蹈,萬衆搴裳躡屣而效之。今已靡爛不可收拾,外人之志已得矣,則猶以爲未足。美之返歲幣也,以助中國興學爲辭,俾俔山西,知藏卝最博奥,乃令宣教師往主學校,卒令山西大學堂專崇歐語,幾有不識漢文者,以是爲鼓鑄漢奸之長策,而寶藏可任取求矣。今美與清政府同盟,遊學者且加厲,其成效百山西,其獲利萬歲幣,異日求學子如今之憲黨者且不可得,何有於革命?

夫如是,則學僮終不可以適歐美耶?曰學者非專爲知識,其於德育尤重。是故建置學校,不宜於巿井嬈擾之區,而卻就郊野者,不以沈濁之氣、鄙吝之態亂之也。今中國、日本則郊野,而歐美則巿井,就學巿井,於德育固不適;若其爲智育計,去國愈遠,故土之情狀亦愈蔽蒙。故科學知識少高,而社會知識則益墮。以是推求,歐美固非就學之地,然而有不得已者,獨可使志節堅定、國學有素者就之，不然，能樸固如朝鮮人者就之耳。

嗚呼！金在鑪捶，從其方圓，師哉師哉，桐子之命，可不慎歟？今妄遺十百少年，雉兔相隨，以趣白國，斯有百害無一利也。夫以國勢言則如彼，以學術文化言則如此。中美同盟之利病，亦大可見矣，毋以美人之助朝，鮮而視爲亞洲人繼父也。[①]

① “朝”，原誤作“期”。

德皇保護回教事[①]

（一九〇八年十月十日）

土耳其既立憲，斯坦猶壹意回教，以爲漢土有回教徒八千萬人，欲遣使通情好，而德皇復以保護回教自任。吾敬告新疆腹地諸回人曰：新疆回人，多蒙古遺裔，與三十六國舊種混合，亦時有土耳其人。其在陜甘，則回鶻之裔，與漢人同化。他省信回教者，則猶是漢人耳。以教爲別是也，以同教斯謂之同種非也。昔我唐室與回鶻爲婚媾，用播種於涇原間。明世自嘉峪以西，回部千數，册封禮命，有異等倫。獨滿洲不惠於爾回部，剗乃種族，侵乃牧場耕地，俘斬乃大小和卓木。爾回人當刑槖駝牛羊以告上天，以與滿洲爭命。今兹漢人、回人方同患難，宜交相扶持，以攘東方索虜，使還保雞林、黑龍江之域。若爾回人欲復大食花門之迹，則以天山南路爲爾分地。土耳其故與爾等同教，相連則是，受其節制則非。方今德皇實有豕心，陽以保護回教爲名，陰實有所吞噬爾新疆諸回人。若以土耳其爲宗主，是則斯坦之上，復有德皇制爾死命。當知人貴自

---

① 據《民報》第二十四號。

立,有所附屬則失尊;教貴自守,託於保護則失職。爾回人多偉丈夫,亦有自建國家耳,寧當受他人羈絆耶?印度回人,始亦蒙古種,以受英人眩惑,爲效死力,且數與梵種啓釁,卒不蒙英人齒録,獮薙惟命。今我新疆腹地諸回人,若以惎滿洲,故投命德皇,鑒戒不遠。滿洲爾寇仇,爾當自誅夷之;摩罕默德爾宗主,爾當自敬禮之;葱嶺鹽澤爾封土,爾當自光復之。無滋他族,實逼處此,以自詒禍,以爲兄弟諸國殷憂,庶幾漢回同受其福,爾大小和卓木之胙亦流于百世。

政聞社解散之實情[1]

（一九〇八年十月十日）

自陳景仁上書請開國會，清政府斥以莠民譸張爲幻。又令天下偏索社夥，令兩江總督具疏馬良、蔣智由、徐公勉、黄可權等行事以告，候選道員、前羅馬教神父馬良誠惶誠恐稽首頓首奉詔解散政聞社員。

世多議馬良無節操，余以《政論》所登馬良演説稽之，其言曰："吾儕以求神我之愉快故，而組織此政聞社。吾儕以遵良知之命令故，而組織此政聞社。人人各有其所信之主義，所信之主義適相同者，乃集合而爲一黨。誰信之？吾之良知信之也。故政黨者，多數政黨員之良知之結晶體也。人而不自服從其良知，時曰非人。"今果不自服從良知而服從清廷上諭，棄其人格，自比於貞蟲蜚鳥，意馬良未至此。察其情實，葢康有爲、徐勤之徒，誠譸張爲幻者也。何以明之？陳景仁本非法部主事，清廷偏稽官册而不得其姓名，其爲康有爲、徐勤所詭託可知。且陳景仁上書以前，康有爲已偏發檄

① 據《民報》第二十四號。

文，傳入腹地，以改號、徹簾、遷都爲號。夫請開國會者，亦欲清政府之聽從耳。今先訟言改大清國爲中華國，以觸胡人之怒；訟言徹簾，以觸老嫗之怒；訟言遷都金陵，示將擁岑春煊爲相國，使百官總已以聽，以觸袁世凱之怒。是使請開國會書有駁斥而無聽從也。政聞社總理爲馬良，康有爲、徐勤既不便署名電奏，而馬良實居道員，有聞於朝野，今不以馬良署名，而以陳景仁署名，陳景仁本非法部主事，又詭託之，其奸易破，且使清政府明知其自南洋來，則無不瞋目切齒者，是亦使請開國會書有駁斥而無聽從也。康有爲、徐勤，豈戇愚至是哉？

蓋自楊度得志以還，齮齕康、梁久矣。而政聞社員中，自蔣智由而外，多與楊度無怨，且有素通款曲者。憲政黨本以勢利成團體，其良知亦惟在勢利，誰不就楊度之菀而去康黨之枯者？是故政聞社員，欲離此結晶體而别附他結晶體者已衆，康有爲、梁啓超亦束手無柰之何。鋌而走險，出奇計以致其必敗，曰置之死地而後生，與之亡地而後存。是故不詢於馬良，而先擅發檄文，後又詭託法部主事以電奏。夫固知其必遭駁斥，必被查拏，且幸其有是也。查拏之諭下，則政聞社員之爲康黨，皆已有名章徽録在丹書，必不能公附楊度，雖楊度亦不敢收恤之。如是而後團體可固，叛降可絶也。蓋康有爲之遇人，多用此術。往者邱煒萲爲康有爲效命，破家産數十鉅萬，而康有爲悉以其財入囊槖，求衣帶詔又不得，邱煒萲自悔爲其所給，奮欲投誠以自解免，有爲則露版上書，陳舉人邱煒萲有保皇勞績，請加奬擢，亦欲使國中人人知邱煒萲爲保皇黨，則反顧之路絶耳。今於政聞社員亦用此術鈐制之。所謂“梁山泊政略”者,[1]其則不遠。馬良亦心知之,然後知昔之組織政聞社非良知之命令,乃天魔所誘惑矣。康有爲、徐勤欲因查拏之論,以錮政聞社員。而政聞社員亦因查拏之論,以解散政聞社而雪康黨之名。馬良因民所欲,公布解散政聞社狀,一施一報,理有宜然。世之沾沾訾議馬良者,蓋未審其苦心也。

雖然,吾猶歎康有爲、徐勤之愚爾。邱煒萲與政聞社員,閱世稍深,非梁山泊草澤之徒可以機權脅制者,比而康有爲、徐勤猶以梁山泊之術遇之,[2]夫安往而不敗也?

---

①② “梁”,原誤作“粱”。

中國之川喜多大尉袁樹勳[①]

（一九〇八年十月十日）

湖南無賴子山東巡撫袁樹勳電商外務部嚴禁人民爭礦，其略曰："前因東省人民散布傳單、集會演説，擬保津浦鐵路附近礦産，曾將情形電達在案，一面飭令在省官紳婉爲開導，以期早日解散。詎兩月以來，更變本加厲，牽及五處礦務，議將合同作廢。細查發起者，乃知爲東人陳榦、周樹標等，中以各處學堂畢業生爲多，名爲熱心公益，其實無理取鬧，禁之不聽，猶復一倡百和，開具理由，斤斤辯論，謂五處礦務係商務性質，宜用國際私法，不當用國際公法；僉押宜用商人名，不當用山東礦政局總辦名；勘礦年限，不應展至二年，指定礦地，不應每塊三十方里。種種悖理違法，非議廢不可。又謂訂合同時，東省人民，全未預聞，斷不承認等語。竊思五處礦務，發端於光緒二十五年及二十七年，聯軍在京，德人乘機要挾，促訂草章，當未僉押。至三十三年，經楊升院咨商大部，改訂合同，挽救已屬不少，其先後爲難情形，早在大部洞鑒之中，竝經楊升院奏

① 據《民報》第二十四號。

咨有案。今春商部頒發礦務新章，又經吴署院援照正章内第三章第八款咨明商部請示辦法，旋準咨復東省華洋各礦，如章程合同，均係奏準之案，自可照舊辦理等因。現在該公司合同僉字以及一年勘礦之期，尚未踰限，無故議廢，將何致詞？且中國辦事，向由官家主持，民人本無議政之責，如該生等所云，乃立憲國辦法，非預備立憲國所可比擬也。樹勳初念該生等未諳情勢，但能解散，即可毋庸置議，不意該生等昨呈節略，反謂如不能廢，當限制開礦抵制德貨以爲後盾。若置之不理，則嫌疑叢生，保無釀成不穩舉動等語。竊思該生等如果熱心桑梓，何不爭於合同未經僉押以前？而於此時逞無意識之行爲，悍然不顧，其居心叵測，難保非藉端摇惑、擾害治安起見，如不及時嚴禁，萬一暴動，必至釀成交涉、損失國權而後止。查民政部章程，凡學堂教習、學生集會、結社，均干例禁，現已將此情形電達山東同鄉京官，并嚴諭官紳切實查禁。倘再抗不解散，惟有執法以繩，懲一儆百，以息後患。特此電陳，伏乞鈞鑒！”

案東人所與袁樹勳抗議者，其詞質而有倫，然亦思滿洲政府何政府也？法律之文，不足以撓之；恫愒之語，不足以震之；徒以空言相抵，袁樹勳亦知其情矣。若果有實力者，清政府雖許德人指買礦地，未許德人略有礦地，礦地尚爲民間所有，德人固不能盜取也。然則要請政府使廢合同，①孰如要山東諸業主使不得賣礦地。所爲抗議者，懼民間相約不賣，則德人又且要求清政府，而清政府復爲德人畫策以浚民，雖以兵繼之可也。是故宛轉陳乞者，期以絶其根

① “請”，疑當作“清”。

株,其心則誠苦矣。

袁樹勳言“中國辦事,向由官家主持,民人本無議政之責”。是固遵率舊章,非樹勳所倡議。雖然,政自在官,地自在民,民人本無議政之責,政府亦本無脅迫民人賣地之權。若清政府能昭示大信,明著權限以號於民,曰“爾自民人,我自政府,無相干也。我政府許德人指買礦地,爾無得議之;爾民人堅不向德人賣地,我無得脅之”。如是,雖立合同,亦無損耳。今所以抗辯無已者,以民人無得議政府之治令,而政府得動民人之私産。不從,則與德人合謀,屠其人、籍其地而後止。故執詞者不得不先自競。

今者解散有漸矣,山東士民,當以何術楮柱?獨有要結齊民,堅不鬻地爲可。不然,則限制開礦,抵制德貨耳。而清政府必且遮禁之,格殺之。繼自今願爾山東士民爲義和團,無爲衍聖公;衍聖公曾以軍樂迎德皇畫像至其第。爲林清、王倫,無爲吕海寰。北出則拊建州之背,西迆則斷燕京之喉,東下則擣膠州之脊,事不就,則盡六千萬人歸魂于泰山蒿里,庶其爲鄒魯之遺民、管葛之令子,徒搤臂怒目無爲也。

抑吾聞之,清政府近方模擬日本,憲法、刑律皆彫彤篆刻以求其肖。日本法:國内土田,不得以尺寸讎與外人。清政府獨不敢效是,彼昏不知,亦可怪也。

氛霧蔽蒙,狐貍叫嘯,袁樹勳方横於山東,而盛宣懷又適奉頭鼠竄以歸日本。彼日本川喜多大尉,爲私鬻軍書於袁世凱,日本憲兵就而銃殺之,其士民羣稱爲賣國奴,謂其死不足贖。袁樹勳、盛宣懷所爲,非特川喜多也,如清政府之不能用銃何!

爲《民報》封禁事第一次抗議書[①]

（一九〇八年十月二十日）

本回報期之誤、及變更届之誤，此乃出於偶然。至于報中所説，本無涉及日本之事，但説革命，全無“無政府”一派議論，此《民報》歷來主義如此，有何嫌疑？

僕等更有爲貴國者，貴政府于《民報》種種嫌疑，不由自發，實唐紹儀要狹之力耳。但清英同盟之事，于貴國本無所利，及對此事者，亦惟《民報》，貴國人尚須知之。

---

① 據日本外務省檔案《〈民報〉關係雜纂・乙秘第一〇四二號文書〈關於《民報》雜志之件〉》。

韓太上皇誄[①]

（一九〇八年十月）

歲在上章閹茂，月在圉壯，日在某。韓故太上皇自裁薨。嗚乎哀哉！……亟更瘀疾，機智亦備。韓既爲日本，私常司間，騰説美利堅人，又内與清直隸總督袁世凱結，謀共擯倭，故倭人忌皇深……倭又數行賄，遺無賴僂清廷，以間世凱。世凱去，藩援既失，以有今兹之變。韓亡之咎在尸臣，皇罪爲末。

---

① 據《社會科學》一九八二年第一期。

自題造象贈曼殊師[①]

（一九〇八年）

余自三十歲後，便懷出世之念。宿障所纏，未得自在。既遭王賊之難，幸免橫夭，復爲人事牽引。濁世昌披，人懷㥏悒。莊生云："陰陽錯行，天地大絯。水中有火，乃焚大槐。"今之謂也。非速引去，有歐血死耳。當於戊申孟夏，披鬀入山。舊好有曼殊師者，蓋懷厭世離俗之志，名利恭敬，視之蔑如。雖與俗俛仰，餐啖無禁，庶幾盧能之在獵羣，亦猶誌公之茹魚膾；視披身在蘭闍，情趣纓茀者，乃相去遠矣。因以三十九歲所造影像寄之。蓋未得法身，雖大士猶互存相見，而況其凡乎？

① 據《越風》第十七期，一九三六年七月三十日出版。

王荆公畫像贊[1]

（一九〇八年）

公與鄧析，曠世比肩。制法厲民，小烏之翾。學術壞爛，伊公是先。事無左驗，馮臆欺謾。顛到六籍，專作矯虔。分文竄句，出好惟言。鼎足而居，嘉定伊川。淫文破典，同波異瀾。惇史既喪，名守以慢。芸芸黔首，遂忘舊貫。誰與正之？叔重孟堅。

---

① 據《制言》第四十四期。

《中國祕密社會史》敍言[①]

（一九〇八年）

會黨初起，蓋在兩漢間，然非素有造意者。赤眉、銅馬，迫飢寒，相走集，及黄巾、五斗米道之興，其情異矣。唐宋間多名爲社。白蓮教者，亦自蓮社造端，是以有香軍之目。值胡元猾夏，民心思宋，故其教兼爲種族。王道凌遲，政失其緒，亦有屯聚以抗官吏者。無爲、聞香諸教，自明始也。要之，比傅釋道，人易信從。訖明之亡，孑遺黄髮，謀所以光復者。是時鄭成功在臺灣，閩海之濱，聲氣相應。熊開元、汝應元，皆以明室遺臣，祝髮入道。故天地會自福建來，其後乃有哥老、三合，專務攘除胡貉，而與宗教分離。扶義倜儻，不依物怪，視白蓮諸教爲近正。民者，生而性惡，不有懾其志者，值窮饑則恒心少。起爲盜賊，猶可原也。又乃詐僞接搆，自相殘殺，其行義又不逮白蓮。故務民與敬鬼神，得失相庚，在互輔其短而已。日本平山周遊中國久，數與會黨往復，於中國之祕密結社，彙而誌之。蓋其情僞纖悉盡知之矣。余念會黨各爲部伍，符號

---

① 據日本平山周著《中國祕密社會史》卷首，商務印書館一九一二年五月出版。

儀式,所在互異,其人往往不相聞知。今欲集合會黨,非直因成法利導之也,又將參而伍之,去其泰甚,補其缺遺。不有是書,將何以徧照哉！草創既成,適有身毒君子欲觀支那結社情狀,余因勸周亟付排印,宣達斯事。至於斟酌損益,存乎其人。

書譚文勤遺事[①]

（約一九〇八年）

清故兩廣總督譚文勤公嘗撫浙江，聽政未半歲，誅錢塘猾吏何秉仁，令所在納税者悉自持投匱，毋得關胥吏，民有告折漕重者，悉令縣還民，復徵米，民大歡悦，至今理財字民稱最焉。嘗恨織造虚費，欲與兩江合奏裁之。三織造皆大恐，欲行賂螯公，知政府倚公專，而時新疆方議設行省，公便習西事，以次當得陝甘總督，乃因内廷亟致公陝甘以去。前後開府三十年，治効皆過人，其奏議已詳矣。

公未撫浙時，先以監察御史出知杭州府，捕斬土豪徐正魁，吏民盡肅然。尤哀無告，重士大夫。嘉興舉人鮑敏卿者，以受誣，部令傳送京師，巡撫得牒，不知狀録，敏卿以屬杭州府，至則被琅當關三木，公遽問曰：已褫革耶？曰未也。即命脱械。問所得何罪狀？敏卿亦不知。明日省會諸名士饋糧藥者踵而至，公知其端人，直詣院請咨部，問敏卿所犯。部以通臬匪覆。公召問敏卿，敏卿自列素

① 據《青鶴》第五卷第五期，一九三七年一月十六日出版。

不與人事，種竹賦詩，安得識梟匪？復延問諸名士，皆同辭。關問嘉興，亦不知也。公曰：敏卿與朝士有怨耶？敏卿言：家有舊宅，比隣朱御史，欲得之。以予直少不肯鬻，此爲小怨耳。公復詣院，請再咨部，問何因知敏卿通梟匪，誰告敏卿者？部乃録朝士奏事下浙江，奏事者果朱御史。朱御史者，嘗出公門，乃詒書責讓之，而白巡撫釋敏卿。由是惠愛流于旁郡，其後擢河南按察使。

將去杭州，民有撾鼓白大冤者，臨問，自陳台州人，常以稗販處海甯，見誣爲盜，奉撫部令將誅矣。公白巡撫緩其事，而遣法吏之海甯雜治，囚果異辭，公令送府自臨治之，自朝至餔時，囚稱在海甯賣麻枲碎物，莫夜見道旁有遺袍，持歸，其旦捕役金阿奴窺吾門，即曳我去；以陳酢灌我鼻，炊許氣幾絶，阿奴大聲言，某家遇盜，汝從我見州官，當自承盜首，此袍則贓也，不承者，陳酢復至矣。少頃，入州廷猶稱寃出，阿奴復以酢灌我至再，遂誣服。後省遣法吏來，復異辭耳。今日見青天，請救命。公命逮阿奴來，與囚對，阿奴不伏。公笑曰：陳酢猶在，毋自及也。取酢灌阿奴鼻，炊許，阿奴始自承誣盜狀，與囚辭同，即釋囚，置阿奴立籠上。未絶，代者至，杖阿奴遣之，公猶以爲恨云。

及撫浙江，民以前事知公威惠，故令行如轉規，無所疐礙，觀其勤于任事，慎固不泄，而能持大體，處事鎮定，馭屬吏雖嚴，然未嘗以無事劾罷，其才在明周忱、況鍾間矣。

公未開府時，文牘多不傳，家大人嘗與公遊，而伯兄籛少在公門，長又更其幕府，故聞其一二也。章炳麟書。

爲曼殊題《師梨集》[1]

（一九一〇年十二月）

師梨所作詩，於西方最爲妍麗，猶此土有義山也。其贈者亦女子，輾轉移被，爲曼殊闍黎所得。或因是懸想提維，與佛弟難陀同轍，於曼殊爲禍爲福，未可知也。

① 據《蘇曼殊全集》。

書黄侃《夢謁母墳圖記》後[①]

（一九一〇年）

蘄州黄侃，少承父學，讀書多神悟，尤善音韵，文辭澹雅，上法晉宋，雖以師禮事余，轉相啓發者多矣。頗好大乘，而性少繩檢，故尤樂道莊周。昔阮籍不循禮教，[②]而居喪有至性，一慟失血數升。侃之念母，若與阮公同符焉。録是以見士行不齊，取其近真者是。若其清通練要之學，幼眇安雅之辭，並世固難得其比。方恐世人忘其閎美，而以繩墨之論格之，則斯人或無以自解也。《老子》云："常善救人，故無棄人。"余每以是風侃，亦願世之君子，共喻斯言。章絳記。

---

① 據《雅言》第六期，一九一四年四月十日出版。

② "籍"，原誤作"藉"。

與栖庵道人談佛教[①]

(一九一一年八月十五日)

你相不相信天堂地獄呢?

庵説:我相信天堂地獄,而相信其存在,並非説現實地存在。是否現實地存在本在我等考慮之外,我是以此來對照社會形態。社會之善惡苦樂頗有高低之分,由此我把善與樂的頂點當成天堂,惡與苦的頂點作爲地獄。因此若以具體的語言來顯示這兩極,不是可以稱爲天堂和地獄嗎?

章説:是的,大凡人的思維不能不依照比量和現量進行,比量是比較推論,現量是現在的實驗。天堂地獄的存在又應依比量的説法以决定其信與不信。然而現在有如飛蛾撲火,南美存在大人種,即使現量也可發見出乎意料之外,但若對現量加以説明,能够觀察出此等狀態嗎? 而把須彌山作爲佛説可信嗎?

庵説:我不信,須彌説的合理與否本與佛教無關。

章説:本來應該如此。佛陀只是把印度的古代傳説取來加入

---

① 原載《日本及日本人》第五六六號,一九一一年九月十五日。此據湯志钧《乘桴新獲——從戊戌到辛亥》。

自己的説法。若欲以須彌四洲説應用於今日,就能發現這與研究天體星辰界頗有相似之處。總之,比量是總相,現量是别相,總相的精神是佛教自古到今不變的真理,至於别相的解釋我想隨着社會的進步也必定有所推移與發展。

庵説:誠如貴説,若以智力的進步、學術的精粗而論,今日確實有勝過以前之處,然而即使今日的科學也不曾對現象界完全研究清楚,如天文學、心理學,亦非没有人類智慧難及的地方。西洋的科學又有賴於東洋的古代學説,而佛教的説明,不用説亦不能不伴隨着時世之日益進步、科學的發達而有所進步。敢問依照尊著《宗教論》,以法相宗建設將來的宗教,觀此説一一切中時弊,然而法相宗是哲學,是智力的,雖可使智者學者滿足,但濟度四億民衆却不能不另有其他方法吧!

章:彼等愚民本來一無所有,對給與他們的任何事物都是能接受的。作爲佛教的實踐方面是十善五戒,或者念誦可稱爲大善根的佛經也可以。現在我想談的是能使有識之士折服的宗教,是能説服智者的宗旨。

庵:我能領會尊意。貴國明末曾有耦益那樣學德兼備的高僧,他的著作《宗論》在今日亦使日本佛學者讚嘆不已。其感化是否現在尚存?

章:作爲明末垂示教化的高僧,要數憨山、耦益和蓮池。耦益之感化雖不能説不存在,但其廣度與深度當不如蓮池。大凡清朝人中上者大抵嚮往華嚴。試觀金陵的楊文會居士就可知道。但好研究學問者,則寧願傾向法相。如果今日想説服我國人,則要顯示佛教比之西洋哲學爲優。彼之所謂十二範疇，不就是我法相的不相應行嗎？彼之哈特曼（Eduard Hartmann）、叔本華（Arthur Schopenhauer）之盲動盲意，不正是我們的末那識嗎？彼之所謂大我，不正是我欲達到阿賴耶識而尚未達到的類似神我之説（數論哲學）嗎？

庵：我也以十二範疇解釋不相應行，高論不勝同感。我對貴論擬以法相之教義風靡今日哲學界一事表示贊同。不久我將對大著《宗教論》之大旨作一番評論，將其介紹給我國有識之士。云云。

讀《靈魂論》[1]

（一九一一年九月十五日）

妻木直良師著《靈魂論》，以爲佛法言心言業，與世俗言靈魂有異，推次《數論》神我諸説，轉及小乘業論、大乘心論真如論，得其歸趣，可謂精思抉擇，明辨以晰矣。以余粗涉經教，求爲平議。余亦覃思此事久矣。夫迷本無因，而根塵二六，不能增之爲七，若範圍而不可過者，此所謂法性自爾，非智計所能窺也。推此以言迷悟二境，本非異實，而圓成實性不可索之依他之外明矣。自賢首、清涼諸師皆云唯識一宗不許真如隨緣，此殆誣古人者。今觀《瑜珈》顯揚唯識諸論，七真如中，本有流轉真如、安立真如、邪行真如三種，誰言不許真如隨緣耶？説阿賴耶識爲緣起，不説真如爲緣起者，真如即是唯識實性，但立真如爲名，猶與不相應行無異，名其爲識乃得成體，若空立真如者，與言道、言太極何别？愚者或求之色心之外，其離實相將愈遠。若夫如來藏、庵摩羅識諸名，可謂有體可求矣。然非金剛喻定一念相應者，無由證知。阿賴耶識，即人人可以

---

① 原載《日本及日本人》第五六六號，一九一一年九月十五日。此據湯志鈞《乘桴新獲——從戊戌到辛亥》。

直觀而得者也。明世界之緣起，必以人人所證知者爲根，然後不墮專斷，確然足以成學説矣。如來藏、庵摩羅識爲圓成實性，阿賴耶識乃爲依他起性，依他不離圓成而立，圓成不異依他而有，雖取依他爲本而寄遠致於圓成，斯所以爲無礙之辯也。學説之弊，莫若舍常覺所能知，而取思慧所不了。毁有體之太璞，而立無相之名言，以爲華嚴十玄之義，時或墮此，蓋非經旨本然。

夫狗馬難圖而鬼魅易畫，世尊大智豈欲以畫魅眩人耶？密嚴經説、華嚴十地皆自密嚴流出，然密嚴文辭義趣，質直可知，謂是華嚴、法相之元龜也。知如來藏與藏識，如金與指環之喻，即知馬鳴、無著，陳義不二，但所言互有詳略耳。直良師立真如三面之説，本取天台三觀。余以爲與三性非異。七種真如非無依他、徧計，[①]而並得説成圓成實性，亦其義也。若乃《數論》神我之説，直良師以爲個人靈魂。竊以自在黑輩，亦是哲學大師，世無大小乘教，《數論》即第一矣。窺其主義，神我亦普遍一切，非個人所獨有，其六細身爲因緣和合而成，乃局在個人者也。然佛法建立中雖與細身殊異，其爲個人靈魂則同，譯家所以不用魂字者，以魂本營營之氣，中有則無氣可言，魂義但相當於阿陀那風，不相當於中有，且校之此方醫經故記，魂魄神志，分屬諸藏，其不可以概其體明矣。（心字亦本指心藏言，然彼土言質多有積集義，此土亦以心爲凡物中堅之稱，故用其引申之義可也。）

乃夫遠西之持論者曰：佛家既言無我，懼壞世法，故以輪回之

---

① “徧”，原作“偏”，據文義改。

説自救，斯可謂陋巷之議不覩大方者也。正以恒轉不住，故稱無我，無我故有輪回，若計我爲常住實有者，即不得有輪回之説矣。此余曩昔所持，而直良師亦與余同者也。佛家不許破壞法性，非直善惡之云云也。即計白者爲黑、熱者爲冷，亦以破壞法性斥之，此皆隨順依他起性以立世法，輪回之説豈以天宫餌人，以蘇荔那洛迦怖人哉！縱令不言六趣，於輪回之説莫損，於佛法世法莫害。即實言之，小乘但欲離煩惱障，大乘乃欲離所知障。煩惱障者，非獨惡趣然也，雖上生四空天煩惱未盡，以小乘視六趣，固若一丘之貉矣。所知障者，凡苦樂善惡諸見，一切足以障礙正智，求證圓成實性，故欲離所知障積聚萬善，惟是方便，令心無疑怖，則自平等以趣真如，豈徒蹩躠以爲仁義，澶漫以爲道德耶？世人不達，云佛法務在化人爲善，其稍深云佛法惟欲令人求樂。求樂不過小乘之見，爲善不過隨俗之門，皆非其本旨然也。故余稱佛法爲宗教，爲道德，不如稱爲哲學之求實證者，則直良師或與余異者也。乃書此以爲亂云。

中國革命宣言書[1]

（一九一一年十月十七日）

滿洲政府者，馬賊之遺孽，而素無文教之頑民也。自明祚淪亡，乘間窺伺，盜竊神器，將三百年，華胄夷爲臺隸，饕餮肆其奸回。一二黄耇，隨時先逝。後生不見屠夷之慘，相與因循，遂得使滿洲殫其凶虐，恣行無忌。近又假託立憲之名，涂民耳目，官以族貴，政以賄成，殺人惟恐不多，加賦惟恐不足。乃者以鐵道國有之目，劫奪民資，囚戮議士，煢煢赤子，悉膏刀砧。蜀人不勝其虐，始舉義旗，龕定三府；兩湖志士，實踵其後，賴士大夫之力，軍士知方，雲合響應，曾未二日，恢復兩都，江漢廓清，日月再現，猶懼邦人諸友，觀聽未周，尚多猶預，特陳大義，以告我四萬萬神明之胄。

蓋泰東文化之邦，中夏爲祖，衣冠禮樂，垂則四方，視歐羅巴洲之有希臘，名實已過之矣。惟彼建虜，人面獸心，縱無殘虐於我氓庶，奉此騎寇，以臨大邦，凡有人心，孰能容忍？况復殘賊公行，法

① 日本外務省檔案：《各國内政關係雜纂》支那之部《革命黨關係》，乙秘第一七一四號，明治四十四年十月十八日接受，秘受第三二七六號，日本外務省外交史料館藏。此據《辛亥革命叢書》第五輯，中華書局一九八三年版。

紀紊亂,以烝報爲仁義,以貪冒爲駿雄,雖俚人洞苗,猶不能與此終古,況素知禮義者哉！曩日之茹荼含痛者,非獨楚、蜀三省之民,奇材巨驁,所在皆有,亦不限於一地。然則農商抗税,行伍倒戈,學士馳騾以求同德,議員傳檄而曉四方,此生民之大義,而人道之至文也。今者皇帝神聖之稱,委贄獻身之訓,固已視如翳眚,撥棄無餘。婦人猶且從事,可以厲丈夫;儒童猶且戮力,可以興壯士;書生猶且效命,可以愧顯人。智勇輻輳,其會如林,所以致天之届而拯黎元於水火者,惟力是視。然聞北部陸師,猶懷觀望,習流海旅,尚受盜言,甚非所望於諸父兄也。國之有兵,本以御外侮,不以鎮制人民,若云公侯爪牙,宣力王室,此則奴虜闒茸之言,豈軍人之素分耶?北方軍士,實繁有徒,霜露所均,誰非昆弟,而欲承虜廷之僞命,推白刃於同胞,何其自外於人群哉?廕昌逋寇,天性傲狠,視將校如家奴,凡諸軍士,蓋所素省。加以猜忌成心,嫌疑已構,寧受賊師鞭笞之酷,而違簡書恤難之言,北軍雖愚,宜未至是。故僞署外務部尚書袁世凱,宣統初政,黜在田間,自謂無復出山之志,欻遭多事,招之即來,何異吏欲殺人而延屠膾,不能堅執,遂被羈縻,俛仰今昔,能無愧乎?海軍弁卒,多產東南,鄭成功之遺迹,黄道周之義聲,故老流傳,簡在耳目,聞其主帥,亦嘗留學遠西,豈未聞法蘭西大革命時,拿破侖優游軍中,終以智勇登爲總統乎?今乃制命僞朝,受其驅策,揚靈江上,以與義師爭命,以職則非其分,以義則失其倫,以爵賞權位則必不能比於滿洲世族,以勳伐聞譽,則復下於向日曾、李二凶,幸而獲勝,一家指爲良臣,萬姓目以劇賊。若天奪其魄,應時崩潰,堅利之器,掃地無餘,海疆失衛,誰之責也。當知人心所歸，依乎信順，今之發憤爲雄者，非若昔日洪、楊假合之徒，今之赴義倒戈者，亦非有昔日徐、熊孤起之危也。若能雲蒸虎變，同指北廷，撻彼元凶，勢如振槁，功成事遂，大律丕天，勳名登於旗常，銅像立乎雲際，無損一時之勢位，而獲無窮之令聞，孰與身爲走卒，備他人驅使哉！

又諸東西友邦，交通已夙，滿人侵盜之事，蓋所稔知，今之虐政，亦其所目睹也。義師既起，無犯秋毫，曩日載書，未嘗渝悔。楚、蜀之保護商場者，不在滿洲政府，而在革命軍人。嚴守中立，責任有在。今日戰事搶攘，貿易或有留滯，若其大功耆定，胡酋遁逃，中夏清明，是亦遠人之福。何者？萬國和平之的，系於中夏政治之修明；政治修明之期，依於民主立憲之成立。革命既成，共和自現。周道如砥，足以供萬國之觀瞻，邦交昵而無猜，兵革偃而不用，此則日計不足，歲計有餘。若吝目前之微利，而忽百世之遠圖，朋比僞朝，扼我大義，宜非泱泱大國之所出也。方今民氣昭蘇，風雲泱鬱，天亡索虜，近在崇朝，此正志士鷹揚之會，窮民得職之時，將成人道之均平，以滋世宙之福祉，黽勉從事，其可憚勞，所以勞來還定安集者，非弘毅就功之士，將誰屬哉！書到，詳思此義。中國革命本部宣言。

中華民國聯合會開會通告[①]

（一九一一年十一月十九日）

武漢義旗首舉，四方莫不響應。各省誤會獨立，外人間有執言。良以長江道路未通，臨時政府未立，對内之統一無聯合，對外之交涉無機關。若任此終日，不圖補救，則内憂未已，外患即來。本會同人深鑒及此，乃共同組織斯會，以促進中國臨時共和政府成立，暫設臨時外交總機關爲宗旨。乞各省及各團體派代表二人赴會，共商辦法。今擇十月初一日午後二點鐘假座西門外江蘇教育總會開會。伏乞早降，風雨無阻。此啟。

發起人：武昌軍政府臨時代表胡仰、胡緯、胡瑛、何海鳴、鄒廓。贊成員：章炳麟、伍廷芳、沈縵雲、李平書、蔡冶民、葉惠鈞、朱少屏、李以祺、林梓、經路重、龐青城、邵端、李登輝、姚傑、馬君武、梅翼匡、徐天復、余佑三、盧保三、梁維亞、李文輔同啓。

① 據《民立報》一九一一年十一月十九日。

中華民國聯合會啓事[①]

（一九一一年十一月二十日）

自武漢倡義，全國響應，不旬月間而湘、贛、蘇、浙、皖、魯、閩、粵、秦、晉、滇、黔十數省紛紛宣告獨立。義聲傳播，中外懽舞，此誠我漢族大放光明之際，千載一時之盛也。

然當困居專制政體之下，其功在于破壞；而在今日已脱離舊政府之覊絆，所重尤在建設。雖起義之初，事變倉卒，但能各自爲計，粗維秩序，省、府、州、縣不盡聯合，勢固其所。一旦大局粗定，即不可不速謀建設統一之機關。倘或劃分界限，各競權利，紛撓錯雜，無有紀極，不獨内政、外交無統一之辦法，勢必分崩離析，一變而爲東周、晉、唐之末造，重釀割據之亂，致招瓜分之慘，此後危險將有不可勝言者。

夫此次中國革命，類皆熱心志士憂國傷民、奮發仗義而起，冀以拯救危亡於萬一，固非中華舊歷史所有，初無慮復有割據攘竊之思想。但吾國疆宇廣闊，交通素未便利，各省語言不同，習尚互異。

① 據《時報》一九一一年十一月二十日。

聲氣既多隔閡，心志間有未齊，而又有省、府、州、縣等舊制爲之分晰，平時畛域之心固未盡泯，即無割據攘竊之人，而有希微偏私之見存乎其間，即足爲共和進行之魔障。

現雖協議組織臨時政府，以立統一之基礎，然臨時政府特爲表面上統一之機關，至實際之能否統一，與開議時有無阻折，尚未可知。矧又有聯邦政體與民主共和兩問題，雙峯並峙，觀望尚多，一或不慎，即足貽千百年之後患耶！德全等心切種國，深用殷憂，爰擬發起中華民國聯合大會，附設言論機關，集合各省宏通達識之士，公同研究共和聯邦政治與今時適用問題，發揮刊布，期以整一宗旨，並調查各省獨立團之情況，而監察其行爲，庶以扶助共和政府之完全成立，而保亞州和平之大局。附刊本會簡章十則，其詳細章程俟會員人數較衆，再行開會議決。海内士君子，其有意贊助而匡翼之乎？則中華民國幸甚。發起人程德全、章炳麟謹啓。

中華民國聯合會簡章[①]

（一九一一年十一月二十日）

一、本會聯合中華民國各省志士，爲消除畛域、一意進行起見，故命名爲聯合會。

二、吾國因言語習慣不同，省界之分，向所不免。光復伊始，羣謀獨立，不得不各以其團體組織之，共和大業固基於此。萬一各存畛域，不相統屬，瓜分之禍，亦即在此。同人愸然憂之，故組織斯會。一則扶助臨時政府之成立，一則調查各獨立團之性質，而監督其行爲，務使共和國家前途毫無障礙。

三、本會設正會長一人、副會長一人，駐會幹事員每省一人（或二人）暫由本會組織。駐省幹事員每省四人，由各省公舉選定函告。會員無定額，凡與本會宗旨相合志願入會者，開明姓名、年籍、經歷，函達本會，得本會之認可爲合格。

四、正副會長綜理本會一切事務，駐會幹事員常川駐會，承辦各事，駐省幹事員任調查、報告、聯絡、執行等事。

---

① 據《時報》一九一一年十一月二十日。

五、本會幹事員數，無論何省人皆得充任，現暫就光復各省人組織之。

六、本會會所設立上海，未經擇定住所以前，暫以蘇州軍政府爲通信機關，俟擇定後，再行登報佈告。

七、本會一切經費由幹事員隨時向各省捐集。凡捐欵至□元以上者，對於本會得有言論之權。

八、本會附設《大共和報》爲言論機關，章程另佈。

九、各省獨立團有妨礙共和之進行者，本會得聯合各團體糾正之，甚則公討之。

十、本會解散期以共和政府完全成立後爲限。惟《大共和報》不存此例。

十一、本章程即從登報之日起實行組織。如有志願相同者，請即按照第三條所規定，投函蘇州軍政府。其有捐助經費者，概由蘇州軍政府及《時報》、《民立報》館代收。

回國啓事[①]

（一九一一年十一月二十一日）

啓者：今見貴報登有《章太炎之計畫》一條，事出傳聞，實無根據。僕此來但任調人之職，爲聯合之謀，因淞軍司令官李君素有舊交，故暫駐軍中數日，初非别有規畫。所云“向某某富户借銀六十萬兩”者，尤屬不根。方今事權不一，欺詐弘多，往往託名某軍政府使人向人嚇詐者，僕於此方太息痛恨之不暇，豈復隨其波流耶？至所云“滬市非練兵之地”者，僕意誠然。其餘皆虚妄謡言。願將此條更正，勿令妬嫉者生心，借名者得計，則大局幸甚。章炳麟白。

① 據《民立報》一九一一年十一月二十一日。

誅政黨[1]

（一九一一年十一月二十六日）

揚子云曰："周之士也貴，秦之士也賤。"道泰業隆，乃有顯懿，叔代偷薄，狙詐斯起，故朋黨之興，必在季世。漢代黨錮起於甘陵、汝南，海内霧會，非盡正人。後世徒以李膺、陳蕃輩并有偉節，遂並矜黨錮。明之季年，君荒政非，閹尹用事，黨人婞直者羞與之伍，抗節死直，略同桓、靈之世。然桑蔭未移，九服分崩，黨禍爲之也。近世禮經威儀之化盡斁，習於戎俗，士益佻偷，夸者無古人婞直之風，而有淫昏之德。外慕遠西政黨之名，内懷馳騖追逐之志。遨集京邑，交關豪右，食如螘，衣如華。車澤可鑒，先馬前馳，昂首伸眉，列論政事，甚乃侈陳政綱，誘惑夏衆。黔首倥侗，聰明不開，以此曹爲有褆民之德。死亡無日而不思自拯，不亦重可哀乎！吾乃發憤，筆以誅之。

天下之至猥賤莫如政客，挽近中夏民德污下，甚於晳人，故政客之猥賤尤甚。[2]歐美政黨貪婪競進雖猶中國，顧尚有正鵠。政府

① 據《光華日報》一九一一年十月二十六、二十八、三十一日。

② "客"，原脱，據文義補。

有害民之政，往往能挾持不使遂行；及自秉政，他黨又得議其後。興革多能安利百姓，國家賴焉，漢土則獨否。蓋歐美政黨自導國利民，至中國政黨自浮夸奔競，所志不同，源流亦異，而漫以相比，非妄則夸也。當世黨人，可約而數，觀其言行，相其文質，校第品藻，略得七類：

治《公羊》學不逮戴望甚遠，延其緒説，以成《新學僞經》之論，劉歆所謂"黨同門妒道真"者也。[①]浮競上士，不期景從。教授嶺海間，生徒以千數，風聲所樹，儼然大儒。上方馬融，則不相逮，下亦比於徐湛。及大閹用事，四裔交侵，上書北闕，二人僅勝持舉。所言雖不足觀，布衣伏闕，要爲數百年所僅見。不以船山、晚村之義正之，則陳東之儔也。主事之秩，亦才比於黄頭郎耳；自鳴得意，謂受殊知，及今猶自焜燿。中更猖獗，欲效高歡故事，[②]以弋大官。事機敗露，逋逃異國。利夫蒿里喪元者，不能起而辯其誣也，則譸張爲幻，以欺黔首。身竄絶域之表，心在魏闕之下。見僑商多金，翼翼如鷹隼，得之則輦饋名王貴人，以求赦宥。千夫十年積之異域，黨人一繩輸之朝貴。賄賂之外，復營菟裘。兵庫海嶠，巍焉新宫，是未來宰相之華居也。政府立憲，意别有在，輒爲露布天下，以爲己功。乘此以結政黨，謂中國大權在其黨徒，他日爵秩之尊卑，視今政進錢之多寡。貪饕罔利，如斯其極！向使興以其嚴道之山，雖盡滅漢種，亦所甘焉。財用既充，則周游列國以自娱樂。舟車館舍，比於王侯，旬月之間，資以萬計。其《游記》曰"歐西小兒，見吾

① "同"，原無，據文義及《漢書》補。

② "故事"，原作"事故"，據文義互乙。

衣冠華好，疑爲中國貴人，皆額手爲禮”。逋臣身上衣，僑商額上泚也。游迹所至，多有遺行，腥德彰聞，中外共棄。獨東方政客利用之，資以金錢，爲之外援。大隈重信其智矣乎？以國易貨，若夫學未及其師而變詐過之，掇拾島國賤儒緒説，自命知學。作報海外，騰肆姦言；爲人所攻，則更名《國風》。頌天王而媚朝貴，文不足以自華，乃以帖括之聲音節奏，參合倭人文體，而以“文界革命”自豪。後生好之，競相模仿，致使中夏文學掃地者，則夫己氏爲之也。又，往代黨人，所與爭者宦官、外戚，碎首斷脰而不顧，亦爲壯也。今則曲事大璫以求禄秩者爲之矣，不特不逮漢、明，方以牛僧孺、李德裕之徒，猶有慚德。昏淫猖詐，古未曾有，是漢種將滅之妖，而政黨之第一類也。

見天下大亂，不利立朝榮華，丘壑又不堪其闃，乃棄官牽牛，不爭於朝而爭於市。以褸襤子不及數年起富巨萬。南金積宫中，嬪嬙充綺室，梁木表緹綉，狗馬被繢罽。高臺華屋，連騎擊鐘，剥割萌黎，以恣奢欲。班固有言：“上爭王者之利，下錮齊民之業。傷化敗俗，大亂之道也。”此曹既好貨殖，不求仕進。好貨殖則爲白圭、范蠡可也；家既不訾，乃求比封君而抗禮王侯。束帛之幣，以賂貴臣，則膺顯秩而備顧問。復大結朋黨，將隱握政權以便其私。論者不察，謂中國方患貧，是可以富國家而舒民困，延其聲譽，而名播於歌咏。嗚呼！選舉徒有空名，民生日即艱苦，王室傾而政出富民，歐美之弊吾嘗見之矣！此又一類也。

嘗受學於當世大師，能以文章自華，而學術未具。游學異國，結納亡命，歃血爲盟，誓復諸華。所言不出戎狄豺狼之辭，所書不出内夏外夷之義，叠山、所南之倫也。心醉利禄，一變而談保皇。宗國輻裂，民生多艱，置夏民而爲引弓者謀生計，陳義縱高，權衡已喪。將以媚其大長，則尤無耻矣！懲於黨魁之失，不輦金於朝貴而要藩鎮，與一二黨徒激揚名聲，以動聽聞。大命一至，若恐弗及。屈膝穹廬，馳驅豪帥。朝習胡語，暮談琵琶，亦云勤矣！昊天不仁，不生之於東陬而生之於中國。身爲異類，終見猜疑。載沈載浮，大官難致。向日奥援，或死或廢，荃更不察，十年將不遷也。黷貨無厭，至於自賣鄉里。父老震怒，致届漢口，狼狽北竄，僅逃誅靈。然人而不見容於其鄉，謂能謀國，何顢蒙之甚也？亦有奸人，高談佛理，意在欺世；能爲詩歌，以釣名聲。内不慈於其子，外不忠於友朋。睚眦之怨，至于告密藩鎮，大者鈎黨，殺多士、賊烈女以快其私。諦曉釋氏之旨者，而若是耶？熱中利禄，無由得進，大結黨徒，政聞主上，亦猶負鼎俎、擊牛角之意也。遭逢强暴，獸散瓦解。懼東京子弟贏剛，去而之上海，擁樹景教高僧爲綴旒，而自持其柄。法部主事，主上倡優、狗馬之所蓄也，嘉謨入告，本非其事；利其服官京師，使言政事而彈大臣。既獲嚴譴，全黨奪氣。人固坐廢，己亦連蹇。竭忠新主之情既不得表見，縮頭畏死，又不能追踪彭咸以自潔。見楚人之得計，乃舍靈修而曲求藩鎮。挾其筆札之才以涉歷幕府，頗見幸親，尊寵日異。知縣之秩，雖不通顯，所望不奢，因已滿意。蓋宛平萬流競進，貴游衆多，既非韓嫣之善射，復非延年之能歌，二千石印終不得佩，固不若謹身以媚節度使，猶得鷹揚虎視於清州也。諺之有曰“衆偷牛不若獨偷狗”，其斯之謂歟？此又一類也。

少游學於歐洲，見其車馬、宫室、衣裳之好甚於漢土，遂至鄙夷宗邦，等視戎夏。壯歲而歸，才備重舌之選。上者學文桐城，麤通小學，能譯歐西先哲之書，而節奏未離帖括。其理雖至淺薄，務爲華妙之辭以欺人。近且倡言功利，嘩世取寵。徒説者信之，號爲博通中外之大儒。下者以六籍之文爲誣，而信大秦之教。既奉天主、聖母矣，法當追踪保羅，繼迹馬太，辟路德之非，紹彼德之後。若不能仰躋先聖，則當傳教里閭，以求多福。而乃連結身犯重案之人，以成良莠不齊之黨。將欲藉宗教以得政權耶？則當今之世，政教既分，教皇且不能作威福，何有於神甫？將欲藉政黨以致顯貴耶？則天堂之樂，如約翰所云，勝於人世千萬。駕云螭以騰丹溪，寧不愈於乘馬車以趨議院？既羡天國之嘉祉，復求人世之利禄。以天使而慕人爵，居神州而夢羅馬。進退失據，徒爲天下笑而已！觀其不自祀其祖考，而上書當塗，深以他人宗廟爲憂，又似寧背教宗，祇求顯達者矣！至若病漢字難識，欲盡廢之，而以羅馬字拼音，則年來浮薄少年歆羡島中蠻夷，多倡此議，因□責之於袄教僧也。後生觀其華而不觀其實，相其文而不相其質，相與禋祀之，甚無謂也。要之，此曹雖不仕宦，一則服事豪帥，以致科第，且得議郎；一則專樹朋徒，以耀聲譽，而求富貴。進無補於國計，退無迹於簡編，誠爲通事教民之雄，而未合顯士之科。此又一類也。

家世貧賤，又不學問。以賂市官，既無其資；絶迹浚谷，復非所耐。出不能自致通顯以光宗族，入不能揮毫屬筆以收聲譽。諮議局員，斗筲之役，復非丈夫所甘處。習聞苟偷法政者之言，以爲國會可以致富强而便馳騁，於是以請開國會之名號召黨徒。海外黨人，嘉其忠義，延其名於四方，遂爲流俗而推慕。既游京師，朱輪竟衢，冠蓋蔭術。堂有珥貂之客，門結安車之軌。王公貝子與之分庭抗禮，雖不得請，榮何加焉？峨峨高門，比於閶闔，請開國會，則得入之；玄熊之膚，肥牛之腱，請開國會，則得食之；華閣之陛，閒宫云屋，請開國會，則得處之；燕趙佳人，豐鬋垂髾，請開國會，則得近之。東鄙賤民一旦及此，魂精泄横，瞑瞞流污，固其所矣！又，此曹爲民請命，行必厚贐，今日百緡，明日千金，則請開國會，又起富之道。是可謂黨人之黠者，非真爲國家也。非然者，既不得請，則伏白棓，首土囊，受馬通之薰，挾熟燒之鎮，以死報國可也。否則，自湛東海，以謝父老而勵來者，猶不失爲烈士。而乃憑依權豪，附托顯貴，或求入海軍處，或求入編查館。公卿閽人室中，紅箋厚尺有咫。識者掩口，海内嗟嘆，何無耻至於斯也！狂呆者偶觸藩鎮之怒，衣赭關三木，全團股栗，益不敢復請，此曹亦浸浸如死灰矣！若夫以減短四年爲奇功，市酒肉、張華燈以相慶者，則其中國之祥耶？此又一類也。

少負俊逸之才，長有鄉曲之譽，崇僞燿也，乃膺民選。既入資政之院，品覈公卿，裁量宰輔，譏刺内寵，訕謗朝政。一言才出，直聲聞於天下。貴臣動容，黎庶色喜，群公碌碌誠不若一士之諤諤也。執政病其害己，稍羈縻之，亦帖然以就範圍。四五品京堂，名優、大閹之所弗屑，微蔑者得之，光寵五宗焉。爵秩既賜，謗聲隨衰。貴游一言，則稽首以拜大命；王公一怒，則儆營不知死所。甚乃承受意旨，膏唇拭舌，甘禍生民以效忠政府。民賊利之，如虎得倀，百姓怨懟，則假借此曹之言以塞其口。求之史册，英國選法改革以前，法國路易腓力以後，差足比之。選舉議郎，以代言論，不知適以自害也。蓋其非權貴適所以要權貴，謗政府適所以求政府。譬之小兒夜啼，人輒投以果餌；既而時時啼，非故欲啼也，欲果餌耳！開院一稔，四海困窮，而政府之暴滋甚，此曹無狀，又較然明矣！士生鄙野，選而禄之，非不貴也，而"形神不全"，顔歜之言，豈虚語哉？此又一類也。

不曉學術，惟能詩歌。資目録以應對，假新黨以邀名。徬徨蘇軾之道左，而文、學兩不相逮，徒以爵命通顯，毫末之長足以傾動天下。轉入保國、强學之會，與浮夸之徒更相褒重，聲名翕燿，公卿倒屣，八俊、三君，未足方喻。黨禍既興，並見罷斥。既已坐廢，則衡門懸車可也。而乃昵邇豪帥，交歡貴臣，伺候奔走，不惶起處。其視宦官、内寵，亦齊楚之間耳。近年朝野競談立憲，新黨亦稍稍復出，上者爲師傅，下亦爲布政使，然則今日又其用事時矣！觀其建鐵路於鄉里，至言好貨者必稱其名，貪饕可以想見。至若詩人之刺以謁王侯，殃民之計以獻朝貴，奪齊民之業，借强國之債，逢迎當涂以得大郡者，其罪更浮於爲師傅者矣！當此曹貶黜時，天下尚有高尚其道，污穢廟堂者；今則湘、川、閩、粤之民思念其肉。人毀其奸，神疾其邪，有黨若此，速中國之亡而已！此又一類也。

綜觀七類，操術各異，而競名死利相同；爲民蠹害，又一丘之貉也。中國自東漢以後，黨禍相尋。魏、晉、宋、齊、梁、陳皆享國日淺，其害不著。蒙古僭盜中原，視漢人如重臺，又賤儒術，爲日未久，即見攘逐，故亦無朋黨。向使久據神州，假借經術以誑燿諸夏，猥賤之士與之相忘，則黨禍必不在漢唐下也。歷觀史册，凡四代有黨。漢明以之亡國，唐宋以之不振，朋黨之禍天下，亦彰明矣！近世朋黨者，新黨所從出，政黨又新黨之變相。中國大局已非往代，朋黨猥賤甚於古人，其禍必更烈於先祀。即以近事觀之，十年以前，黨人猶以風節自高；五年以還，已專以奔走貴人爲事；今日聞有受島國之金而建議棄遼瀋者矣！不出一紀，人爲完用，家效容九，亡國夷種，不待蓍龜而可決也。苟我夏齊民不忍亡其宗國，赫然振作以恢九服；中國既安，各依其見爲政黨，内審齊民之情，外察宇内之勢，調和斟酌，以成政事而利國家，不亦休乎！不然，則速速方谷，邦國隨傾，既見滅於歐人，萬劫將不復也。狙公賦芧，朝三而暮四則群狙怒，朝四而暮三則群狙喜。惡專制而喜立憲，亦猶此而已！黨人以其便己，變詐乖詭以合時宜，貪夫殉財，夸者死權，不足責矣！國人不悟，覩曖昧之利，而不見顯哲之禍，託命此曹，亦猶鷦鳩之巢葦苕也。九縣崩離，天地否閉，士懷夷慶，民忘華風。悲夫，吾其長爲左衽矣！

自日本歸國途中之政見[①]

（一九一一年十一月）

今日支那並無萬方矚目之人。雖然，時勢造英雄也，風雲所至，或當有英雄出。此英雄者，若如華盛頓鞠躬盡瘁於和平事業，則我邦家之福也；若不幸竟爲拿破侖，則我邦家亂無寧日矣。然今日最堪爲中國憂者，尚不在野心家之出現，尤在於外國之干涉也。所幸今日列强牽於他故，於中國一時無機可乘。若一朝中國果見拿破侖者，必資列强以投閒乘隙之機。

今日亟當研究者，滿清既覆，新政體如何？誠有英傑出，則已，不然，惟採共和政治，以取代滿清試行不通之君主立憲也。然共和政治，種類不一。即以法國爲例，其疆土不廣，族類、歷史、風俗語言無異，故於中央集權下仍可採統一之共和政治。若中國則不然，歷史、風俗、語言，各省互異，誠不可以法國爲效。然則，適於中國者，其惟聯邦政治乎？惜革黨諸同志，憧憬於共和政體，於聯邦政治，持見分歧，則中國又將陷入亂局，可不歎哉！

---

① 原載日本黑龍會《内外時事月函》（支那革命匯編）明治四十四年十二號，題《太炎先生的氣象》。此據謝櫻寧《章太炎年譜摭遺》。

吾革黨同志中,頗有意氣洋洋者,以爲今日天下盡在吾黨掌中,實則大謬也。吾黨人正當惕勵加勉,不可再存僥幸機運之心。惟宜衆志成城,以赴國事。如其不然,正恐萬劫不復而已。今日者,吾人發憤之秋也。

宣言九則[①]

（一九一一年十二月一日）

一、今日承認武昌爲臨時政府，但首領衹當稱元帥，不當稱大總統；各省都督，亦不應稱總統。以總統當由民選，非可自爲題署。北方未定，民衆未和，公選之事未行，則總統未能建號，元帥、都督，皆軍官之正稱也。

二、各省衹應置一都督，其餘統軍之將，但當稱司令、部長，與民政官同受都督節制。

三、今雖急設中央政府，兵事未已，所布猶是軍政，雖民政官亦當受其節制。各處諮議局議員，衹當議及民政，無參預軍國建置之事。蓋自地方自治説興，而省界遂牢不可破。諮議局員，保守鄉曲之見者多，紳士富商，夜郎自大。若令議及大事，必至各省分離，排斥他人而後已。是則中國分爲十數土司，正墮北廷置宣慰使之術中矣。逮北廷既覆以後，建設真正共和政府，然後與議員以大權，未晚也。

---

① 原載《民國報》第二號，一九一一年十二月一日，題《章太炎宣言》。此據錢須彌編《太炎最近文録》，上海國學書室一九一五年四月出版。其中第四、第七則又收入《民國軍行政用軍文牘》第五集。

四、今日各省代表，認武昌爲中央政府，已無異論。而下江浮議，有欲待孫君歸國始正名號者，此無異兒童之見。方今惟望早建政府，速推首領，則内部減一日之棼亂，外人少一日之覬覦。初起倡議者黎公，力拒北軍者黄公，今之人望，捨此焉適？元帥、副元帥之號，惟二公得居之。至虜廷傾覆以還，由國會選大總統，或應别求明德耳。處今日而待孫君歸國，始定名號，何異待豹胎麟脯而後食耶？前觀孫君電報，屬意黎公，明其自知分量，不爭權位，亹亹乎有克讓之風。①而昧者反欲推孫，抑何不曉事機也？域中搢紳之士，多未與孫君識面，心儀其人，以爲希世之傑，度孫君亦未必願受此名也。如僕所觀，孫君長於論議，此蓋元老之才，不應屈之以任職事。至於建置内閣，僕則首推宋君教仁，堪爲宰輔。觀其智略有餘，而小心謹慎，能知政事大體，雖未及子房、文終，亦伯仲於房、杜。昔在東方，嘗以江左夷吾相許。今其成效粲然，卒爲功首，猶復勞心綜覈，受善若虚，上宰之任，不患無人矣。恐海内同倫，未知名實，特假文辭之便，以爲月旦之評，願他日不乖舉措，得置中華民國於磐石之安也。

五、昔姚少師語成祖云："城下之日，弗殺方孝孺。殺孝孺，讀書種子絶矣。"今者文化陵遲，宿學凋喪，一二通博之材如劉光漢輩，雖負小疵，不應深論。若拘執黨見，思復前仇，殺一人無益於中國，而文學自此掃地，使禹域淪爲夷裔者，誰之責耶？

六、近見某報以武昌危急，欲於上海設臨時政府，鄙人決不贊

---

① 《民國報》在"之風"後有"孫並擁袁，則由久處海外，未悉域中人物耳，此"。一句，《民國軍行政用軍文牘》將此句列爲夾注。

成。無論雲貴諸省，去此甚遠，不能輻輳。且上海政府之説一成，則援鄂之心自懈。武昌不守，江左其能安乎？託庇廕於外人商場之下，又無一人足以任首領者，正如附贅縣疣，安能爲國人瞻仰耶？今日仍宜認武昌爲臨時政府，雖認金陵且不可，況上海邊隅之地？謂報紙宜取消此語，①毋令偷安者藉以爲柄。

七、近見湘、桂諸都督府紛紛推舉閣員，如詹天佑任交通，梁啓超任學部，微獨才望不稱其位，且非諸都督府所應議也。今日但應由首領委任内閣總理，總理組織内閣各部。如是，權不外制，舉不失才，庶於時局有濟。若各都督以私意選舉，彼此牽掣，雖管、蕭不能任總理之職也。敬告諸府，急於秣馬厲兵，刻期北伐，弗徒以推轂人材爲務。

八、僕已宣言，都督府不宜妄舉閣員。今見浙江湯都督，亦效庸衆所爲，且以下走猥厠閣員之列，故不能已於言。閣員之選，當一任中央政府。若諸府爭舉，則意見滋生，而紛爭自此起矣。如僕一身之計，則願處言論機關，以裁制少年浮議，教育、法律二事，所懷甚多，亦不能專處學部之任也。

九、鄙人本非在位，今以一人之見，品藻時賢：謂總理莫宜於宋教仁，郵傳莫宜於湯壽潛，學部莫宜於蔡元培。其張謇任財政，伍廷芳任外交，則皆衆所公推，不待論也。海陸軍主幹者，軍人中當有所推，非儒人所能定。若求法部，惟有仍任沈家本，爲能斟酌適宜耳。諸妄主新律者，皆削趾適屨之見，虎皮蒙馬之形，未知法律本依習慣而生，非可比傅他方成典。②故從前主張新律者，未有一人可用。

---

① “報”，《民國報》作“貴報”。

② “傅”，原作“博”，據文義改。

與盛先覺的談話[①]

（一九一一年十二月三日）

先是章有給滿洲與清帝使之自立之議，覺以詢之。

章曰："昔誠有此議，今已知其不可而作罷矣。"

覺又聞章曾有共和政府成立之後，首立清帝爲大總領，後再黜而竟廢之之議，以詢章。

章曰："昔亦誠有是，然今大勢已粗定，清廷萬無能爲力，且革命黨勢甚囂囂，再作此言必大受辱。吾今亦不敢妄談矣。"

次及覺此次路經須磨，面謁南海及先生事，並略述南海及先生意。

章曰："今也，兩先生心迹蓋昭昭然於天下矣，吾何慊焉？"

覺因進先生所托之書焉。

章閱畢曰："曩余致書任公，蓋未知其隱衷故爾，今知之矣。"

覺乃略道虛君共和主義，章求其詳，覺因出先生所屬携長書示之，章請俟三數日略行研究而後相答。覺許之，並歷述南海及先生

① 據《梁啓超年譜長編》，上海人民出版社一九八三年版。

之苦心孤詣，且求其善爲研究焉。章許諾後，覺具述私意三策。章謂："利用達賴，是誠善策，今兹有趙竹君者，曾居張之洞幕下，亦嘗主張此策，君盍往訪，余當爲君介。至於清廷既毫無勢力，惟吾所欲爲可耳，所足憂袁一人已。"

言畢，覺即持介往訪趙竹君。

中華民國聯合會呈請組織參議院文[①]

（一九一一年十二月十五日）

爲大局粗定，請速除舊布新，召集民選參議院，以資立法，而叶民情事。竊維大難之餘，以建設爲先務；而建設所亟，又以洽民心爲要圖。民國自成立以來，一切制度，諸多草創，現雖組織臨時政府，行政一端，略歸統一，而立法機關，尚形闕如。頃聞當局病各省之不聯絡，立法之不整備，擬由各都督揀員代表各省，組織參議院者。夫共和政治之精神，在伸張民權，而伸張民權之機關，即在民選議院，此誠今日所當亟，而不可草率將事者也。民國前次一切議事機關，類皆就各都督簡員組織。以行政之員，而參與立法，此蓋出於一時權宜，非可以爲永久定制也。今共和大業，既稍有端倪，自當注重立法。雖歐美之完全民選國會，不能驟及，而審情察勢，則民選參議院之設，蓋萬不容已。惟民國情形，既非如德之聯邦，又不類美之合衆，使僅有各都督府代表之參事院，無代表人民之參議員，則僅足以代表各省都督府，而不能代表全國人民之總意也。

① 據《統一黨第一次報告書》。

際此群情恇惑之頃,負擔義務,維持秩序,尤賴有此機關,以達衆庶之隱,而通上下之情。應請通告各省,召集省議會,選舉議員,速赴南京組織參議院。其舊有各都督府代表所組織之參事院,止能參預行政事宜,不得干預立法權,庶符民國共和政治尊重民權之至意。謹此呈請中華民國臨時大總統閣下。中華民國聯合會具。

《大共和日報》發刊辭[①]

（一九一二年一月四日）

民主立憲、君主立憲、君主專制，此爲政體高下之分，而非政事美惡之别。專制非無良規，共和非無秕政。我中華國民所望於共和者，在元首不世及，人民無貴賤，然後陳大漢之豈弟，盪亡清之毒螫，因地制宜，不尚虛美，非欲盡效法蘭西、美利加之治也。

議院之權過高，則受賄鬻言，莫可禁制；聯邦之形既建，故布政施法，多不整齊。臧吏徧于市朝，土豪恣其兼併，美之弊政，既如此矣；法人稍能統一，而根本過誤，在一意主自由。民德已婾，習俗淫靡，莠言不塞，奇邪莫制，在位者無能改革，相與因循，其政雖齊，無救於亡國滅種之兆。中國效是二者，則朝夕崩離耳！

夫推舟於陸，行周于魯，世知其不能也。政治、法律，皆依習貫而成，是以聖人輔萬物之自然而不敢爲，其要在去甚、去奢、去泰。若横取他國已行之法，强施此土，斯非大愚不靈者弗爲。君主立憲本起於英，其後他國效之，形式雖同，中堅自異；民主立憲起於法，

① 原載《大共和日報》一九一二年一月四日，此據《太炎最近文録》。

昌於美，中國當繼起爲第三種，寧能一意刻畫，施不可行之術於域中耶？乃若政府未成以前，事固有越出恒軌者。假令狂稺之倫，口含天憲；穿窬之盜，擅有土疆；暗殺之威，以鉗語言；漢奸之名，以殽白黑；黨見自封，外援取固；諱之不能止其彰布，文之益以使其熾然。是故天造草昧，利有元良，《春秋》賢秦穆，蓋善其悔過也。

夫光復宗國，和寧兆民，執大象而天下往，勢自然也；往而不害，其猶宜自厲焉。不能自克，而令近見之徒，復欲擁戴虜廷，以持秩序，云共和不可行於中國，是孰尸其咎哉？然則風聽臚言，高位之所有事；直言無忌，國民之所自靖。《日報》刊發，大義在兹。箴當世之癰疣，謀未來之繕衛，能爲諍友，不能爲佞人也。辛亥十一月，章炳麟。

宣言十①

（一九一二年一月五日）

本年改用陽歷，由參事會所議定。尋今日南北未一，觀聽互殊，豈容遽改正朔？况此次參事會，大半即各省都督府代表之變名，既非國民公選，何有決議改歷之權？故在議員未選、歷書未頒，對於此等少數空言，斷難遵行。願全國人民審思之，願各代表反省之。

① 原載《大共和日報》一九一二年一月五日，題《本社社長宣言》。此據《大炎最近文録》。

時評一[①]

（一九一二年一月六日）

前記臨時總統孫文電告海軍部，謂向美國定造軍艦七艘，業已下水，將次抵滬；又曾向美國訂購快鎗三萬桿，業於十五日運至淞口，已由江南製造局前往點收。不知此係個人購買之品乎？抑政府購買之品乎？如屬政府，當孫君購買時，初未被舉爲臨時總統，且尚是流寓在外之人也。如屬個人，購價應由何處償還？政府可否將此借用？皆應研究。又據軍界傳言，清政府亦令陳璧光向某國定造軍艦七艘云。

① 據《大共和日報》一九一二年一月六日。

中華民國聯合會啟事[①]

（一九一二年一月七日）

本會照章由會長於各省會員中指定一人，更爲酌量分科，爲本會駐會幹事，兹特指定如次：

江蘇唐演、浙江黄理中、江西符鼎升、湖南章駕時、四川廖希賢、福建林長民、山西景耀月、貴州王樸、安徽江謙。但本會事涉草剏，辦事需人，現因有數省人數過少，暫時不能指定，故特另屬參議員賀孝齊、張通典，創辦員杜士珍、楊若堃，會員王紹鏊、曾道等暫行勷辦，特此佈聞。

① 據《大共和日報》一九一二年一月七日，未署名。

敬告新聞記者[1]

（一九一二年一月七日）

報章之作，所以上通國政，旁達民情，有所彈正，比於工商傳言。粤當擾攘之世，法律未頒，議員未選，託之空言，亦以救世。是故不侮鰥寡，不畏强禦，是新聞記者之職也。

自武漢倡義，民氣伸張，至於金陵改宅，羣議已稍有異同矣。逢迎者被美譽，質直者處惡名，斯非輿論所成，而起於一黨之私見。若夫實録不汙，或遭攻毁；正言匡世，指爲漢奸；彈丸匕首之威，又自旁震懾焉。其或輕躁之徒，逞其血氣，不盡當事所使也。今當事者亦自知改行，登用耆俊，以蓋前愆，禹拜昌言，將在今日。

諸新聞記者，其當不務諂媚，不造夸辭，正色端容，以存天下之直道。假令當軸復以爲牾，陰遣私人，有所賊害，是亡清之續耳。"赫赫師尹，民具爾瞻。"曲苟在彼，丈夫豈因是屈撓耶？

---

① 原載《大共和日報》一九一二年一月七日，題《敬告同職業者》，此據《太炎最近文録》更題爲《敬告新聞記者》。

宣言十一[①]

（一九一二年一月八日）

歷法爲人民所公用，非官吏所獨用。陽歷誠便於從事，然改變人民所用之舊貫，非民選議員，不得有決議之權。今以都督府代表擅議，故曰少數；有其議而不頒歷書，故曰空言。各軍政府雖依用，民間未見歷書，雖有東西人通用之歷，依法宜自政府刊行頒布。故曰斷難遵行。凡事當決於民議，不決於是非。僕非反對陽歷，乃反對用陽歷者之不合法制。

① 原載《大共和日報》一九一二年一月八日，題《本社社長宣言》。又收入《太炎最近文録》，題《宣言十》。

時評二[①]

（一九一二年一月八日）

臨時政府成立以來，憲法未定。內閣既不設總理，總統府秘書官長，乃真宰相矣！

① 據《大共和日報》一九一二年一月八日，署名太炎。

先綜覈後統一論[1]

（一九一二年一月十一日）

以電報統一易能也，惟實際統一爲難。不先檢方域之殊，習貫之異，而豫擬一法以爲型模，浮文獷令，於以傳電有餘；强而遵之，則齟齬不適；不幸不遵，則號令不行。在位者胡可不矜慎哉！

嘗觀醫者視疾，必先診脉而後處方，未有懸擬一方以待疾至者，亦未有以一方兼治衆疾者。夫於政事亦然。往者，清政府諸議官不審民情，徒鑒舊律之弊，而勿能斟酌國俗，貿然取則日本，上晞唐律，作新刑律以更舊制，終於爲世讕嘲，斯武斷之罪也。今者，新國倡建，政在共和，言者必曰統一。且夫統一將何道耶？參事會一議改歷，未嘗問民俗循行便安與否，又不知陽歷各有多種，其同者在以氣候紀歲，其異者在歲首各殊。河温以麥熟爲元，中國以農耕雪釋爲始，彼紀孟夏，此紀孟春，各從其適，不必以冬至後十日爲初也。陸軍部一議限制練軍，未嘗問各省軍人多少之劑，徒見聚於江蘇一省者，新舊募兵，幾十有餘鎮，需餉多而守備寡，遂私意各省皆

---

① 原載《大共和日報》一九一二年一月十一日，此據《太炎最近文録》。

然，以此方擬湖北，其情已不同矣。江蘇之守，但在淮、徐，而湖北處處暴露，當備者衆。其他十餘行省，伍籍幾何？阨塞安在？政府且未能周知也。貿然限制練兵，必以政府允許爲定，此又不可行之術矣。舉是二者，武斷爲政，徒能以電報統一耳，安望其實際遵行耶？

若夫賦税之則，刑律之條，其事細如牛毛，其亂棼如討羽。順而理之，後或可以漸革；逆而施之，在今日已跛躓不行矣。曩者，拘迂之徒，牢守弊政，世以頑固黨目之。今世舊頑固黨已少，而新頑固黨日多，等之閉聰塞明，不詳事狀，而欲以意施行，則同受頑固之名也亦宜。

夫舊貫或以致貧弱，民心所安，則未可驟以新法變易也。舊貫固已就腐敗，羣情所惡，又不可以新法助長其惡也。官吏貪墨已多矣，效美人之寬簡，則貪墨者愈多；民德昌狂已甚矣，效法人之姑容，則昌狂者滋甚。是爲新法無救於舊，而反以助之熾盛。是故欲更新者，必察其故；欲統一者，必知其殊。然後政無戾民，法無輔惡矣。謂政府當遣十數大使於各行省，分科巡視，知其政俗，以告於執政，以周知天下之故。其清政府退官廢吏，審知向日利病者，政府固當引爲顧問，議院亦當取爲師資。何者？政府諸公，誠不盡老於吏事，議員之選，亦不皆備有常識者，其或游學他國，講肄科條，而於家邦庶政，什不能曉其二三。妄以校中師授，謂倉卒可見諸施行，顧未知何者宜取，何者宜舍也。往者，蕭何入秦，先收圖籍，近見日本人初治臺灣，亦取布政司舊幕僚以備顧問，何者？明知政事本無定式，惟循舊而因革之爾！莊生稱庖丁解牛，依乎天理，技經肯綮之未嘗。夫誠欲統一者，不在懸擬一法，而在周知民俗，輔其自然，故其事必從綜覈始。

光復會繼起之領袖陶煥卿君事略[①]

（一九一二年一月十五日）

會稽陶煥卿，諱成章，光復會中最重要之一會員。光復會之起，在癸卯年，先於同盟會，以蔡元培爲會長。其後同盟興，光復會漸散，陶君亦兼入同盟會，而徐錫麟、熊成基亦皆光復會員，始終未入他會者。丁未以後，同盟會漸有涣散之象。戊申冬，陶君前往新加坡，與孫文相見，觀其行事，多不能中歷物之意，陶君鬱不快，嘗赴緬甸、爪哇等處演説革命方法，亦頗以是招孫文之忌，甚有人謀暗殺陶君者，賴李燮和保持之。其後同盟會河口之敗，黨人多退入新加坡，或向孫文索資斧，孫不與，竟向英國華民政務司告密，捕囚黨人，陶君尤不平，遂於次年發書宣布孫文罪狀。（按此宣布書，本社現已訪得。）自此孫黨之勢漸散，孫終不安於南洋。嗣是胡漢民等亦惟能往來香港、新加坡間，不敢再越一步，益無所獲，而爪哇一帶華僑，傾服陶君，附者甚衆，陶君因再興光復會，以李燮和爲會中重要之員。至辛亥三月，黄興發難於廣東，推趙聲爲主，趙君本亦

① 據《神州日報》一九一二年十月十日。按：此爲太炎口授，寂照筆述。

光復會人也。嘗以機密洩漏，偵得其踪，欲殺胡漢民之弟胡衍鸞不果。廣州敗後，一日胡漢民邀趙君會食，食後趙君腹遽痛，赴醫院剖割兩次，俱不能愈，竟以畢命。外間頗有煩言指責。李燮和亦去南洋而來上海，潛進於冥冥中，上海光復與製造局之克，皆李燮和爲之也。燮和既拔上海，陶君亦自南洋歸，時蘇、杭皆已次第反正，而李燮和所撫黎天才軍，與浙軍合攻南京最爲出力。浙軍中之主將參謀，亦多光復會員。南京既破，黄興遽被舉爲大元帥，浙軍不平，反對甚烈，卒以黎元洪爲大元帥、黄興爲副元帥，外人頗有疑陶君嗾動軍隊爲此者。滬都督陳其美嘗與浙軍參謀吕公望言，謂致意焕卿勿再多事，多事即以陶駿保爲例。公望聞之笑曰："南京之事，豈滬軍所能干涉，敬勸君幸勿濫用威權也。"未幾，孫文歸，被舉爲臨時大總統，就任後，即與陶君書，詰問從前宣布罪狀之理由，謂予非以大總統資地與汝交涉，乃以個人資地與汝交涉。書到之日，陰歷十一月二十三日也。其後三日，陶即於廣慈醫院被人刺死。

中華民國聯合會通知[①]

（一九一二年一月）

敬啓者：本會於開成立大會時，決議於駐會幹事外，增設特務幹事，無定員，由參議會公推名望最著者任之，以維持會務，並力圖發展。昨日由參議會公推執事擔任斯職，謹此奉聞。

再，同日參議會擬定政見討論會辦法，先由會員擬定政綱數則，由本會開參議會審定後再由大會討論公決。執事瞻言百里，必有達識宏論示厥周行者，敬候德音，無任翹企。敬頌道祉。

中華民國聯合會會長章炳麟、程德全頓首

再附致張、葉、莊三公函，乞加函代寄爲禱。

---

① 據湯志鈞《章太炎政論選集》。

解釋優待皇室條件[1]

（一九一二年二月十日）

優待皇室條件，過於寬大。而爲弭兵之計，惟須速解，其勢不得不然。要在退位，不在去名。乃淺率之徒，吝惜名義，拘牽稱號，若非貶爲黎庶，不足以快意者。不悟清帝之屬於民國政府，猶安南皇帝之屬於法蘭西政府耳。今雖行共和政體，民無爵號，而蒙古諸王，固不可一切廢置，何獨清帝一人也？苟以利害相較，建都京、津，威靈所及，不逾咫尺之間，彼雖稱帝，何能爲害？若必建都金陵，則宛平猶爲虜中巢窟，雖廢清帝爲庶人，其支屬亦能收合餘燼，背城借一，豈在區區名義之間耶？惟既有皇帝王公名號，似不應視爲公民，令有選格。若兼爵號、選格而有之，則過於優崇矣。鄙意以爲自輔國將軍以上宜削去公權，有願入民籍者，聽其自便。

---

① 據《盛京時報》一九一二年二月二十七日，又收入《太炎最近文録》。

敬告對待間諜者①

（一九一二年二月）

報載某國遣間諜游説某會，定都南京，反對項城，余亦備聞其説。其人蓋以政黨著名，而亦與中國革命、立憲二黨有瓜葛者也。原彼國之善遇革命黨也，豈誠望中國革新耶？逆臆揭竿斬木，必無成就，乘兹鼎沸，得乘間以遂私謀，是故陽與周旋，縱臾速起。革命黨固多猛突前進之士，以爲得良友於海外無人之鄉，初不悟其陰謀若是也。不圖天右諸華，一百二十日間，一戎衣而滿洲傾仆，流血既少，外人未有閒言，而登爲大總統者，乃彼國之所痛心疾首之袁項城，技術大窮，挺而走險。適會革命黨中，亦間有怏怏失望者，其窕言遂得中之。彼間諜者，自爲其主，無足怪也；所怪聽其言者，急於一身權位之情，而緩於全國安寧之計；周於南北猜疑之算，而疏於藩部控制之謀，一受讒言，孟浪妄動，中國自兹瓦解，雖有高官厚禄，欲持是安歸耶？

夫國人所以推袁項城者，豈以爲空前絶後之英乎？亦曰國家

① 據《太炎最近文録》。

多難，强敵乘之，非一時之雄駿，弗能安耳。雖項城所以不敢窮兵勝敵而後自貴者，亦懼相殺至盡，而反爲他人利也。若以彼有帝王萬世之心，此則民黨相監，自有餘裕。且夫稱帝亦何容易？非戰勝强鄰，得其土地重器，固不足以極威望而馴民志。今北部之兵，不過十萬，縱或精鋭過南軍，其不能制勝於國外明矣。患人之爲帝王者，不在其心而在其勢，勢不足以建大號，亦焉用猜防爲？若以承認民國誘人，則不悟所得於他國者，其算尚多；而所得於某國者，其算獨少。苟多算皆承認，則少算不得獨後也；苟多算猶未承認，則少算不得獨先也。彼間諜者，才非蘇、張，辯非隨、陸，稍有智計，足以破其姦謀。獨苦國人無識者，利令智昏，則不免受其餌耳。爲間言者云：反對袁世凱爲大總統，是陷彼彀中，不悟聽彼間諜之言，其陷於彀中愈甚也。

參議員論[①]

（一九一二年二月）

議員者，其實非民之代表也，不受餼費於民，而受月俸於政府，此特民選之議郎耳，猶官吏屬也。況以中國四萬萬人，而參議員纔一百二十，是三百餘萬人選一，其於齊民固疎遜甚矣。而一省之民，不知五議員姓名者，十猶八九，是故以名言代表則背馳，以實言代表則文飾。然而設官分職，有此機關，亦使政治足以完善，將順其美，匡救其惡，故上下能相親也。固不當自謂秀民，長與政府立於競爭之地；又不當排除實際，惟以黨之同異相爭，辯之利鈍相勝。

昔滿清初設資政院也，陽以博采廣聽爲名，陰乃有所賊忌。士大夫目覩夸毗之政，身又久困於羈軛中，一旦發舒，常思有以渫憤，是故彈射政府者爲賢，未嘗毫末有所補助，此蓋都察院之變相，與議院殊流，要在横流之下不得不爾也。

及南京政府既設，一黨專制，惟務阿諛，轂轉雲旋，今又復於清時舊貫。議員所務，復以攻擊拒卻爲名高，終無有折中者，長此不

---

① 據《太炎最近文録》。

更，行政將有所壅。且議員之抗政府，猶以一當一也，異黨間之，而內閣之高踞於上者，又適爲其表彰，同黨惟欲建其鉅子，異黨惟欲破人卵巢，兩黨之在一院，音響纔接，精采相窺，而既以仇敵視之矣。鶏奮距而格鬭，蟋蟀張翼以爭鳴，利病是非，一切不問也，惟欲挫折其鋒，取快俄頃，騁辯之習既成，甚者同黨相攻，不辨黑白，吐辭未畢，詬厲相隨。彼非爲政策也，非爲黨見也，以爲他人有言，不以才辯制之不武。若然者，議員既自忘其職守，而以辯護士以自居矣。辯護士之爲人訟也，志在得金，本不爲國家利害，其壹意求勝固宜，今議員者，豈專爲一黨亢宗，與爲一己求辯護士之名耶？

夫以言論表事實者，非調查至備，名理至精，其言必不能無疎漏。聽言者惟當審其利病，苟有尺寸可以佐百姓者，雖有小疵，正當爲之補救，而不應抵隙以攻。抵隙以攻，則首發言者，未有不困，雖有長策，亦不敢犯難先鳴，無怪覆案之多而建議少也。重以國家初造，典章未成，談者一切不計實狀，空引法理，比附成言。夫典章雖未就，而清世所行成事，其得失可知也。民生風俗，日陳於前而可見也。不據近事判其利害，而惟以形式虛言，横相籠罩，離於質驗，終日言委員審查，未知所審查者，竟在何許？雖展轉辯論，至於究竟，徒使文字可觀，終於行事何所裨益？東人之窺我議院者，既以法政研究會相誚矣，以法政研究會相誚，此猶揶揄未盡也。

夫國旗，表幟之物耳，雖畫魅圖牛，猶無損益，可以探籌而决從違也，而爭論五色旗者則如此，爭論十八星旗者則如彼，糾牽小故，辭辯紛拏，此即清之禮學館乎？抑未逮矣。

往古名例，舊朝官稱，因國固不能悉廢，今必欲撥而去之，以爲專制時代之名，無當於民國，乃至以左院、右院之稱，而橫舉左輔、右弼以相擬。苟左右亦爲民國禁忌之言，則手足必當斷截，方位必當混殽矣。破文碎詞，以爲厲禁如此，是即清之名詞館乎？抑未逮也，乃猶昔之時文試帖，無所依據，而空多忌諱者爾。然則營於小辯，其言辭自不得不煩，而大體有所不皇規畫。況挾其民嵒之志，本其矜己之心，伐其異同之辯，以廢大猶而校細故，則是參議院者，烏能爲政府輔車，而通上下之睽隔哉？

由是觀之，謀及芻蕘者國之益，築室道謀者國以亡。不知今之議員，其願爲前之謀主耶？將願爲後之謀夫耶？或曰一院擅場，鮮無斯病，他日兩院既成，禍將自弭。然而草創之初，百事待理，欲坐待半年則遠矣。悠悠山川，吾不知所稅駕也。

中華民國聯合會改黨通告[①]

（一九一二年三月一日）

南北混一，區夏鏡清，共和之政府成，而艱難復逾於曩昔。經營構畫，在强有力之政府；謀議監督，在有智識之國民。夫惟集天下之智勇，聚天下之精材，然後一者不復分，合者不復涣。中華民國聯合會照章本應改黨，特開參議會，詢謀僉同，玆署新名曰統一黨。特此通告。

---

① 據《太炎最近文録》。

却還内務部所定報律議[①]

（一九一二年三月七日）

南京政府已辭職之内務部，於陽歷三月四日發行通告，自言“前清政府頒布一切法令，非經民國政府聲明繼續有效者，應失其效力。查滿清行用之報律，軍興以來，未經民國政府明白宣示，自無繼續之效力；而民國報律，又未行編定頒布。兹特詳定暫行報律三章，即希報界各社一體遵守”云云。

案：民主國本無報律，觀美、法諸國，對於雜誌新聞，衹以條件從事，無所謂報律者。亡清諸吏，自知秕政宏多，遭人指摘，汲汲施行報律，以爲壅遏輿論之階。今民國政府初成，殺人行劫諸事，皆未繼續前清法令，聲明有效；而獨皇皇指定報律，豈欲蹈惡政府之覆轍乎？

且立法之權，職在國會，今縱國會未成，未有編定法律者，而暫行格令，亦當由參議院定之。内務部所司何事，當所自知，輒敢擅定報律，以侵立法大權，己則違法，何以使人遵守？

---

① 據《大共和日報》一九一二年三月七日，又收入《太炎最近文録》。

夫名曰“暫行”，則不得稱律可知。三數吏人，口含天憲，越分侵權，已自陷於重辟，身居其職，曾不知官刑之可凜乎？讀其第二章律，盖實未知法律者。自唐律以下，有斬、絞、流、徒、杖、笞六科，今或改爲死刑、徒刑、懲役、禁錮、拘留諸等，此名例之封略也。今於刑名尚未制定，貿然言“坐以應得之罪”，所云“應得之罪”者，杖乎？笞乎？禁錮乎？拘留乎？夫云“坐以應得之罪”者，此據律文已定，而後以條教告示申明之，未有無律文而直言應得之罪者也。内務部苟知律文體裁，而不質舉刑名，是縱猾吏舞文骫法；若不知律文體裁，而以條教告示之言，用爲法律，無怪他人笑爲“外行”矣。

詳案三章之律，其第一章言：“自令到之日起，截至陽歷四月初一日止，其已出版之新聞雜誌各社，須將本社發行及編輯人姓名呈明註册，否則不准其發行。”詳前清報律，未呈報者，尚祇罰金，今云不準發行，是較前清專制之法更重。且内務部所管轄者，獨言論一端而已邪？集會、信教，皆内務部所應與聞，今于哥老、三點諸會，白蓮、八卦諸教，妨衆惑民，而未嘗迫其呈明，未嘗有所取締，獨斤斤於報館言論界中，自非鉗制輿論，何以下此偏枯之令也。

其二章言：“關於共和國體，有破壞弊害者，除停止其出版外，其發行人、編輯人，并坐以應得之罪。”案共和國體，今已確定，報界並無主張君主立憲與偏護宗社黨者。本無其事，而忽定此法律禁制，已爲不根；所謂破壞弊害者，其詞亦漫無界限。“弊害”二字，蓋勦襲日本人語，施之中土，文義絶不可通。法律祗許用本國文義，不得用他國文義。今詳問内務部，是否昌言時弊、指斥政府、評論《約法》，即爲弊害共和國體？不然，破壞共和國體者，惟是主張君主；弊害共和國體者，當復云何？若果如前所説，内務部詳定此條，直以《約法》爲已成之憲，以政府爲無上之尊，豈自處衛巫之地，爲諸公監謗乎？

其第三章言："調查失實，汙毁個人名譽者，被汙毁人得要求其更正。要求更正而不履行時，經被汙毁人提起訴訟，得酌量科罰。"詳個人名譽，亦全無界限之詞，有法律之罪者，有道德之罪者，刑律既定，而有誣人以法律之罪，乃爲汙毁個人名譽；若汙毁人以道德之罪，即非此例。例如欺詐取財，監守自盜，此法律之罪也；貪財鄙吝，此道德之罪也；以賄求官，此法律之罪也；爭權干禄，此道德之罪也。誣人以法律之罪，畧同誣告，故法律得而懲之；誣人以道德之罪，衹尋常評議之言，尚不得與駡人同例。二者有罪無罪，名實自殊。今刑律尚未制定，突云不得毁人名譽，名譽云者，以何者爲標準耶？苟無標準，若有人顔色白皙者而稱爲面貌醜黑，亦得爲毁人名譽矣。

種種不合，應將通告却還，所定報律，絶不承認。當知報界中人，非不願遵守繩墨，惟内務部既無作法造律之權，而所定者又有偏黨模胡之失。若貿然遵守斯令，是對於官吏則許其侵權，而對於自身則任人陵踐，雖欲委曲遷就，勢有不能。除電告孫總統外，特公布駁議，以明内務部無知妄作之罪。

否認《臨時約法》[①]

(一九一二年三月二十六日)

國民爲共和國主人,有主權者。參議員爲都督府差官,無主權者。故國民對於參議院之《臨時約法》,有不承認之權,此最簡明之理由也。

雖然,使該院所制定者尚屬可行,其制定手續雖不適法,吾國民亦可宥其越權之罪,委曲承認。乃按該《約法》,規定既多紕謬,性質又不盡合“臨時”,吾國民若再緘默不言,則是自棄其天職,故略揭其最謬之點,爲天下告。

《約法》“第二條,中華民國之主權,屬於國民全體”。該院已認主權在民矣,國民不能全體行使主權,必由民選議員以代表之。然則今日足以代表國民者,爲參議員乎?而參議員爲都督所派,絶非民選。爲遵照此次《約法》之選出者乎?而第十八條之選派方法,由各地方自定。假令又有都督選派,甚或有自署爲參議員者,亦

① 原載《大共和日報》一九一二年三月二十六日,署名匪石,此據《太炎最近文録》。《太炎最近文録》編者按云:是文係先生口授大意與某君,並爲删訂,故與平素文字不同。

《約法》所許。以此組織參議院，果足代表人民全體而行使主權乎？稍有政治常識者，必不謂然。

“第四條，中華民國以參議院、臨時大總統、國務員、法院行使其統治權”。夫第二條既言主權在國民全體，而此條行使統治權，乃由非國民所選之參議院，殊不可解。主權絶對不可分離者也，屬於國民全體，其行使不必國民全體可也，斷不可不由國民所委任之機關。今之參議員，非由國民委任，何能有此特權？此第二條與第四條互相抵觸也。

“第二十條，參議院得自行集會、開會、閉會”。此美國下院之制，可施之於將來之完全國會，而不能行之於都督府差官之參議院。且開會、閉會，即使自由行動，亦不可漫無規定。使應開會，而遲延不召集；事未完結，而即行閉會，將由何法以救正之？

“第二十九條，規定選舉臨時大總統、副總統”，“第五十六條，本《約法》自公布之日施行”。而該《約法》實由袁公被選爲總統後所公布者，此後應由國會選舉正式總統，安得再有臨時之稱？第二十九條之法文，早無效力矣。不知規定者，欲强中國長置臨時總統乎？

“第二十八條，參議院以國會成立之日解散，其職權由國會行之”。夫《約法》既爲“臨時”，參議院解散後，國會成立，正式制定憲法，規定國會職權，此《約法》自應全部消滅，毫無疑義，安得尚留參議院職權一項？使國會爲之相續人，以示遺愛，且參議院有何權力，拘束以後之正式國會，永爲該院孝子慈孫，遵照其職權行使絲毫不敢踰越耶？其攬權之極，更推至於將來，直與秦始皇之望萬世帝王同一思想矣。

“第十九條三項,議決全國税法、貨幣制度,及度量衡之準則”。此等事件,均屬永久性質,非臨時所應議。假令行之,數月後國會成立,其權力優於參議院,如認爲不當,再議改正,不亦大滋煩擾乎?故暫時不宜議及。

同條六項“答覆臨時政府諮詢事件”,參議院既非樞密院之爲顧問機關,凡遇某某事件,政府必須諮詢,故政府無諮詢之義務,參議院無拘束政府之權力。政府如願諮詢,乃屬政治行爲,不足爲法律之規定。

同條十二項“參議院對於國務員,認爲失職違法云云”,此時尚無法律,則所違之法,究何所指?參議員殆將以意爲法乎?

“第三十四條,臨時大總統得任免文武職員,但任國務員及外交大使、公使,須得參議院之同意”。大總統由參議院選舉,總統所委任之國務總理,得參議院同意,已足以防其偏私,乃更於總理所組織之各國務員,及大使、公使,皆須得參議院同意,未免以立法院而干涉行政部之權,該院萬能,不啻變君主一人之專制,而爲少數參議員之專制,且同意之標準難定,稍有才智之士,鮮不爲人猜忌,自非鄉愿不能通過,則其政策與能力,未必即與國務總理相合,足資臂助,假有失敗,責任誰歸,爲此總理,不亦難乎?

“第四十七條,國務員受參議院彈劾後,大總統應免其職”。參議員爲原告,國務員爲被告,必經第三者之審判院,方能判決,此自然之理由,各國通例。下院發起彈劾,須由上院或另組成最高機關裁判,防少數專斷之流弊,而免政治之動揺。今參議院之人數過少，而又非由民選，使濫用此非常之大權，當此爭權最烈之日，思膺國務員之位置者甚多，一言彈劾，則贊成必衆，吾恐國務員之更换頻繁，雖竈下爛羊，亦將膺選，何暇謀政治之進行乎？

綜覽《約法》全部，無非以攬權猜忌之心，制爲荒謬抵觸之法。語曰"失之毫釐，差以千里"，其制定《約法》之謂矣。吾中華民國，以流數萬同胞之血而構成之者，安用此都督府差官無知妄作之法？願與天下共棄之！

輓四川革命烈士聯[1]

（一九一二年三月下旬）

此地龍蟠虎踞，古人之虛言；

群盜鼠竊狗偷，死者不瞑目！

---

① 據任鴻雋《記章太炎先生》，《文史資料選輯》第八輯，政協上海市文史資料工作組一九六一年。吴玉章《辛亥革命》録此輓聯時將前後兩句顛倒，“群盜”句在前，“此地”句在後。

統一黨宣言書[①]

（一九一二年三月）

本黨署名“統一”，發布政綱，已逾半月，其他團體，願合併者甚多。本黨本集革命、憲政、中立諸黨而成，無故無新，惟善是與。祇求主義，不涉危險。立論不近偏枯，行事不趨狂暴，在官不聞貪佞者，皆願相互提携，研求至當。所望政治團體諸君，毋吝金玉，樂與扶持，非獨輔助共和，亦以泯除畛域。若夫專樹一幟，崇拜個人，利用虚名，藉干禄位者，矍相之圃，自有揚觶，則不敢以論清白之士也。

① 據《太炎最近文録》。

統一黨暫行總理章炳麟宣言書①

（一九一二年三月）

本黨宣告獨立，衆志成城，以向日諸理事，或有旁入他黨，界域不清，多致淆亂，仍舊貫則名實不副，定新章則日月不奄，是用聚集同袍，籌議急應。僕不佞，以一身承乏，被推爲暫行總理。變理事爲總理者，所以更新表幟，期不與他黨混淆；倉猝舉行，不及改修規約，故以暫行爲稱。

蓋事變之來，驟於飄瀑，非可拘文牽義以行，此則願本黨同人共諒之也。自惟身無長德，而以一身引攝維綱，同盟、共和，更相忌嫉，造言炫衆，騰布報章。支、分部二三萬人，遠在他方，不能親相慰問，常懼覂駕失策，以貽吾黨之憂。惟願二三君子，同力支持，時引支、分部賢能之士，進之本部，共相鞭策，復求良士、良吏、良賈，貞固少文者，輻湊中央，以爲根據。夫京師彈丸之地，人材幾何？加以舊染未除，賭博游燕之風，多言曠事之習，皆至今存，非勤相訓練，何以爲下國綴游？要在黜遠浮華，崇貴幹練，弗空張文法而遺

① 據《時報》一九一二年六月十五日。又“支、分部二三萬人”以下收入《太炎最近文録》，題“統一黨宣言書二”。

事實，弗終朝坐論而憚簿書，弗牢持省界而外異鄉，弗娟嫉賢能而私小己，以振前清誇淫惰弛之習，爲新國先聲，斯豈獨一黨之幸，雖中邦其永賴焉。

今者，黨派競爭，幾於抗兵相加矣。彼以執政去留，爲己黨盛衰所繫，而所爭固不在政策，是故釁隙滋深。本黨當以政綱十一條，超然自舉，不隨亂流，行而當，則各黨皆吾友朋；行而不當，則各黨皆吾敵對。履道坦坦，無故無新，必不偏有阿私，以貽國家之害，是本黨對於各黨之態度也。

國家新造，人材未興。内閣則人不一意，相互連持；議員則工訶在官，拙於定策。國門以外，賦税幾許，官制何如，土田安在，幾無有過問者。事無備豫，則倉卒不可爲謀。本黨當務求實際，先事綢繆，以助當事之不逮，毋以身不在官，責人求備，是本黨對於政府之態度也。光復以來，號稱平等，而得志者，惟在巨豪、無賴。人民無告，轉甚於前，茹痛含辛，若在囹圄。殺一游匪，群以殘害志士相冤，日朘民之脂膏，令千萬窮黎，轉於溝壑而無控訴，事之不平，乃至於是。

本黨支部、分部，散在四宇，當代達民隱，無專爲一二鉅子訟冤。夫民氣驟伸而不以漸，則適爲桀黠者利用，良家樸士，轉受陵藉，伸之以漸，猶賴賢良長吏之提携，縱有武健嚴酷之治，而反足以佐百姓者，本黨亦不應與之反對，是本黨對於人民之態度也。陳此數言，期與支部、分部共守，以待國會選舉之至。

答張庸問[1]

（一九一二年四月八日至九日）

壬子四月七日，章太炎先生自滬來通，從先生者爲無錫孫北萱君。庸既謁太炎先生，因顧北萱君，謂“章先生生平志行，予粗聞之，而不能了了，私竊爲恨。今先生之來，通之人無弗願聞先生歷史者，君來有所操乎”？北萱曰“無”。予曰：“是宜有述。”

明日，南通統一黨分部假座商會開會歡迎先生，農工商軍學各界咸至，江易園先生招予同去，因是得再謁太炎先生，乘間問先生居東事。其答問如下：

問：先生何年東渡？

答：予之出獄也，在丙午六月，是月即東渡。

問：東渡何爲？

答：不得已也。方出獄時，官判三日内出租界，不准停留；又出獄日，友人邀住中國公學（在租界外巴子路）。公學之人皆惴惴，且慮有害予者，迫予走，故留三日即去。

① 據《太炎最近文録》。

問：欲害先生者爲何人？

答：人言官場將使刺客刺予，實則未必有是事也。

問：出獄時孫中山曾遣人接先生，有此事否？

答：有之，曾遣人來。

問：先生到東何作？

答：東京《民報》館辦筆墨。

問：《民報》創者何人？

答：同盟會所設，胡漢民、汪精衛爲主筆。方予將出獄時，胡、汪先有書來招，故就之。

問：住《民報》館幾年？

答：三年。其後爲東京巡警總廳禁止出版。

問：何故禁止？

答：此難言也。時前清方遣唐少川赴美（時盛倡聯美主義），日人忌之，藉禁《民報》以爲見好中國起見，亦未可知。

問：禁止出版，有無理由？

答：突如其來，有何理由。

問：既無理由，警廳何以干涉？

答：彼謂我擾亂秩序，妨害治安。

問：何所指？

答：指報中登有《革命之心理》一篇，山西湯某所作。

問：先生辨乎？

答：如何弗辨。彼來傳吾時，我方他出，及歸，知有此事，即赴地方裁判廳起訴，彼邦辨護士五六輩，亦來助我。

問:先生勝乎?

答:理勝而事不勝。我語裁判長,擾亂治安,必有實證,我買手鎗,我蓄刺客,或可謂擾亂治安,一筆一墨,幾句文字,如何擾亂?廳長無言。我語裁判長,我之文字,或扇動人,或搖惑人,使生事端,害及地方,或可謂擾亂治安。若二三文人,假一題目,互相研究,滿紙空言,何以謂之擾亂治安?廳長無言。我語裁判長,我言革命,我革中國之命,非革貴國之命,我之文字,即鼓動人,即扇惑人,扇惑中國人,非扇惑日本人;鼓動中國人,非鼓動日本人,於貴國之秩序何與?於貴國之治安何與?廳長無言。我語裁判長,言論自由,出版自由,文明國法律皆然,貴國亦然,我何罪?廳長無言。我語裁判長,我言革命,我本國不諱言革命,"湯武革命,應天順人",我國聖人之言也。故我國法律,造反有罪,革命無罪,我何罪?廳長無言。

問:究竟結果如何?

答:無結果,最後開庭,彼仍判"禁止出版"數字,判後不容人辨。惟曰若不服者,可向上級官廳起訴。聞彼承内務省命令,弗能違也。

問:《民報》既停,先生作何生活?

答:講學。

問:生徒何國人?

答:中國之留學生,師範班、法政班居多數,日本人亦有來聽者,不多也。

問:人數多少?

答:先後百數十人。

問:先生講何種學?

答:中國之小學及歷史。此二者,中國獨有之學,非共同之學。

問:先生何時歸國?

答:去年九月。

問:先生歸國,是否有人相招?

答:無。

此四月八日在商會問答語也,歸而記之如是,然僅知先生半截耳。如何入獄?如何出獄?及其他事,仍不得知,心耿耿不能寐。明日早九時,師範校請先生演説,乃肅先生於校之壽松堂,復申前請。先生容貌靄然,意真而氣和,有所叩,無弗應,若絶不厭人之瑣瑣其旁者。再答問語如下:

問:人言先生八九歲時即有革命思想,然否?

答:是或有之,然少年非有一定宗旨也。

問:先生前清時曾應試否?

答:予少時多病,時文亦弄過,旋即廢棄,未應試也。然亦適然耳,非有意爲之。

問:先生是否從曲園先生遊?

答:曲園先生,吾師也。然非作八股,讀書有不明白處則問之。

問:先生學問從何做起?

答:學問只在自修,事事要先生講,講不了許多。予小時多病,因棄八股,治小學,後乃涉獵經史,大概自求者爲多。

問:先生著作出版者幾種?

答:無甚著作,居東時略有之。

問:先生少時留學日本否?

答:未嘗留學,曾去游歷幾次,兩三月便回。

問:先生下獄在何年?

答:癸卯五月(前清光緒二十九年)。

問:被捕時在何處?

答:在上海愛國學社。

問:先生以何事被逮?

答:因《駁康有爲書》。

問:書中何語?

答:康言保皇,予駁之,此書傳布於外,因被禍。此事尚有原因,時湖南陳範辦《蘇報》,大聲倡革命,無所諱;蔡孑民辦愛國學社,與羣弟子大聲講革命,四出演説,亦無所諱。於是官場乃發難。

問:發難者爲何人?

答:人皆言魏光燾(前清兩江總督),此自表面言之耳,其實别有人在。

問:先生被逮時狀況如何?

答:先數日已得消息,未幾《蘇報》被封,陳範逃,蔡孑民與予議,謂舍走無他法,孑民遂走,予遂被逮。

問:被逮後奈何?

答:拘至會審公堂,英領事出《駁康書》問予,此書是你作的不是? 予答是。遂送入英捕房,不准出。

問:自後如何定罪?

答:定罪甚奇。予住捕房十個月,甚悶。某日,會審公堂忽傳予,謂上海道有文書來,北京外務部與各公使會議,定汝罪監禁西牢三年,是夕移入獄。此事真奇,外部掌外交,民刑事自有主管衙門,予罪乃煩外部判定;予爲中國人,各公使爲外國人,定予罪乃煩各公使會議,奇奇。

問:先生入獄後,曾受何等苦楚?

答:他無所苦,苦不准與人接談,附耳一二語尚得,多則巡捕來干涉。

問:牢中能讀書否?

答:不能,進獄時一物不得帶,那得來書?然向主者要求,有時亦可得,惟洋裝書不許入獄。

問:獄中能作字否?

答:不能,無筆無墨,那得作字?然欲作家書與寄朋友書,亦能要求得之,書須交主者閱過,乃肯代遞。

問:然則先生在獄何作?

答:作工。

問:先生能工乎?

答:予作裁縫。

問:先生裁縫乎?

答:予縫襪底,縫衣時亦爲之。

問:先生能縫何等衣?

答:犯人衣。復笑曰:草草縫去,不求工也。

問:犯人衣奈何?

答：粗布單衫、粗布單褲，皆牢中犯人所縫。犯人所著，予亦著之。

問：此外尚有何工？

答：工甚多，擊石子最苦。大抵牢中派事，亦視其人之能勝與否而任之。商人多派粗工，老犯人又欺侮之，故商人最苦。予所作皆輕工，蓋已在優待之列矣。

問：先生裁縫外曾作何工？

答：予擔任者二：縫襪底，一也；犯人衣上編號寫字，二也。最後升一美缺，曰燒飯。

問：燒飯美缺乎？

答：牢中人以爲甚美，厨房派八犯人，各司其事，混言之曰燒飯，予職實稱飯也。每犯每頓各得飯重一磅，一律無多少，惟燒飯者之權利可偷飯，予之權利亦然。故予之此缺，他犯人皆極羡之。

問：牢中工作，有限制否？

答：時間有限制，每日作工八小時。作工多少無限制，予縫衣寫字，隨多隨少，未嘗限也。

問：牢中有私刑否？

答：此事無之。

問：牢中有索賄者否？

答：索則無之，若餽之金，亦未嘗不受也。

問：牢中飲食如何？

答：星期日有肉吃，非星期日吃素菜。

問：予不善問，請先生更言其餘。

答：牢中星期日停工，各犯得稍稍游行，惟有巡捕監視之。星期日必有教士來講道，勸犯人改過。有數教士恒至予室慰問，或作長談。與教士談，雖久，巡捕弗來干涉矣。

予在牢中，有不相識之西人，亦時來視予。

予在牢中，有西人携食物欲餽予，爲巡捕所阻。

入牢時必换犯人衣，原有衣服悉使脱去，有人代爲收藏，俟出獄時給還。此事多有笑話，有冬月入獄，夏月釋出者，脱去犯人衣，仍着皮袍而出。

犯人衣分冬夏兩副，一副單衫單褲，一副棉襖棉褲，皆粗布爲之。

三月底一律脱去棉衣，著單衣；九月底一律脱去單衣，著棉衣。此時最苦，體弱者中寒成病，或竟死。鄒容亦死此牢中。

計牢中五百人，每年死者約百人，比牢外人，死較多矣。

每犯一室，室深八尺，廣四尺，廊外裝電燈。

衣服居處，還算潔净。

卧無被褥，每犯各給綫毯一條。

飯麥六分，米四分。初時粗糲難下咽，後亦習之。

問：鄒容下獄，是否與先生同時？

答：是，予與渠曾在一室縫衣。

問：先生與鄒容是否舊識？

答：非也。予在滬上，渠以所作《革命軍》一書來請予改，因是相識。文字當使人易解，彼書尚好，予未爲改也。

問：鄒容之死，人謂有毒之者，信乎？

答：是或有之，然難言也。鄒容在牢時，容色甚悴，若瘋若顛，夜不寐，大聲罵人。旦問之，渠似不知，人謂渠有精神病。牢中每星期必有醫生來察視，犯人有病，則爲之治，病甚者由醫報告，送入病院。鄒容病急時，已許某日某時出獄矣，先一夕服醫生藥，遂死。故外間生疑，多謂遇毒。

問：是時先生有憂乎？

答：憂之何益？然鄒容死，外論頗譁，因是不毒我，亦未可知。雖然，我無病，進藥亦無因也。

問：先生在牢中身體如何？

答：犯人多胖，予亦然。

問：先生何由出獄？

答：三年期滿，彼乃釋我。將出獄，先數日即送予至捕房，予定罪雖三年，然扣去捕房十個月，實住牢中二十六月也。

此四月九日在校中答問語也。惜先生忽忽去，未能盡所懷。又客與先生言者多，語輒中斷，過時或得接續，或竟言他，不得接續，意有未盡，言有未竟，爲可惜也。然而先生生平重踣疊困，陷坎入凶，歷十餘年而其氣浩然，不以絲毫撓屈。觀於此，亦可以得其略矣。今日奔走黨事，將徧歷乎長江流域，而海内之慕先生者，益延頸企踵而旦夕皇皇。《詩》曰："未見君子，惄如調飢。"讀是編也，或亦稍慰海内調飢之意乎？民國元年四月十二日，崑山張庸誌。

《新紀元報》發刊辭①

（一九一二年四月二十五日）

日報之録，近承乎邸鈔，遠乃與史官編年繫日者等。史之權下移於民，出入風議，足以匡國政，而莠言亦往往詭見。昔人之憚史官者，非以其藏之石室，遺袞鉞於萬世也，赴告之使，應時則行；簡書之文，詰朝以見，一言既出，當時足以陟罰人，是故遺直可懷，而輸金受米者必黜。

今史官既廢不行，代以日報，復有與穢史同迹者，則貽害於國家滋大。京師，政令之出也。街陌傳言，朝暮相受，光復以來，日報至二三十家；然以視海上遂聽風聲者，猶幾不逮。其人或素在政界，見聞當悉，評議當近真；而視海上之營業者，又往往偏頗失實。則何也？情在愛憎，而志相傾陷也。

曩者，京朝官失職不平，則爲聲律燕樂以自傷悼，而陰以詆所怨，不逞成羣，號爲名士。今聲律燕樂既息，日報繼之，形式有殊，匈府乃未有大異。故古者《詩》亡而《春秋》作，務在持大體；今者

① 據《太炎最近文録》。

《詩》亡而日報作，務在寫怨憎。造言騰布，朱紫不分，一市之言，遠於千里，名爲輿論，其實中冓醜言，哲婦所以傾城也。重以國家新造，賓恪猶存，政黨相仇，爭在一相，思亂者知不可昌言革命，騰爲謡諑，以寄名於舊朝之孑遺，乃至私引遠人，陰爲姦宄，詭更旛信，密起名言，此則亂人之書，復與帛書狐鳴無異。前者燕昵之情，發而爲媚道；後者鬬很之氣，騰而爲訛言。胡林翼以爲國人師資，不逾小説兩種，謂官吏專習《紅樓夢》，市井專習《水滸傳》，其言猶信。日報若是，何足以匡國政而爲史官所取材哉！

嘗觀清政府之亡也，非以兵刃，乃自言論意志亡之。今者中夏光復，萬物開春矣。秀而不實，中道夭傷，其非志士仁人所願。若以斯之言論，伏於心匈，發於事業，則媚與亂交長。以亂易媚，非不足以快憤心，將有瓜分之禍；以媚易亂，非不足以馴民志，則有魚爛之憂。大懼國之喪亡，不在戈矛，而成於謷謷之口。俛仰籌箸，思所以革更之，己亦不稱，人亦不足與我相當。京師有報，題曰《北京日日新聞》，視他報猶頗質信，因易其名曰《新紀元》。與記者約，事不可誣，論不可宕，近婦言者不可聽，長亂略者不可從，毋以膚表形相而昧内情，毋以法理虚言而蔽事實，毋以衆情踊動而失鑒裁，以是革末流之弊，則庶幾其有瘳乎！《傳》曰"君子以作事謀始"，故有正春者無亂秋。願以《新紀元》之名，與載筆之士勉之矣。章炳麟。

與某人在京談政見[①]

（一九一二年五月二日）

此時無所謂政見，必俟有統一南北實力之政府，然後乃能令出惟行。今日之政府名爲南北統一，其實中央政府之命令，不能行之於全國。

中國今日軍事、民事，亟應劃分，軍事、民事之區域，雖不必盡同，但以都督管軍事，以民政長管民學，則爲不易之軌道也。

今日地方與中央之權限，必中央之權略重，地方之權略輕，始能有統一之望。

《臨時約法》之不完備，應即提出修改，以爲將來編訂憲法之張本。至於憲法一事，雖爲紙上空文，然亦關係至重。今日中國所用之制度，則非美非法，既有副總統，又有總理，但憲法一事，以適於一國之國情爲宜，不必處處以人爲標準也。

① 據《盛京時報》一九一二年五月三日。

附異文[1]**：**

今日之政府，名爲南北統一，其實中央政府之命令，不能行於全國。予以爲民國成立，首在規定政權，必中央之權略重，地方之權略輕，始能有統一之望。

參議院前定《臨時約法》未完備，應即提出修改，以爲將來編訂憲法之根本。

① 據《大共和日報》一九一二年五月七日。

點評各國務員及袁世凱、黎元洪[①]

（一九一二年五月十五日）

唐總理：買辦的政治家，卑無足道。

理財總長熊希齡：局度開朗，惟尚欠精細，須加慎密方善。

農林總長宋教仁：本爲同盟會好脚色，宋君現在之位置，可謂爲國務員上學習行走也。

教育總長蔡元培：是一好人，所持教育方鍼，只宜於高等學會，若行之普通教育，則甚爲不可。惟有一切實有經驗之范源濂輔之，或可免潑湯耳。

將相和協，國家乃固。袁、黎二總統均握兵柄，須同聲一氣，方免内部之决裂。惟黎氏今日宜駐武昌，不可輕移。蓋黎氏爲南省各軍所愛戴，並有鎮壓不靖之威權也。

① 據《盛京時報》一九一二年五月十五日。

黄花崗烈士週年紀念會上的演説[①]

（一九一二年五月十五日）

黄花崗之役，未與其事，諸烈士至今能記憶者，亦無幾人。向來中國革命，分爲兩派：一暗殺、一明攻。從前秘密時代，利用暗殺，至廣州起義，堂堂正正，實是革命黨中光明磊落最高尚人格之舉動。現在新成立政黨行事多屬暗昧，我甚願現在諸君行事一如黄花崗諸烈士光明磊落，則中華民國幸甚。

附異文[②]：

中國革命向分兩派，一曰明殺，一曰暗殺。而黄花崗一役，堂堂正正，實革命黨中光明磊落，最高尚之人格之舉動也。今中華民國告成，諸烈士不及親見，作一番事業。而一般齷齟官僚黨居然存在，此實中國之不幸大可爲痛惜者也。

---

① 據《民立報》一九一二年五月二十五日。

② 據《盛京時報》一九一二年五月二十五日。

宣布統一黨不能合併之理由[①]

（一九一二年五月二十六日）

政團合併之議，始于去臘。民社首與統一黨交際員唐演提議，願加入統一黨。議未決，而國民協會亦請協商合並。繼而共和建設討論會復介紹民國公會、國民黨、國民協會同時提議合並問題。各團要求頗多，統一黨均能顧全大局，勉爲遷就。繼則各團復嘵嘵於黨魁問題，主張不一，於是共和建設討論會、國民共進會先後罷議，而統一黨職員、黨員亦恐變政合爲人合，於將來進行諸多窒礙，且以統一黨代表越職侵權，故於本部北移之後，取消前委代表，另由本部更行磋商。乃無端而各團又創爲基本幹事之説，本部與國民協進會、民社在京職員會議，公同通電滬上，聲明各團理事願俟北京開大會，選舉基本幹事，均作爲臨時幹事，俟合並後再行規定，並由統一黨提出條件四端：

（一）上海所舉理事，應由北京開成立大會認可；

（二）合並後，即行取消基本幹事，另行組織。組織之法，[②]則半由公選，半由理事選派；

---

① 據《盛京時報》一九一二年五月二十六日、二十八日。

② "織"下原衍一"織"字，據文義删。

（三）合並前各團所負之債務，不得轉嫁於新團體，而現金有餘，則歸新團體承受；

（四）各團體機關報均歸新團體管轄。

乃僕暨本部職員屢與民社、國民協進會在京職員協商開會事宜，彼輒含糊不答。統一黨提出條件，亦置之不理。基本幹事之説，又不待統一黨承認即行現定，徒以滬上少數議決即開成立大會，不俟統一會認可，即設立共和黨籌辦事務所於北京，又於《中國日報》登載廣告，謂各團事務所職員同時消滅，謂各團所有分部、支部事務概由共和黨籌辦事務所辦理。如此種種專擅，以少數欺壓多數，本黨雖欲忍受，不可得矣。

夫政團合並，非統一黨所望於他團，而無條件之合併，尤非僕等之初心。然而始終不忍拒絶各團之請求，而委婉遷就，與之商榷者，理由有二：

其一，統一黨以國利民福爲前提，苟有治安之策，經統一黨認爲最適之方法，必要之手段者，統一黨決不因一己之小利害而有所顧却。顧黨派歧出，政論龐雜，其有害於國家之進步也明甚。觀之英、美、法、意之立憲史，尤有明證。英、美二大黨迭主政柄，故輿論有一定之方針，而政府能盡其職。法、意小黨分立，内閣屢更，輿論時變，故雖有大政治家亦不能有所設施，爲國家謀福利，是則爲國利民福計，當法英、美，毋效法、伊也明矣。

其二，統一黨胞與爲懷，凡屬國民，均我同類。其先覺者，固願引爲同志，共盡提撕警醒之功，以指導大羣，鑄作輿論。其後覺者，亦必盡力匡翼振德，使進其品位，以成衆建共和之真相。故政黨黨員,即有一二踰閑失德,爲輿論所指摘者,統一黨雖疾惡如仇,然始終望其改過自新。各黨政見即有微末歧異,與統一黨相衝突者,亦常委婉遷就,畧小節而全大體。統一黨用心若是,僕與在黨之職員庶亦可以對天下而无愧矣。

乃自提議合並以來,統一黨讓步已非一端,磋商甫有歧議,无端而有各黨預選基本幹事之舉。故僕即會商職員,提出條件,基本幹事衹能作爲臨時幹事,俟開成立大會選派新幹事後,臨時幹事即行取消。何則?吾儕贊成合併,不贊成聯合合併者,各黨合而爲一,新黨發生,舊黨消滅,故无論某黨某員,自合併之日起,一律均化爲新黨黨員,更无舊黨派别之可言。既无舊黨派别之可言,自應俟成立大會選派幹事乃爲公正平允之辦法,何爲永存此基本幹事之名,使人人知某幹事爲某派選出,是圖合並之名而又存聯合之實,以效輿論藉口,此皆二三不德爲把持盤踞之計,大爲政黨之玷。吾人立世,苟自返無愧,亦何恤於人言?且吾儕亦決不以意度之詞遂是己而非人。然而基本幹事不取消,終不能舉合並之實,則新黨成立之後,顯然有某派之基本幹事盤據於上,即隱然有某某派别擁護於下,貌合而神離,黨同而伐異,是即爲新黨不鞏固之證據,是即爲日後分裂之原因。即令僥倖獲免分裂,然而黨基不固,則抵抗政敵之力弱,内部紛紜,則謀國利民福之事少。此僕所絶對不能遷就者也。何則?統一黨之始終遷就者,以國利民福爲前提,以胞與爲懷也。既不足以福國利民,而徒持一二人之私見,顧全一二派之私利,則吾黨絶不贊成。統一黨之利益猶可犧牲,而統一黨所主張之政綱,所抱持之政見,所認爲鞏衛國家、促進福利最適宜之方法,絶不能以此供他黨之犧牲也。且統一黨支部遍於全國,黨員萬餘,日進不已,故磋議合併之際,他黨頗有主張由各黨按人數多寡以爲推舉職員之標準者。此説亦甚平允,然而統一黨不欲以此啓爭執之端,存偏狹之念者,良以既經誠心合併,則他黨與吾黨同爲新黨之黨員,即應泯彼我之界限。是吾黨以至誠待他黨,以至誠期望合併也。然而以滬上少數之决議,遂頒爲各省各團、本支部多數人之金科玉律,以少數人之成見,遂决定日後之理事、幹事,而强大多數以盲從,則吾黨雖欲勉爲遷就,而勢有不能者矣。

且提議合併之事,僕始終主張預取吾黨各支部、分部同意乃能决定。本部移京後,並嘗電上海《大共和報》舘轉各支部徵求意見。今各支部、分部有來電反對合併者,有未經覆電者。而倩《大共和報》舘轉達之電,聞竟爲上海分部擱置未發,而滬上黨員竟貿貿然以少數黨之意見壓制吾黨,則何以對吾黨?以吾黨少數黨員竟儼然自命爲全體之代表,則何以對各分部、支部?僕謬承吾黨不棄,舉爲理事,奉職無狀,慚憾萬分。合併之事爲一黨存亡問題,故僕不得不述合併始末及僕之意見,陳於諸君之前。上海開共和黨成立會,舉僕爲理事,僕已力辭。何則?以少數之武斷,經多數以盲從,僕絶不能承認。且僕非不贊成合併,乃不贊成聯合,不贊成無條件合併。(他黨要求吾黨曲從,而吾黨提議反對基本幹事之條件,他黨竟置諸不理。)還遺心跡,諒荷公鑒。僕不敢以一人之意見概多數之人心,究竟諸君本旨贊成合併與否,是不得不還叩諸君。現在北京本部即日開會,務請貴分、支部諸君速即開會,詢謀異同。其願合併者即去,不願合併者即辭。言盡于斯,即希公鑒。統一黨理事章炳麟謹啓。

論國民捐之弊[①]

（一九一二年六月五日）

國民捐者，發於忠士熱忱，商民樂助，以是抵拒借債，似有利無弊；然審其實情，非無緣起存焉。世固有桀黠者，以利權外溢之名，鼓舞士庶，熱忱者急不擇音，信以爲實，開會演説，泣下沾襟，言之感人，捷於桴鼓，是以鼓掌雷動，不數刻間，而簿籍已盈數萬。然當民窮財盡之時，能實在出資者幾何？徒張空簿，所收固什不得一。其爲桀黠所使者，室無斗筲，而自占萬金。以是報紙喧騰，謂有踊躍輸將之效，不知皆在桀黠者術中也。不有踊躍輸將之名，則對於靳不出資者，不能以無愛國心相讁，必以是爲初步，而後勒捐繼之，被迫者乃無所藉口，其機權亦至易窺矣。

雖然，勒捐寧可以救貧乎？徒使騶卒得以騷擾，巨猾遂其詐欺，財入私囊，無益國家經費，就得少半，亦零落不可成章。且富人怵於勒捐之禍，則相率遷居租界，以避其鋒，最富者乃自租界而遷青島。聚中國之財幣，悉歸諸外國銀行，他日雖經常租税，猶無自

① 據《太炎最近文録》。

徵收也。

夫借債之弊,不過使外人稽核借欵内之用途,猶未至於監督全國之財政。歲終收入,尚可抵償,稽核立去,其弊固未甚也。勒捐之弊,乃使税無可收。縱今日暫停借債,而他日不得不永以借債爲國,是徒以抵拒借債爲名,其實乃變本加厲。當是時,雖取虜掠中飽者菹醢市曹,徒爲桀黠者分謗耳,何救亡國破家之禍乎?蓋魯酒薄而邯鄲圍,鯨魚死而彗星出,國民捐不期於勒迫,而勒迫必自之生;勒迫不期於永遠借債,而永遠借債必由之起。吾願深思遠慮之士,審察源流,無爲虚言所餌矣。熊總長倡議變通三法,亦是勉强調停,以是爲他日豫備固善,欲救目前之急,猶非借債不能,但當以借欵之大小,及其條件之得失,分利害之途耳。

再論統一黨合併條件[①]

（一九一二年六月六日）

一、上海所推理事長、理事，應由北京開成立大會時，公衆分别認可或不認可。理事長或不便住黨，則必於其餘四理事中推一人常住黨内，籌措本黨一切事宜。惟住黨理事對於本黨應負完全責任。

二、基本幹事，本合併前暫設，因有關於合併事宜，則每黨必舉基本幹事數人，迨會議合併後，則此等幹事必應取消，應另行組織。其組織法二種：一、公共選舉；二、任黨理事選派。其理由：一則便于黨員之優長者由公選而得展其材；一則求理事之便利而得劃一之效。惟選舉者仍當由理事分别認可或不認可。至各幹事均應住本分科辦事，不得徒擁虚名。但特别交際科不必定住本部。

三、未合併以前各團體所負之債務，共和黨不能承認。惟現時各團體所存之款項，應一律收入爲維持共和黨之用。

四、各團體於未合併前之各種純粹機關報，應於合併後，直接

① 據《時報》一九一二年六月六日、七日。

歸本部管轄。其有進行方法，則該經理人得自由籌劃，設遇有缺陷之時，本部得設法維持並糾正之。

按以上所提出四條件，如第一條所謂理事長、理事皆須由北京開會認可，則不特與上海所定之條約根本衝突，即揆之法理，亦萬萬無此辦法。蓋滬上所舉理事，乃在滬本部及各團所公舉者，今乃必由此間開會認可，是不啻將上海之成立會取消，且太炎不過爲一黨理事，焉有以各團所公舉之理事必歸其認可之理？又如第二條所設基本幹事，不過因各團合並時人數多少不齊，若純用投票之法，則團體人數少者，或一人不能選出，必致不能合併，此即基本幹事每政團限以四名之理由也。然既合併之後，則此名義早已取消，亦無反對之必要。至所謂幹事半由公選，半由理事指派，並云公選者必須理事認可，然則所謂幹事，實不啻全爲理事所指任，如或指任不當，即爲本黨分裂之虞，各國政黨均無此種辦法。以理事過於專制，亦非政黨之福也。其餘第三、第四，皆屬事理之當然，故不復贅及。幸垂鑒焉。

處分前總理議[1]

（一九一二年六月十七日或稍後）

唐紹儀之未遁也，康達士已發其私，既遁然後情事大現。然濫用比欵一端，亦有公私之别，不得以忿嫉同盟會故，事事執爲罪狀。方南京政府未取銷時，孫、黄雖情屈勢窮，猶有乳雞搏狸之勢，負固不服，足以倔强一方，幸其志在金錢，可交易而退也。當是時，雖以伯夷、公綽處之，亦不能不暫輸賕賂，以弭戎心。費三百萬而得東南數省，夫何罪焉？

唐紹儀當明言犒勞，揚於大廷，自無有議其後者，而專務詭秘，一切以冥昧施行，功成而反爲罪，此唐紹儀之短拙，不足以爲大尤，原心據迹，可賞而不可罰也。若其饋遺陳其美者又三百萬，上海彈丸之地，兵號二師，實計未有八千子弟，與之金錢，而不稽其兵額，亦終不能取銷滬軍，是唐紹儀與陳其美朋比爲奸。至伍廷芳素稱長者，又以專習法律知名，而亦受百五十萬之賂，廷芳身雖退處，無受賄之嫌，其費既爲公欵，私相饋贈，則唐之罪重於監主私貸官物，

① 據《太炎最近文録》。

而伍之罪逾於受貸坐贓。無文記者以盜論，有文記者準盜論，此二事皆不可與饋遺孫、黄同視。至於餘欵未盡，尚在銀行，當視唐之所以報告大總統者，有無此欵，若有其欵而不報，則爲監守自盜甚明，其罪尤不可逭矣。

當國家新造之時，而貪人敗類如此，若不加以重誅，則挾貲私逃者無後患，而厚藏退隱者有高名。作法於涼，後之宰官，何所懲艾？是則唐與伍、陳，皆非繯首市曹不已。然而開創之初，南北協和，唐紹儀固非無力，非若陳其美之弄兵潢池，祇以軍餉資淫佚也。必以紹儀爲戮，是狡兔死而走狗烹。夫其乾没與濫贈也，有莫大之罪；其以賄賂取銷南京政府也，有必録之功。議功議勤，寧無可以減貸者哉！然此非可以含胡弇葢了之，必付法司，而後以事狀明白宣布也。故以爲參議院宜彈劾，大理院宜窮治，大總統宜下赦令。

内閣進退論[①]

（一九一二年六月十八日）

唐總理之倉皇出走也，於東南形勢，非有動摇，於借債亦無影響，外人則既以匪黨目之矣，同盟會人又以窮奢極侈惡之矣。奉身而退，足以自完，於國事固無損益；若謂其因事要求，能致禍變，實未然也。然同盟會之攻唐也，猝然發起於秘密會議之中，而非同盟會派，亦與戮力。是何故？則有欲取而代者爲之樞紐爾！斯人常識數倍於唐，其好行小慧也，又非唐所敢望。以斯人當軸秉鈞，宜不至如唐騰笑；而好用陸、梁媮薄之徒亦相等，其僵仆則或視唐彌速。是何也？其異黨固不甚附和斯人，特以壹意攻唐，因時假合；其向所從出之本黨，亦有一部疾之如讎者。猶願斯人養名修德，以爲後圖，無亟亟效范雎、蔡澤事也。

吾意政黨内閣，在今日有百害而無一利，兩黨交構，亦有軋轢之憂。乘兹廢置之間，以建無黨總理，猶足以持危定傾。（此謂本無黨籍，其臨時脱黨之人，則名亡而實猶在，非其例。）各部總長，雖

① 原載《新紀元報》一九一二年六月十八日，此據《太炎最近文録》。

數黨雜糅也，調和於無黨總理之下，則意見銷而事舉。大抵不應偏任京曹，亦不應偏任新進，惟取清時南方督撫著有材名者，以充閣員之選，比於京曹，則度量較寬；比於新進，則經驗較富；雖有一二署名黨籍者，大抵隨波逐流，行所無事，任其材略，必視新舊閣員爲勝。且光復以來，故督撫既退居田野，無以舒展其材；而各省廉能之吏，率以省界見排，蟄伏家巷而不能逞；甚者遯於飲宴圍棋，若將長往。誠以是時振拔淹滯，何患無人材？不求之此曹中，而求之京曹新進，僅得一二人亦幸矣。蓋漢之良相，即亡秦之退官；唐之名臣，即敗隋之故吏。政治不能馮虛而造，非素有涉歷者不理。

今雖有君主民主之異，特以元首代更，三權分立，爲異於專制之時，而不能不循舊貫，以施因革，則方鎮老吏自優，一二新材，宜處參議，固不可驟居大長，以墮萬事而喪令名，此亦事理至明者也。但懼同盟會人，惟以光復有功者爲先；非同盟會人，又以誦習法政講義者爲主。夫勳臣不可爲吏；而習於講義者，惟是比附籠罩之談，不剴切於實事，必以二流秉政，中國可炊而僵也。縱不然者，人民愁痛而思清之故政，則新政府愈可危也。

輓張振武聯[1]

（一九一二年八月二十三日）

英雄正自粗疏，猶將宥之十世；

權首能無受咎，如可贖兮百身。

① 據《民立報》一九一二年八月二十三日。

《新紀元星期報》發刊辭[①]

（一九一二年九月）

黄孟曦爲《新紀元星期報》，將以評議《約法》，爲明年定憲地，屬余爲發刊辭。余曰：有是哉，孟曦之奢望至此乎？昔人有言，千金之裘而與狐謀其皮，是必不可得之數也。夫制大法者，當察於歷史，不在法理懸談；求民情者，當順於編氓，不在豪家蕩子。余向者提倡革命，而不滿於代議。以爲代議之制，滿人行之非，漢人行之亦非；君主行之非，民主行之亦非。是時所痛心疾首者，蓋在君主立憲。至於今，幸而小成，君主世及之制已移，獨立憲未能撥去。末流狂醉，崇貴虚華，不悟外人所譏專制者，皆有神權貴族把握其間，以爲國蠹，而中國唐、宋、明盛時，其專制固絶異是，比例懸殊，不得引以擬議。清之失政，在乎官常廢弛，方鎮乘權，則適與專制相反，而今人戒心於是，非所謂懲熱羹而吹齏者歟？矯清之弊，乃在綜覈名實，信賞必罰，雖負蠆尾之謗可也；若制憲法以爲緣飾，選議員以爲民儀，上者啓拘文牽義之漸，下者開奔競賄賂之門，是乃

① 原載《新紀元星期報》創刊號，一九一二年九月十八日，又收入《太炎最近文録》。

不改清之積弊，而反浚其末流。欲言民權，編户無錙銖之藉，欲言民福，兆庶有邱山之災，徒爲數百莠民增其意氣，而元元之困苦如故也，其轉於溝壑彌甚也。然則議員之爲民賊，而憲政之當糞除，於今可驗，吾言亦甚信矣。

且夫衆選元首，則必不與生長深宫者比，亦無天澤之分、堂簾之隔也，雖億兆總已，委任責成，其去唐、宋、明帝制已遠，又況異域所謂專制者乎？故余以爲官制刑書，粲然布列，則憲法可以無作。議員受禄於官，人民不能識其姓名，當列於僚吏，如漢、魏所置議郎，不得自謂人民代表，無責任而尸高權也。今不正其根本，而徒計校憲法長短之間。憲法者出於國會，國會者決於多數，彼其自謀權利至矣，胡肯降心以相從哉！就令從之，亦多一附贅爾！

雖然，秉政者苟無商君、武侯之力，猶有幾微近於好名，雖片紙厲辭，足以解散羣動，而猶有所吝惜，姑思其次，相與平章，則孟曦之用心亦苦矣。其言之而獲見從，與從之而中國獲免於危亡，余以爲不可逆睹也，遂書以爲發刊辭。中華民國元年九月，章炳麟。

發起根本改革團意見書[①]

（一九一二年十二月一日）

根本改革團者，以武昌起義、南北共和，既成種族革命之業，而政治革命完美目的尚未達到，行百里者，頓挫於五十，與吾儕始念懸殊，故不得繼續進行，竟伸初志。今之人誰不怵心於二次革命者乎？吾見啖砒石者，少啖之則死，多啖之乃反不死；服附子烏頭者，少服之則致煩懣，多服之乃反清涼。以此知革命小成，力未及於政治則亂；革命大成，力已及於政治則治。此非短見者所能窺，又非狂悖者所能藉口也。所謂政治革命者，非謂政體形式之變遷，易君主爲民主、改專制爲立憲也，亦非以今爲假共和而欲有所改更也。民之所望，在實利不在空權；士之所希，在善政不在徒法。譬如金鋌鏈錫銅鉛十分，而混殽六七，攻金者務於提鍊精鏐，不問方圓句股之形。何如也？若徒改圜形以爲方式，乃曰鍊金之事畢矣，此爲不問質而問形，假方固失之矣，真方亦奚益？皮相之士所誤正在此耳。有志改革者當順實事以進行。

---

① 據《大共和日報》一九一二年十二月一日。

察前清之所以亡，而施今之所以補救清之敝政，十年以前未甚也。立憲黨成立以後，政以賄成，百度廢弛，具文空罫，有若蛛絲，視戊戌、庚子以前轉甚。至於新朝蒙清餘烈，政界之泯紛貪黷，又彌甚於清世。一二良材，逃荒裹足，其連袂登庭者，皆斗筲之材也。統一政府成立以來已八月矣，而文官以罪致譴者未見一人，豈吏皆守法屏絶臟邪？足知官刑弛而懲戒微矣。推此以觀政治改革之端，當遠虚談而求實際，舍形式而治精神，嘘枯吹生，竟何益哉？邇者蒙古釁起，士民痛心於政府之無能，立議欲推倒政府。夫不言政治改革，而徒較計於閣員進退之間，以喪失官能之當軸，問黨見紛綸之議員，去一雞來一鶩耳。方今蟊賊内訌，所憂非專在蒙古也。以游宴奔走爲能，以秘密運動爲美，各部衙門賄賂公行，人言嘖嘖，其事有無耶？求一位置，饋銀千兩者，數有見告，其事有無耶？循此不變，雖蒙古内順，豈有異清之季世乎？

治病者，當循審經脈，診其伏變，非□證疏方所能了。今之錮病，發原於前清之季，而立憲黨爲罪魁。南京改建，革命黨以暴亂失之，故人心所憤，不及追遠。若夫掊多益寡、稱物平施者，對於彼爲恕辭，對於此爲炯戒，亦因時救敝之論然也。逮乎燕京統一，向之媚子不知幸予矜全爲非分，更欲飛躍以超人上，涵濡卵育，日有孳生，而革命黨亦漸染其風，變本加厲。然則暴亂者，革命黨之本病也；貪險者，立憲黨之本病也。變暴亂之形，而順貪險之迹者，革命黨被傳染於立憲黨之新病也。今之發議欲攻内閣者，非所謂民主黨耶！此黨本立憲黨舊團劉崇佑、劉崇傑輩，值去歲武漢倡義之初，曾欲乞援日本以平内亂，使此曹漢奸得志，視今之内閣將愈不逮，而可遂從其計哉！立憲黨之説曰："清廷以不能實行憲政故亡。"嗚呼！此徒文過飾非之言耳。

清之秕，莫若任用親貴，立憲黨在當時攻擊細故者多矣，至於權歸肺腑，階級顯分，曾聞立憲黨有以一言彈射者乎？非徒默爾而息而已，又逢迎將順之。蓋宗室王公干政，本清廷舊制所不容，立憲黨以日本尊崇皇族之例相推，一轉而使執持政柄。然則親貴用事，實立憲黨爲之厲階，乃至鐵道國有，格殺勿論之策，非建自立憲黨之鄭某乎？縱令清以立憲不成故敗，而立憲黨即爲敗政之魁。縱令憲政優於專制，而主張立憲之人，其實不如主張專制之人，考其言行事跡，則必不能爲遁辭矣。如此輩者，其不可使間代執政亦明矣。

然以立憲黨之攻政府爲戒，而遂謂政府可以弗攻，此又似憎虺蛇而護豺虎也。成蒙古之叛亂者誰乎？受僚吏之賕賂者誰乎？朋黨比周，壅遏才俊者誰乎？伴食巖廊、廢事不治者誰乎？若今之國務員可以幸存，亡國之禍尚將酷於前清之末。若徒易人受事，舊染不除，亦與未改組時等耳。故非舉政治革命，大治貪墨以正刑書，大選賢良以持鈞石，繯首赭衣者徧於閣部，封軺聘幣者逮於細微，不足以懲方來，而蕩舊穢。

往日革命黨中諸秀，以金陵失紀，惡言及身，不務一雪斯言，循直大剛方之轍，以慰同袍死難者於地下，是亦不可以爲人矣。夫勳臣誠不可爲吏，而革命黨革命軍中之穩健明允者，何遽無三數人耶！其次則武昌倡義以後，有力抗革命軍者，本爲保持地方秩序，志在安全，非欲乘時以取富貴，其膽智亦可任。又次則農商學士皆有清流，下位廢官亦多循吏，皆當破格任用，而勿計較一黨界畫之間。人心已革，則大政日新，流民國之豈弟，蕩亡清之毒螫，然後昔之圖謀革命，其事始完。此吾黨所以纘承前志，而不欲拘牽文法之内者也。若曰務持現狀，勿圖破壞，夫外交總長可以委職遁逃，猶爲國有人乎？棄地千里秘不示人，猶爲國有土乎？政府勸人維持現狀已數月矣，而現狀之破壞，不破壞於人民之奮激，乃政府自以姑息詭秘之策破壞之，則吾國所謂根本改革正非破壞而爲維持矣。若政府不察，以張振武、方維相視，繫以尺組，射以短槍，丈夫固決死耳。抉目昌門，以觀吴沼，有伍子胥之成事在。

本團所要求改革條件列下：

（一）請大總統淘汰閣員，任用良吏，總攬大權，屏絶浮議；（二）請懲治外交總長棄職遁逃之罪；（三）請查辦各部營私舞弊之事；（四）請撤去前頒各總長勳章；（五）請決定對待俄庫方略。

籌邊政策要點[①]

（一九一二年十二月二十八日）

（一）東三省人皆土司也。

三省之人如吉林等處，皆土司也，與内地不同。自前清政府即持放任主義，與中央向不接氣。自改共和以來，尤且夜郎自大，引俄人以親近，殆俄國之土司也。

（二）仰仗俄人爲生活者也。

東三省之金融現貨極少，所謂窟金於地而用紙幣者也。紙幣又仰仗俄國之羌帖，能操縱金融之死活，東三省殆仰仗俄人爲生活者也。

（三）東三省省城無一好官也。

東三省自改行省以來，徐菊人督東以改行省，辦新政著稱者也。近來東三省地方上雖有好官，省城内則無一好官，無新人，又焉能辦新政也？

（四）籌邊以統一財政入手也。

此次到東三省，第一着手之處，即在統一財政，使財政權統一

① 據《盛京日報》一九一二年十二月二十九日。

中央。東三省財政病根在濫發紙幣，非整頓不可也。

（五）籌邊使有流氓性質也。

此次赴東，殆所謂作流氓去也。此次去作流氓，能製炸彈、放手槍之人是最歡迎者也。

（六）北方無好女子也。

某君現尚未訂，正在磋商之中。惟北方女子無家庭教育，不通文字，是絶對不可者，現在湖北物色。

《國語學草創》序[①]

（一九一三年一月）

文學士胡仰曾自日本帝國大學博言科得業歸，著《國語學草創》十篇，本之心術，比之調律，綜之詞例，證之常言，精微畢輸，黄中通理，其用心可謂周矣。

夫含識之類，形有躁静，故言有舒促。莊生論天籟，極之旦莫之所繇生。[②]語學之精，莫過此者。若乃建類一首，根枝相生，一嗃一吱，地俗更變，雖形相有殊，所範圍而不過者分刌，不可以叚借也。

余鄬者病世人滅裂自喜，字母等韵、六書略例，皆所未達。苟欲鄉壁虛造，以定聲格成簡字，輒私鄙笑之。嘗爲聲韵對轉之圖，撰次二十三部，補東原、撝約所未備，而仰曾綜貫大秦驢脣之書，時時從余講論，獨有會悟。今見其書，乃爲比合音理，别其弇舒，音有難喻，以珊斯克利及羅甸文參伍相徵，令古今華裔之聲，奄然和會，斯治語學者所未有也。

仰曾之言曰：中夏幅員遼闊，方語不能無小殊，猶南歐諸國同

① 據《國故月刊》第三期，一九一九年五月二十日出版。

② “旦”，原誤作“且”。

出羅甸，而言音往往别異，不失同歸之道。所以發揚國語之長者，曰語言之成無過綜合、分析二端。以綜合成名者，希臘、印度爲最上；以分析成名者，惟中國爲完備，西方英語亦近焉。故佗國所云之性，涉於宗教迷妄者，中國皆能霽清無餘，其長一也。

嬰兒之語先動詞後名詞，蓋客體先現而主觀次之，有從此例以成排列者，其語言皆非進化者也。上世國語亦有次弟顛到者，若云室於怒，市於色，矜於飲食，漢魏已來滌除殆盡，而佗國皆不能比，其長二也。

即音而存義者，地逾十度，時越十世，其意難知也。即形而存義者，雖地隔胡越，時異古今，其文可誦也。夫夏人之性以保守名，然語言文字賴此形象不易，得以通達，翻譯訓故皆省焉，不齊而理，至緐而簡，其長三也。

若夫音以表言，言以達意，舍聲音而爲語言文字者，天下無有，宙合之文皆龤聲矣。雖中國固不能出此類例，是以六書旅陳而龤聲者什有七八，或云中國字皆象形，斯則誣妄之論已。

余聞之，偉其比校中外，密栗邃深，以爲江、戴、錢、孔諸儒亦既運而往矣。今異域交通，殊語瑰音，粲然畢效，繼是以後，殫精窮貫，以爲國語敭靈舒光者，非仰曾誰與賴焉？邇者以統一語言，有所發舒，古之正音存於域中者，洋洋乎其惟江漢大鄂之風，其侵、談閉口音，宜取廣東音補苴之。異時經緯水陸之交湊於漢上，語音旁達，天下爲公。今者考文正讀，宜逆計是以爲型笵，斯余疇昔所持論，而仰曾亦有取焉。既擂其大旨，乃爲叙録，以告國人治語學者。

仰曾名以魯，初習法政於日本大學，得法學士。心好言文，復游帝國大學，以博言科授文學士云。中華民國二年一月，章炳麟。

罵吉林督軍[①]

（一九一三年二月二十日）

早到三年，亦同稱國事重犯；

蠢爾無惡，敢來吊革命先驅？

① 據洛生《章太炎罵吉林督軍》，香港《大華》第十三期，一九六六年九月。

追悼熊烈士味根文[①]

（一九一三年二月二十三日）

維中華民國二年二月廿三日，集同志於巴爾虎門外，爲烈士熊君追悼之會，感念浩歎，爲文以祭之。文曰：

嗚呼熊君，爲時之良。濟世淵淵，乾行用强。帝政既罷，四海湯湯。匪憂何憂，吾其淪亡。乃奮乃武，戎車孔章。有千人軍，萬民之望。渡淮合漢，前河後江。以義興人，人皆央央。遭時未至，非謀不臧。乃北乃東，抱志則狂。名隱於市，身危於房。義重身輕，笑歸山岡。吉林城北，巴爾虎門。出門凶凶，有英其魂。積血染朱，芳菲土根。於今三年，三年玆辰。死者未死，其志已申。焕焕河山，還我漢京。孰開其先，蛟龍齊鳴。今日之榮，昔日之哀。人歸其功，君樂其災。來奠來儀，萬方徘徊。嗚呼熊君，尚玆享哉！

---

① 據《盛京時報》一九一三年三月一日。

癸丑長春籌邊[1]

（一九一三年二月）

劍騎臨邊塞，風塵起大荒。
回頭望北極，軒翮欲南翔。
墨袂哀元后，黄金换議郎。
殷頑殊未盡，何以慰三殤！

① 據《制言》第二十五期，一九三六年九月十六日出版。

解釋“土司”之含義[1]

（一九一三年三月一日）

到長數日，人情允洽，士大夫已知僕非爲朘削人民來也，惟一二懷疑者尚謂僕言“東三省人民皆土司”有所介介。僕前在統一黨餞行時曾言東三省似土司地方，蓋以三省官吏皆承前清，遺説如來。其時未受政府任命，亦非而南方各省吏官，由隨從舉義而得除授者，小腆遺風，夜郎自大，故以土司相擬。土司本一種官吏名，若人民，有何土司可言？語氣明白，本無可疑，疑者實暗於辭義耳。官於一方，即與一方之人民同休戚。負販乞兒，皆吾肺腑，豈有賤視其人民者！惟貪污官吏，有似殷頑，本革命之初心，自不能與之浮沈上下，所自愧者，志有餘而權不足，乃無以對二千萬人民也。

---

① 據《盛京時報》一九一三年三月一日。

批示一則[①]

（一九一三年三月五日）

蔡張氏稟控惡甥霸鋪官吏狗情等事。嗚呼！孀婦安知獄吏之尊，即本使亦爲爾太息矣。此批。

① 據《盛京時報》一九一三年三月五日。

招撫宗社黨之廣告[①]

（一九一三年三月十九日）

招撫亡叛事，照得宗社黨，本没有幾個人，一班稱宗社黨的都是前年革命不成，投身無靠，不得已走入此路，冀託外國人保護，反被官吏查拿，想你們本心豈是甘心做這件事嗎？這清朝本來是一種盜賊之徒搶奪俄們百姓二百餘年，惡貫滿盈，[②]我們革命軍將他推倒，斷没有死灰復然的道理。一班旗人尚且不願清朝再興，就是那個肅親王善耆，名叫宗社黨首領，其實只爲欠人錢債，被人卡住，未必敢做大逆不道的行爲，何况漢人，何况曾當革命黨的人，倒有這樣的顛倒思想嗎？總爲關東一帶革命大事没有成就，一班慷慨激烈的人，要出氣没有處出氣，要用武没有處用武，落後錢財也盡了，衣服、斗蓬、靴子、帽子、袴子也當光了，老婆、兒子也各各散去，自謀生路了。

咳！人生到得這樣田地，怎麽能彀不胡思妄動，想去充當胡匪，恐怕外國人不能保護，落得假稱宗社黨，得一國事犯聲名，倒還

---

① 據《盛京時報》一九一三年三月十九日。

② “惡”，原作“恐”，據文義改。

有外國人照料。殊不知道胡匪不過搶掠財物，並没有得罪中華民國，還可見諒，宗社黨是大逆不道的人，得罪了中華民國，自己問心還該求别人原諒麽？更有歧中之歧，誤中之誤，入了宗社黨，又去入外國籍，我想非但活人不能原諒，就是你們亡去的祖父也在地下痛哭，把這革命黨的好人材變了宗社黨的真逆賊，咳！真不犯著！

只有本使知道你們的來歷，倒可以原諒你們幾分，因爲本使原是革命黨的首領，從小十一二歲的時候讀過《東華録》，就把清政府恨入骨髓，不但不肯做清朝官吏，就是小考鄉試也不肯去。長大到三十歲的時候，官吏是一天一天的要錢，百姓是一天一天的没落①，恨在心頭，到處演説革命，清政府要想殺了本使，永斷禍根，也不知幾十次，也曾下過牢獄，做過苦工，逃過外國，和你們今日的受苦真是一様。十幾年來造成革命黨，一張嘴，兩隻手，唤起多少志士，提起多少英雄，不知不覺把清政府推翻，那知道事定功成以後，同志幾十萬，不能個個出頭，不但北方，就是南方起義的所在，革命黨人有連小布褂子都不得穿，流落做了乞丐的，何況關東？革命不成，困苦更加不堪，設想這様看來，倒是本使對不住你們了。

轉眼再看，確實可信不是宗社黨的，在北方官界中間有幾個呢？照本使眼光看來，除了一班平良百姓和同盟會、共進會、光復會，並武昌起義的人，響應武昌起義的人，一定可信，其餘官吏，但在前清做過尚書、侍郎、總督、巡撫等官的，暗暗中總有宗社黨的骨子。本使一年以來已經看得清清楚楚了，何況那班官吏以前還有

① “落”，原作“路”，據文義改。

入過保皇黨的,入過君主立憲黨的,坑過革命黨的,這不是宗社黨,又是甚麽黨?

真宗社黨帶上面具説一聲贊成共和,反封疆做大吏,[①]假宗社黨是革命黨人,窮途末路,反做租界逋逃。古人説的好,竊鉤者誅,竊國者爲諸侯,你想畧有血氣的人,怎麽能彀平氣呢?本使今日不是敢吹法螺,説大話,這東三省地方惟有本使一個人有這資格,可以指定某人爲宗社黨,其餘官吏自己本來宗社黨,混過的十有七八,還配説别人是宗社黨嗎?本使念你們本來是革命黨,原是我的朋友,現在改名爲宗社黨,倒是我的仇讎。想到這裏,真是聲和淚下,所以出這一張招撫的文書,通告你們,凡是錯走入宗社黨的,只要親向東三省籌邊使公署前來悔過具結,本使自會安頓你們,有錢的不妨各謀生計,没錢的可以充當預警,或在鑛山執業,都可以得條活路。要知道職業是人所最重,匪黨是人所最輕,何况你們平日並不是宗社黨人,棄暗趣明,諒無不願。如果執迷不悟,一被官吏查拿,本使也無法救濟了。好好的思量一會,止追念一會兒,再定自己的行兒。特此撫告。

① “做大”,原作“大做”,據文義互乙。

宣　言①

（一九一三年三月二十五日）

近者玄黄交爭，國多變故。責僕者以爲不當默無一言。僕非敢株守邊隅，而忘國家之事也。顧念遷都之議，歡迎國會團亦自取消，憲法良楛，自待國會定之。其餘又何言焉？疇昔一二偉人，僕嘗爲之先馬。嗣以過失弘多，昌言矯正，意氣方盛，詞有鋒芒，然未嘗不冀其悛改。至於今而不欲復言其短，非學爲敷衍，亦非畏横禍也。倡義同志發難首功，存者已不過數人，而舊部瘡痍未起，或有淪爲乞匄者矣！若復摧抑，大非國家之福。世但知一時擾攘之爲害，不知斲喪元氣、摧沮英華，其禍更深且大也。故於南北之暗潮，黨會之衝突，不著一辭。使政府知吾意，當念中華民國由誰造成，誰建大策，誰冒白刃，誰生死人而肉白骨者乎？使同志知吾意中正者，當以集義制勝；激烈者，亦當共履大道，不自處于必敗之地矣！若謂宜僚轉丸不言而弭兩家之爭，則吾豈敢？

① 據《順天時報》一九一三年三月二十五日。

輓宋教仁聯[1]

（一九一三年三月二十五日）

願君化彗孛；

爲我掃幽燕。

① 據《宋教仁集》。

在上海交通部舉行的黄花崗二週年紀念會上的演説[①]

（一九一三年四月二十七日）

去年黄花岡紀念，鄙人在北京參預，並于會場中聆遯初言論，乃今年紀念，遯初已亡，曷勝悼痛！然天下事禍福相倚，有七十二烈士之死，而後有武昌之起義，而後有今日之民國。然則，七十二烈士之流血可哀，亦正可幸。此七十二烈士皆艱苦卓絶，真氣磅礴之人，故人數不多而能影響全國。

林君述慶，其志行亦與諸烈士等，雖建立殊績，而未攫取巨金，解職以後，尤淡於榮利，惟時時以民國前途爲慮，此亦真氣磅礴之人也。

今國民真氣似已漸趨淡泊，民國政府，本國民人人所能監督者，使能行使其正當監督之權，政府何敢横恣若此？夫其事較革命爲易，而七十二烈士能以少數之人實行革命。今日全國國民反不能實行監督者，有真氣與無真氣之别也。使國民真氣長此淡泊，則吾將爲革命黨。追悼爲中華民國追悼，若因追念前人之故而能團結其真氣，則民國轉禍爲福之機在此，惟諸君爲之。

① 據《民立報》一九一三年四月二十八日。

與黎元洪面談調和南北之意見①

（一九一三年五月十二日）

副總統鎮攝長江，東南大局賴以維持。此次來鄂，一則親聆雅範，一則排解宋案、借欵事。

宋案，鄙人曾致大總統書詢問此事，旋接復函，仍將洪犯引渡，歸法庭裁判。二次革命，確係宵小造謡，實無其事。

借欵，外人條件，實在怕人，故各省羣起反對。不借則財政奇絀，需用浩繁，無法籌付。此問題須付國會討論。

---

① 據《順天時報》一九一三年五月十八日。

面見袁世凱時的建議[1]

（一九一三年五月三十一日）

南北問題發生，意見因之而起，各方面之調停毫無效果，應請大總統秉調和之全權解決此事。

① 據《盛京時報》一九一三年六月七日。

談時局[①]

（一九一三年六月三日）

目下中國内外多難，時局孔艱，志士仁人，日夜憂懼。然據鄙人所見，凡物窮必通，中國前途亦可作如是觀。大勢愈窮迫，必應有一路可通。例如大借欵問題，雖爲重大問題，想參衆兩院，開誠布公，共同商議，不久即應承認，以救目下之急。次如宋案，若由德國官憲引渡洪述祖，在上海嚴格審判，亦必容易明白，以解群疑。次如南北對峙云云，畢竟係誤會居多，一旦融和，自易解决。至外蒙問題，係中國存亡所繫之問題，若外交一失機宜，則將國家之領土斷送於强俄。中國現勢雖窮，要非不可挽救，最不可不注意研究。若政府外交不得其方，爲國民、爲議院者侃侃諤諤，鳴其罪以反對之，然後依相當之方法，以與俄國談判，救濟國家，最爲緊要。次如孫文、如黄興對中央政府之施政不爲滿足，固爲事實。但就其致政府之電文觀之，議論雖似激烈，異常反對，或有他人假藉孫、黄之名反對政府。就孫黄之心理考察，尚有商量之餘地，决非絶對的

① 據《順天時報》一九一三年六月三日。

反對。如李烈鈞亦然，彼對中央政府固有種種反對之意見，然如謀叛云云，決無其事。彼本黎元洪之部下，故彼等二人交情，今日尚屬親密，黎亦常有保護李之意，李亦對黎有種種厚意，常電告心情，以資盡力。民國惟各人心不相同，兼以事情紛雜，故彼二人亦遂不免時有衝突，固不足深憂。如多數北軍漸次南下云云，固屬鄙人所實見，然此非必對李烈鈞而設。武漢地方，本有多數軍隊，昨年以來，漸次解散，現留兩地者，數不甚多，於警備該地，其力固不充足，且該地屢有第二次革命之事，頗屬要害，故不得不防。況昨今形勢不同，謠言百出，民心動摇，故黎副總統請中央政府使北軍南下，駐守要地，以維持治安，固爲今日之急務云云。且云今日袁總統之政治，固非前清時代之政治，亦非文明新式之政治，即爲一種特別中間的之政治。①而袁氏之所長者在軍事與外交二點，其外政治固不足以稱讚。至如今日南北分裂云云，其咎實在于報館。試思政府黨之報紙，對于孫、黄等及國民黨，恰如仇敵、如蛇蝎，將種種之事捏造成文，或曰逆賊、或曰暴民，顛倒是非，毫無正鵠。如民黨之報紙亦然，苟對于政府及進步黨，無論如何問題，悉皆反對或設法攻擊，或徒逞讒誣，毫不假借。如此等報館，捏造謡言，敷衍事端之結果，政府與民黨，南方與北方，感情將益衝突，致不可救藥。要之，目下雖時局切迫，南北睽離，僅不過一時之事變，方感情十分融和，不久應和平解決，此鄙人之所希望焉。

---

① 原文如此。

時局談[①]

（一九一三年六月四日）

法制國不能以法律保障人民，道德必至於淪亡。道德淪亡，所以亂機始動。遯初之死，竟無正當法律能決，所以殺宋遯初者，有所恃而殺之也。伊既有所恃而殺，尚望以法律解决，難矣！南方四都督悲法律之無效，憤人道之澌滅，心有憤激，據理力争，言辭激烈則有之，實行反抗則無也。余自南來，沿途見北方南下之兵甚多，據余窺北方，雖欲以兵力壓制，亦斷不先開兵釁，恐亦係虚聲恫喝。此時若以兵力勝負比較，北方一定可以戰勝，但恐民氣難抑，最後之勝負即不可知矣。人民糜爛，亦不堪設想矣。南方同人極以國家大局、人道爲前提，寧肯忍痛含冤？而希望平和之心甚切。凡余所言，頗蒙嘉納，但不知袁總統之意云何？余擬日内往謁總統，開誠布公，力爲從中和解。外患日急，當以全國兵力一致對外，但余之言不識能否有效？

---

① 據《民立報》一九一三年六月四日。

評南省四督[1]

（一九一三年六月七日）

李烈鈞：四督中最有才幹，且長於用兵，但學問不多，可惜！

胡漢民：學問在四督中爲第二，拙于用兵，性質狡黠，有種種手段。

柏文蔚：近于無能，不通事理，且無一定主義，不能獨立處事。

譚延闓[2]：進士出身，學問冠于四督，乃文人而非武人，人物頗好，可適爲國會議長。

---

① 據《盛京時報》一九一三年六月七日。

② “闓”，原誤作“鎧”。

談南北問題[1]

（一九一三年六月八日）

南北問題，歷史上關係也。滿漢之界破，則南北之見深。余以爲南方某督固無實力反抗中央，而中央申斥之電亦殊多事。蓋某督舉動，南方未必盡韙之。而中央若操之過激，則南方人雖不爲李督爭，自不能不爲南方危也。此其一。

且北方軍官亦頗驕蹇，倘南下而有功共和國家，人存總統之望，恐袁公從此反不能制馭此輩，是去一某督而又添無數某督，又何樂乎？此其二。

況北方國民黨人一有南北戰爭，則盡數返南，同盟會勢將復活手鎗、炸彈，係少數暴烈終陷恐怖時期，政治上尚可著手乎？此其三。

綜此三，因故予謂中央似宜勿爲過甚。

---

① 據《盛京時報》一九一三年六月八日。

代蔡元培擬婚禮證詞[1]

（一九一三年六月十五日）

蓋聞梁鴻擇配，惟有孟賢；韓姞相攸，莫如韓樂。泰山之竹，結籊在乎山阿；南國之桃，蕡實美其家室。兹因章炳麟君與湯國黎女士，於民國三年六月十五日舉行婚禮，媒妁既具，伉儷以成，惟詩禮之無愆，乃德容之並茂。元培忝執牛耳，親涖鴛盟，袗以齊言，申之信誓。佳偶立名故曰配，邦媛取義是曰援。所願文章黼黻，盡爾經綸；玉佩瓊琚，振其辭采。卷耳易得，官人不二乎周行；松柏後彫，貞幹無移於寒歲。此證。

① 據《太炎最近文録》。

婚禮即席賦詩[①]

（一九一三年六月十五日）

吾生雖稊米，
亦知天地寬。
振衣涉高岡，
招君雲之端。

① 據《盛京時報》一九一三年六月二十九日，又收入《太炎最近文録》。

婚禮賦詩以謝婚事介紹人[1]

（一九一三年六月十五日）

龍蛇興大陸，
雲雨致江河。
極目龜山峻，
于今有斧柯。

① 據《盛京時報》一九一三年六月二十九日，又收入《太炎最近文録》。

宣言書[①]

（一九一三年七月十六日）

統一政府成立以來，政以賄成，爲全國所指目，而厲行暗殺，[②]賊害勳良，借外力以制同胞，遠賢智而近讒佞，肆無忌憚，不恤人言。推原禍本，實梁士詒、陳宧、段芝貴、趙秉鈞四凶爲首，而王賡、陳漢第、陸建章輩，亦黨惡之最著者。余昔早有陳戒，置若罔聞，至於今日，而江西討袁之師以起，江南諸軍，一時響應，晉陽之甲，庶幾義師。夫天之所助者順，[③]人之所助者信。若政府能追悔往惡，幡然改圖，其勢自定。必若怙惡不悛，任用狼虎，則義師所指，固當無堅不摧。余尤勸倡義諸軍爲國司直，不爲利回。若情存分割，而熒東鄰之言；[④]陰聯宗社，以重北方之禍，諸義士必不然也。黎公首舉大義，久爲民國斗杓。[⑤]兩年以來，激昂之士，動擾武昌，至今廢

① 據《民立报》一九一三年七月十七日。
② “而”，《盛京時報》作“而且”。
③ “之”，《盛京時報》無。
④ “東鄰”，《盛京時報》作“强隣”。
⑤ “久”，《盛京時報》作“允”。

心鎮撫，誅罰過嚴，此爲保安地方，而非阿附政府，封疆之任，職守宜然。若有昧於遠勢，惟務邇謀，遷怒鄂中，危及奥主，亦吾所不與也。

第二次宣言[1]

（一九一三年七月二十七日）

今之討袁軍，以罪歸元首爲名，而從惡諸奸未嘗一問，豈不以爲殲厥巨魁，脅從罔治？不悟政府之惡，乃彼輩養成之，論罪執刑，不得視爲從犯。或乃意成招撫，期與滌瑕蕩穢，此尤迂謬之談。若勢足以傾倒政府，雖麾之猶將自來；若師徒撓敗，局促一隅，雖招之固未肯至。今之起兵，爲政治革命也。然則有害政治者，一切當鋤而去之，非若去歲光復之師，但欲傾覆清廷，而臣僚可以不問也。吾昔嘗論列四兇，復求其外，則當戮者凡有七人：屏蔽賢良，匿護貪吏，紊亂財政者，梁士詒也；陰謀殺張振武，並欲羅織武昌倡義諸勳，且上及於黎公者，陳宧也；煽黄禎祥以亂武漢，進陸建章以索京畿者，段芝貴也；公行賄賂，收買議員者，王賡也；素爲鄉里大蠹，又以其術行之中央，惡直醜正，力進佞人者，陳漢第也；與蒙古叛黨通謀，欲令中國人民不得動其一草一木者，熊希齡也；專作奸宄，躬爲盜賊者，趙秉鈞也。此七子者，雖厥角稽首以附南軍，猶將執而戮之，又安用招撫爲！若南軍勝利而復縱恣此數人者，無論何人登爲總統，其可討一也。

---

① 據《民立報》一九一三年七月二十七日。

《南枝集》序[①]

（一九一三年八月上旬）

余違難江户，而越南遺民阮鼎南君適至，爾時亡國之痛相若也。余以持論慷慨，騰書轉輸，逾五年，卒睹光復。歸國既二歲，阮君亦來余邸中，出其所作《南枝集》相示，其道故國滅絶之禍，悲憤怏鬱，與余曩日所持論等。國性不亡，其胙不斬，光復之期不遠也。余以爲復國非難，凝之則難。何者？國之傾覆，必有叛降他族之人。夫能媚於異國者，未有不能媚於邦人，匡復之士，性情亢直，往往易爲此曹玩弄，少不矜持，緜之叛降他族者，蠢爾復出，植朋黨、執政柄以還噬倡義之人，則興國之氣銷而正論不容復作矣。嗚呼！越鑒不遠，在禹貢之域。中華民國二年八月，章炳麟。

---

① 據湯志鈞《章太炎年譜長編》。

書贈陳榦聯[1]

（一九一三年）

殺、殺、殺、殺、殺、殺、殺；

瘋、瘋、瘋、瘋、瘋、瘋、瘋。

① 據佟立容《記外祖父陳榦與章太炎先生的交往》，《文史資料選輯》第二十四輯，北京出版社一九八五年。